智慧树经管书系
汉译企业知识产权战略丛书

技术许可战略

企业经营战略的利剑

[美]罗塞尔·帕拉 帕特里克·沙利文 著
陈劲 贺丹 黄芹 译

知识产权出版社

图书在版编目(CIP)数据

技术许可战略：企业经营战略的利剑／（美）帕拉，（美）沙利文著；陈劲，贺丹，黄芹译.—北京：知识产权出版社，2006.3
（汉译企业知识产权战略丛书）
ISBN 7-80198-296-7
Ⅰ.技… Ⅱ.①帕…②沙…③陈…④贺…⑤黄… Ⅲ.企业－知识产权－研究
Ⅳ.D913.04
中国版本图书馆 CIP 数据核字（2006）第 000421 号

技术许可战略——企业经营战略的利剑
[美]罗塞尔·帕拉 帕特里克·沙利文 著
陈 劲 贺 丹 黄 芹 译
责任编辑 刘 忠 李 潇　　责任校对 韩秀天
装帧设计 鞠洪深 徐 芸 段维东 鞠小英　　责任出版 杨宝林

出版发行：知识产权出版社
社 址：北京市海淀区马甸南村1号　　邮 编：100088
网 址：http://www.ipph.cn　　邮 箱：bjb@cnipr.com
电 话：(010)82000893 82000860-8101　　传 真：(010)82000893
编辑电话：(010)82000733　　编辑邮箱：lixiao@cnipr.com
印 刷：知识产权出版社电子制印中心　　经 销：新华书店及相关销售网点
开 本：720mm × 960mm 1/16　　印 张：23
版 次：2006年12月第一版　　印 次：2006年12月第一次印刷
字 数：284千字　　京权图字：01-2004-5957
定 价：45.00元
ISBN 7-80198-296-7/F·024（1405）
如有印装质量问题，本社负责调换

关于作者

罗塞尔·帕拉（Russell L. Parr），拥有CFA（注册金融分析师）、ASA（美国统计师协会）头衔的他是AUS咨询公司的高级副总裁，负责评估知识产权和无形资产的价值，并就专利、商标和著作权的投资价值向客户提供建议。他曾经就无形资产的担保价格给银行提供过建议，并就知识产权侵权所造成的损失提供过专业见证人的证词。作为专利使用费率专家，帕拉先生经常应世界各地客户的请求，帮助他们进行复杂而又关键的许可谈判。他的客户包括许多大名鼎鼎的公司，例如美国AT&T、巴特尔（Battelle）、辉瑞制药（Pfizer）、硅图像（Sillicon Graphics）、天合汽车集团（TRW）、Exide Corps.、荷琴格（Hechingers）和The Estate of Dr. Seuss。

帕拉先生是业界享有崇高威望的杂志《许可经济评论》（Licensing Economics Review）的发行人，这本杂志致力于报道涉及知识产权战略结盟的详尽财务信息。经常出现在许可主管学会（Licensing Executives Society）讲坛上的帕拉先生拥有电气工程的本科学位、MBA学位，目前正在攻读国际商业战略博士学位。除了刚才所提到的正规教育外，他还拥有几项高等职业认证，如投资管理和研究协会（Association for Investment Management and Research）颁发的CFA注册金融分析师证书和

Technology Licensing

美国评估师学会（American Society of Appraisers）颁发的高级会员认证（Accredited Senior Associate）。

帕拉先生经常以决定知识产权价值和专利使用费率的新技术为题进行演讲和写作，这些新技术都是建立在投资回报率基础上的。他是许可主管协会、技术转让学会（The Technology Transfer Society）和策划论坛（The Planning Forum）的成员。他也是《许可期刊》（The Licensing Journal）和《知识产权诉讼者》（The IP Litigator）这两本期刊的顾问委员会成员。

帕拉先生编著或者与他人合著了以下书籍：

- 《知识产权和无形资产的估价》，第一版和第二版
- 《知识产权：许可与合资的利润策略》
- 《知识产权的侵权损害赔偿：诉讼指导手册》
- 《投资无形资产：通过公司的隐性价值筹款和获利》
- 《制药和生物技术业的专利使用费率报告》
- 《医药产品业的专利使用费率报告》

帕特里克·沙利文（Patrick H. Sullivan），科学硕士、管理学博士，是如何从智力资产获利这一领域内的专家。他是智力资本管理大会（The ICM Group）——一个专注于如何从智力资本中萃取价值的咨询公司的创立合伙人。他的咨询实践包括评估并制定如何从智力资产中萃取价值的决策过程；为技术型企业制定商业、财务和技术战略；以商业和管理用途为目

的，对知识资产进行估价。他也是业内享有盛誉的智力资本管理大会的共同创始人和召集人，这个会议由大型、多元化跨国公司的智力资本管理者组成，他们在这个会议上就新的、创新性管理技能交流信息与观点。

沙利文博士是法律与经济咨询集团的成员。法律与经济咨询集团是一个由全美经济学家和著名商学院的教授组成的专家证词事务所。作为法庭批准的专家，他在法庭上就知识产权估价和赔偿等问题进行作证。沙利文博士拥有工程本科学位、研发管理硕士学位和工商管理博士学位。

沙利文博士曾经在肯尼迪角（Cape Kennedy）的土星/阿波罗计划担任发射组的工程师，之后在两家研究型大学的研究生院担任首席财务官。他一直是SRI国际的首席咨询师，在那里他管理公司欧洲的总体咨询业务。他的客户包括陶氏化学（Dow Chemical）、施乐（Xerox）、美国航空航天总局（NASA）、通用汽车（General Motors）和芝加哥大学。

沙利文博士是一位公众人物，经常就一系列的智力管理问题，包括智力资本的管理、估价、专利使用费和盈利发表演讲。他是美国教育委员会的特别会员，美国律师协会知识产权部（American Bar Association Intellectual Property Section），许可主管学会（LES）和世界知识产权交易论坛（World Intellectual Property Trade Forum）的会员。他被收录进《名人辞典》(Who´s Who) 和《加州名人辞典》(Who´s Who in California)。他也常在《许可主管学会期刊》、《创意》杂志上发表文章。

序

我们非常高兴地推出这部关于技术许可战略的著作。书中的战略正在被世界上一些顶尖公司所采用。用不了多久，像技术许可、知识产权管理和技术组合管理这样陌生的词汇就将成为事关企业全球化成败的核心问题。本书主要关注的是技术许可——知识产权管理中最重要的要素之一。本书论述的战略和实践有些是在公司运作中发现的，有些则是出自资深咨询师。书中每章都是独立的，针对不同的战略、实践、目标和需求。我们发现没有一个万能解决方案能很好地处理技术许可中存在的复杂性和微妙细节。但是，在确定合适的战略时，我们确实发现了一些应该考虑的指导性原则。

我们发现仅仅以保护市场地位为目的的专利管理战略已经逐渐让位于其他战略，后者将各式各样的机会优化视为核心目标。我们讨论的是引发这种变革的力量。力量之一来自美国在政策上重视专利保护之后，专利权价值增加了。1982年，美国设立了专门受理知识产权案件的联邦巡回上诉法院。法庭的裁决强化了知识产权的专有权并提升了专利的价值。公司现在将其所拥有的专利视为公司价值的基本要素，并寻求以新的方式使这些宝贵的公司资产最大化。我们也发现了对新领域内技术管理的新兴趣。通常情况下，CEO 们专注于较宽泛的战略问题，而现在他们对技术管理的兴趣日益增长，这并不是因为他们关注的焦点缩小了，而是因为技术管理在我们这个时代已经变成最重要的战略性问题之一。公司战略正专注于用多种多样的方式从专利权中获取价值。

当您在读本书不同的章节时，也许会发现一些矛盾的观点，但事实就是如此。技术许可是复杂并且富有挑战性的，因此肯定会有观点上的冲突。我们写本书的目的是为了阐释我们能发现的一些最好的观点，并不试图使各种观点和谐一致而削弱这些观点。

我们深深地希望本书能够对您制定与实施成功的技术许可战略有所帮助。

罗塞尔·帕拉

亚德里，宾西法尼亚

帕特里克·沙利文

圣克鲁兹，加利福尼亚

目录

INNOVATION

TECHNOLOGY LICENSING

第一部分

许可战略

第一章

未来的关键资源——知识

知识是一种创造财富的新的战略性原材料。商业力量的源泉已经从资本资源转向知识资源。事实上对于资本资源的定义本身也在改变。提及资本资源，映入人们脑海的不再仅仅是资产负债表或一幅绵延的制造厂房的画面。现在资本的定义包括知识资本(knowledge capital)——智力资产(intellectual assets)——包括技术、专利和商业秘密，还包括创造更多发明和创新的方法。公司曾经通过获取和管理大量所持有的自然资源和制造设施而主宰产业。新进入者需要投入大量的固定资产才能取代已经取得牢固地位的公司，因而进入门槛很高。如今，那些曾经主宰过固定资产行业的公司发现其现在不得不为生存而挣扎。新创立的公司并不需要依靠持有大量的资源或者现金积累来创造新产品和服务，而是依靠知识资源。管理基于知识资源的能力将在未来数十年后成为决定成败的关键。本书着重论述如何制定成功的许可战略，这些战略能同时从公司智力资本(intellectual capital)中创造并萃取价值。

智力资本是公司越来越关注的一个话题，这些公司从创新与知识密集型服务中获得利润。智力资本可能会被狭隘地定义为公司为某种积极的意图所储备的集中的、组织过的信息。在很大程度上从创新的商业化中获取利润的公司被称作“知识型公司”。在许多例子中，这些“知识型公司”拥有的股票市值远超过资产负债表上所显示的资产额。然而拥有智力资本还不足以解释这些“知识型公司”的高额市值。我们相信这些衡量出来的额外价值不仅代表着市场对公司所储存的智力资本的认可，也是对它能够将智力资本转化为利润的能力的肯定。

我们把智力资本定义为"能被转化成利润的知识"。从传统上说，将创意转变成现金的机制包括：销售、为避税而捐赠、许可、合资、战略联盟或者将创新整合到公司的现有业务中。本书重点讨论公司如何从最经常使用的转化机制之一中获取价值——从许可中萃取价值。

技术螺旋

纵观历史，技术不断地创造机遇并引发变革。18世纪中期的工业革命彻底改变了经济、社会和生活方式的各个方面。它导致人们移居城市，使当地手工业者退出主流社会；用蒸汽或水力推动的大规模工业化机器取代了手工工具。公司开始变得专业化，不光关注产品，而且开始关注零部件。工业革命将社会从基于农业的经济模式转变成技术导向的商业经济。现在戏剧性的变化即将再次发生，技术的持续优势再次改变了经济、社会和生活方式的各个方面，更多的人在家里上班。自美国以农业为基础开始，从没有如此多的人在家里工作。城市不再是经济力量的中心。大型工业联合体正在被单层结构的厂房（Single-Story Structure）和小型制造车间所取代。这些企业的厂房采光良好，在干净的操作环境里生产特定的产品，且小型车间坐落于千里之外的新兴的发达国家。

快速发展的技术产生了新的竞争压力。为应对新的竞争产品的威胁，我们需要更多的技术，同时界入时间（access time）也非常关键（界入时间是指发现和开发新技术所需要的时间）。为了应对特定业务的挑战而发展特定新技术加快了总体开发节奏，并且要求技术上有更大的进步。这是技术发展的向上螺旋。该螺旋会不断地加速，因为公司为保持开发的节奏，必须管理它的技术使其能够快速接触到更多的技术。随着新的竞争产品和服务建立在一系列发散的技术上，问题变得越来越复杂。公司不能只依靠自己的核心能力来保持市场竞争力，他们必须理解他们自身技术领域之外的所有基础科学之间的相互关系，他们必须理解亚原子物理、高等数学、计算机模拟、生物学和材料工程。不仅仅是只懂得各学科基本的知识，还必须依靠发散的技术诀窍（know-how）的专门知识来保持竞争力。

综合的科学

近期在《华尔街日报》上的一篇专题报道中提到，莱诺伊·胡德（Leroy Hood）博士正在经营将生物学家用于寻找引发癌症的缺陷基因的生物技术的流程进行自动化改造的业务。这项搜寻必须在我们这个物种身上的10万个基因中寻找缺陷基因。让这项搜寻变得更复杂的是，由于精确的测量方案必须靠人工来将数百个实验试管中的试剂装进装出，目前的流程是缓慢和乏味的。胡德博士正在通过整合广泛的技术来改变这个流程。其中一台机器以60倍于人工处理的速度识别组成人类DNA的30亿个分子的序列。他是通过将生物技术同计算机科学、机械工程、物理学、流体力学、光学和电子学结合在一起来实现的。胡德博士举例说明了所有想成功的企业不该跟随的趋势。他将已有的创意和广泛的技术相结合。

在十年之内，公司已经面对的技术进步包括变得越来越袖珍的电子产品和日益普及的无线通信产品；手术设备制造商正面对越来越多的人选用无创手术技术的情况；电脑制造商发现他们的大型机已经逐步地被台式机型所削弱和取代；CD－ROM版的百科全书正严重影响传统大百科全书的销量。所有的这些变革都是基于技术的进步。因此，公司需要更多的技术，而这些技术往往又是他们尚未具备的。

变革定义了新世界的秩序。在这动荡不定的环境中脱颖而出的将是那些拥抱变革的人。变革正飞速地涌现，并且不断地涌现——而这一切都是受技术所驱动的。如果一家企业置身市场之中，它没有时间去获得竞争所需的所有技术领域内的专业知识，也没有“不在此处发明”(NIH)心态的立足之地。变革的节奏使所有公司都无法承受独立开发所需的各种不同技术。甚至能否实现这样“远大”的目标尚未可知。

自给自足是行不通的

比较两种行业，一种行业基于旧的范式，而另一种是基于全新的。比较汽车和计算机行业。汽车制造业全盛时期占统治地位的一种商业模式是公司对最终产品的每个零部件都牢牢掌握。一家公司设计和制造汽车上所有的关键部件。汽车制造商为他们的汽车设计并制造引擎、底盘、变速箱、轮轴、转向机构、内饰、车窗、收音机甚至保险杆。他们为客户专门设计并制造碰撞缓冲器、仪表盘和刹车。另一方面，计算机生产商则从许多独立供货商那里采购关键部件。笔者的戴尔电脑就使用英特尔的芯片，声卡是创新公司(Creative)的sound blasten系列，调制解调器是由US Robotics制造的，显卡则是一家叫Number Nine的公司生产的，CD-ROM是创新公司生产的，扬声器是百威（Peavey）生产的，打印文件则要通过爱普生打印机来实现，而软件则主要是由微软提供的。所有的电脑生产商都是这样。没有一家公司有这个时间、倾向或核心竞争力去设计和制造用来组装成电脑的每个复杂的部件。戴尔是一家大型的、成功的公司，每年有数十亿美元的营业额，但显然不能用独立来形容它。它依赖许多其他公司，它们不仅仅为戴尔供应电脑部件，还保证自己处于领先产品供应商的地位。这些公司相互依存。

相互依赖是范式转变的根源。未来的技术管理将着重于利用公司现有的技术来获得公司发展所需要的技术。技术共享是一个很多公司很难接受的概念，但公司必须接受。丹尼斯·魏特利（Dennis Waitley）在《统治心灵》(Empires of Mind)[1] 中写到，"现今的和未来的商业领袖将更多是合作高手而不是竞争高手。虽然保持获得资源的能力仍然十分重要，但是'适者生存'的思想将让位于'智者生存'的哲学，这是一种理解、合作、知识和理性的哲学。"获得至关重要的资源的方式已被改变，因为最重要的资源实质上已经不再是固定资产了。获得技术就意味着要与其他公司合作，甚至同竞争者合作，来获得他们基于知识的资源。自给自足再次被相互合作所取代。维特里简洁地解释道："未来的领袖将只有帮助他人取得成功，自己才能获得成功。"

和自给自足一起被葬送的是技术的"内在化垄断"（captive internalization）。在过去，技术仅仅由拥有它的公司来商业化。公司在有前途的发明上集中精力进行研究。额外的努力带来了创新性的新产品，新产品也由其发明者引入市场。可以通过三种主要的方法来发展技术内在的优势：溢价、节约成本和市场扩张。所有的这些方法都会带来超额利润。例如，溢价是对技术给产品和服务带来的内在优势收取费用。当新的设备用于现有的产品上时，也能索取溢价并享受额外的利润。节约成本也能转化成利润。技术进步有时能使现有产品以更低价格制造出来。依靠技术优势提升了产品性能后，该产品或许会以相同的价格推向市场。

---

[1] Dennis Waitley, *Empires of the Mind-Lessons to Lead and Succeed in a Knowledge-Based World*, William Morrow and Coupany, Inc., New York, 1995, page 8.

当更多的消费者被改进后的产品所吸引，销量就会扩大，从而获得规模经济下的成本优势。所有这些获取技术的方法都是充满活力和适当的，只是必须随着自给自足让位于相互依赖并对他们进行修改。技术所驱动的价值远远超过刚才所讲述的。除增加利润外，公司还需要用技术来获得其他技术，而那些技术能使公司应对竞争压力。技术已经变得不仅仅是一种用来生产更好的产品和服务的工具，它已经变成了全世界都乐于接受的富有价值的通货。

只有技术具有持久的价值

加州大学伯克利分校的经济学家保罗·罗门（Paul Romer）持有这样的观点：技术是工业社会中价值的根本性来源。他相信有种新的或是正在崛起的全球经济模式，不仅仅由传统经济理论中生产的两个要素——劳动力和资本所驱动，同时还为第三种要素——技术所驱动。

罗门相信技术对于商业的影响能够有助于投资。"投资可以使技术变得更有价值，而技术能使投资更有价值。"[2]

[2] Forbes ASAP.p.67.

但是任何技术的价值并不是永恒的。新的创新可以取代旧的技术。但和其他任何资本资产（capital asset）相比，技术有其独特的属性，以下列出其特殊性：

1. 创造技术的研究项目总是耗资巨大。正是由于它们与生俱来的风险，这些项目给竞争者的进入设置了巨大的障碍。没人能够保证投入大量的时间与资金总是能够产生有价值的发明。因此，保有一架技术孵化器对许多行业来说都是一种有效阻止竞争对手进入的壁垒，即使花费昂贵。另一个阻碍竞争对手进入的壁垒是许多公司共有的专业化的能力，而这些能力无论竞争企业花多少力气在研发上，往往需要花费数十年来复制。

2.专利保护提供了独特的所有权保护。伴随着专利的有限垄断，公司能够从市场中萃取超额利润并在专利保护期内给其他的竞争者设置进入壁垒。在保护期内，公司还可以在已有专利技术的基础上发展新的附加专利技术，这样就能够在第一个专利到期之后继续发挥所有权保护。

3.拥有先进的技术代表着拥有了一种无可匹敌的通货形式。它能够用来获得其他技术或者与别的国家分享从而进入一个全新的市场。由于技术的稀缺性，其所有权的性质使它变得强有力。

技术许可

许可已经成为一种经常使用而且非常有效的提升技术价值的方法。它被用来获得其他公司拥有的技术和提供本公司自有技术的途径。它也被用来作为建立和监管合资公司和战略合作伙伴的机制。技术许可已经是将技术创新转化成利润的一个重要的机制，将来，随着公司开始寻求从他们的创新储备、智力资本中获得额外价值，它将变得更加重要。

随着更为成熟公司开始意识到技术许可能够帮助他们实现其商业目标，技术许可将成为公司更加频繁使用的战略选择。看过任何的公司使命陈述后，你将会发现战略性技术许可项目的“种子”。使命陈述中经常承诺要提供不断改进的产品和服务来满足消费者的需求。如果公司仅仅依靠自己拥有的技术，那这样的目标会越来越难以实现。通常，为了满足越来越成熟的客户，产品也变得越来越复杂，这就需要更多的技术合作和公司合作来开发这些产品。获得所需的技术往往要求有很强的基于战略的技术管理项目，其中技术许可即使不作为关键组成部分，也是构成整体所必需的一部分。

本书总揽

本书阐述的观点反映了公司现在和将来竞争方式的巨大变化。这里提出的大多数观点都颠覆传统自给自足和独立开发的旧模式。那些习惯了旧式传统环境的人们，与现在各公司间存在相互依赖关系的技术管理战略环境或许格格不入。对于已确立其管理思维的人来说，本书介绍的新思维或者战略并不那么容易被接受。我们能预期到会有反对的意见，并且需要花时间去克服，但是这过程不能延续太久，因为拖延可能会导致落后公司的灭亡。如果有人告诉你，你的想法是激进的，或是疯狂的，继续走下去。你走对路了！

本书分成三个部分：第一部分包含对不同许可和专利组合战略的讨论；在第二部分中，提出了为技术定价的方法，以及给涉及技术许可谈判的读者提供专利使用费率模型。现实生活中的问题是：假设你作为一个技术许可交易的谈判者，当你需要在五分钟之内知道专利使用费率时该怎么做？如果你有超过五分钟的时间进行计算，但你的预算很有限，那你又打算怎么做？本书提出了一系列的精确的选项来帮助人们应对这些状况。如果时间、金钱和财务技能都足够的话，那还有没有其他更精确的得出专利使用费率的办法？

在第三部分中，我们提出了关于智力资本管理的未来如何发展的几种观点。这里我们带给读者一些理论家和从业者超越智力资本管理的目前实践，展望未来的最新想法。

为了那些有兴趣了解更多当前许可实践信息的人，我们收录了一个附录，包括近年来各个行业的技术许可信息；也包括技术许可费用和按产量支付的许可使用费。附录中包含实际许可例子是为了给读者提供一个洞察当前实践的机会：什么正在被转让、谁在参与，以及为这些技术支付了多少。

第一部分许可战略

第二章 关键术语和战略定位

作者介绍了许可是经营战略的重要组成部分，定义了许多在许可协议中经常看到的术语，并讨论了每条术语对于许可谈判的重要性。他提出当进行许可谈判时，公司的战略定位对谈判预期结果有着巨大的影响。最后，对如何在许可谈判中利用战略定位做出有利于公司的决定提出了一些建议。

第三章 经营战略中的知识产权组合

作者调研了许多主要的国际公司，识别和定义了一系列不同的知识产权组合和管理模式。讨论了使用这些组合的方式：在商业谈判中直接使用或者间接使用；定义了直接和间接的战略并论述了其优点与缺点。此外，这一章继续讨论了第二章中提到的定位和关键术语。

第四章 知识产权管理（IPM™）中的全面质量管理（TQM）：将TQM模型应用于IPM

作者解释了如何将用来提升运营管理水平的全面质量管理应用于提升知识产权管理。作者指出，一些知识产权管理的方式超出了传统的专利管理实践，将知识产权价值最大化的工作远远超出了专利办公室或者许可部门所能承担的工作范围。

第五章 许可所支持的战略目标

作者介绍了最新的研究，指出存在四种一般许可类型。这些许可类型随着时间而演化，并且每一类都带有独特的许可战略含意。详细地解释了每种许可类型的用处、优势和劣势，同时还识别出在何种商业情形之下应用何种方式，以及在使用时的策略。

第六章 开展对外技术许可

作者列举和讨论了他们从研究每一组实例或至少考虑实施对外许可的大公司那里学到的经验。他们识别出公司建立或不建立对外许可办公室的原因、促使做出这种决定的条件以及在何种情况下设立对外许可办公室易于成功或者不成功。他们与读者分享了与20多家公司非正式谈话后得出的结论，并且提供了美国八家主要公司的对外许可观点的简述。

第七章 化工行业中的技术许可与经营战略

作者讨论在化工行业中独特的商业条件和演化后的许可政策，并用它作为基础，寻求发展出一个对执行者有帮助的一般模型。他们关注化工行业是因为化工行业的重要地位，它是许可实践的发起行业，以及第一个把许可作为企业管理的战略要素的行业。这一章概括了在这个行业已经形成的战略，也许能够给那些在许可上还未成熟的行业的实践者提供指导性意见。

第八章 技术许可的中央控制

作者揭示了伊士曼柯达公司（Eastman Kodak Company）和联合信号公司（Allied Signal Corp）实施的集中控制的作

用。作者审视了符合知识产权管理的公司层面上的集中控制。通过采访这两家公司的最高执行官，解释了业务单元经理的商业判断力和洞察力对于公司对外许可活动成功的重要性。

第九章 差距分析

作者描述了杜邦公司识别未来技术需求的方法，这些技术需求跟该行业的商业和技术发展趋势相关。一个许可战略必须能解决组织未来的技术需要，杜邦公司的差距分析作为能够确定那些需求的方法而被提出。

第十章 划时代的战略：运用知识产权提升公司的赢利能力

作者讨论了专利组合组成部分和如何管理关键技术来支持营销战略。本章的重点，包括其中的案例，都以市场为导向同时对第一部分中其他章节的内容作了补充。

第二部分专利使用费率

第十一章 情境在得出专利使用费率中的重要性

作者提供了得出专利使用费率的全面意见。讨论了情境、时间、金钱和知识约束的重要性，并且引发了本书剩余部分的讨论。阐述了得出专利使用费率的基本方法并总结了每种方法的优点和缺点。在本章最后的总结性图表中提供了一个指导性的对已有的专利使用费率方法的概述。

第十二章 获取和分析外部许可协议的技巧

作者解释了如何用已有的专利使用费率作为市场证据来为谈判新交易的专利使用费提供

最佳信息。他们用美国证券交易委员会（Securities and Exchange Commission，SEC）的公开数据来解释如何针对特定情形去发现信息。他们讨论了决定谈判中特定技术的相关市场信息时需要考虑的关键特征。本章还描述了一个使用商标的例子来作为示范。

第十三章 确定专利使用费率的高级方法

作者讨论了许多流行的推导专利使用费率的模型。他提出了一个定性模型，该模型是将受理知识产权侵权的法庭判决，对比结合由金融理论发展出来的投资回报率模型之后得出的。作者总结说，现在已经有比经验法则和行业标准精度更高的专利使用费率，为了使与技术相关的价值增值必须考虑它们。

第三部分智力资本

第十四章 智力资本的管理模型

作者从总揽本书前几章所暗示的一个更广泛的问题开始这一部分的讨论：智力资本的管理。在这章中作者描述并定义了智力资本，并讨论了与管理相关的问题。作者向读者提供了一个智力资本模型，该模型是从八位智力资产管理业界领导者的实践经验中总结出来的，并提供给人们一个特殊而有力的深入视角，而这个视角恰恰是管理者用智力资本管理的观点来解决日复一日所面对的问题所能得出的。

第十五章 斯堪的亚公司发展智力资本管理能力的案例

作者讨论了斯堪的亚公司经验的演化。讨论的内容包括公司是如何思考的，以及从斯堪的亚公司实施智力资本管理中所学到的经验。

第十六章 智力资本管理的未来

作者讨论了其对于智力资本管理的未来的看法。最后一章总结了许多在前面的章节中讨论过的东西。作为本书研究的一部分，作了大量的采访，同时还包括他们在各自的诉讼与咨询实践中获得的看法。最后，本章包括一些对智力资本管理未来的预言和技术许可在知识型公司的经营战略中的重要阐述。

附录

近期的技术转让和专利使用费率

作者总结了《许可经济评论》的报告中与技术许可交易有关的财务术语。

总结

本书展示了当前睿智、成功的公司对许可和许可战略的思考和实践。本书提出的思想都是从在市场中开发和试验新创意的实践者身上总结出来的。几乎每个被采访的公司或个人都同意我们已经进入了技术管理新时代的提法。如何去描述或者定义这个新时代也许会有不同的观点，但是他们毫无例外地同意，我们早已深处其中。很少有人对这个新时代充满希望，但没有人害怕。所有的人都对他们所学和互相之间所学到的知识感到非常兴奋。我们希望，读者对本书提出的想法能像我们这些提出者这样兴奋。

第二章

关键条款和战略定位

技术许可已经成为知识型企业的利润增长点。近来法庭在支持创新者权利的裁决上，不仅要求专利侵权人返还许可使用费，而且还处以数目可观的损害赔偿。技术许可在经济上的重要性使知识型企业的业务和技术管理者意识到，他们需要考虑有利于企业财务状况的许可方案，既要周密，又要简短、清晰。

以前，以许可为主要形式的技术商业化总是由CEO或企业律师凭直觉来完成。很少有相应的规范或准则，成功完全依靠商业化活动的指导者个人的背景和经验。那时技术许可对公司来说并不十分重要，这种漫无目的的方法还是可以接受的。但是，今天知识型企业的商业环境使得技术许可（包括对外许可和引入许可），已经成为公司经营战略的根本，成为公司经营战略中坚实的一部分，所以技术许可必须广泛考虑内外部的因素。

许可是一种转化机制

从概念上说，智力资产的商业化涉及两类活动：第一类是将可市场化的概念从最初的想法通过研究、产品开发、制造和分销，最终销售给终端顾客；第二类被称为转化机制，简单地说，转化机制是公司沿着商业化环节将他们的知识或服务转化成效益的活动。

试想一下一家研究型企业，它没有制造设备，没有分销能力，也没有零售职能。它通过创造可市场化的创新，并许可给制造商来从中获得效益。在这个案例中，这个将公司资产（创新）转化成效益的机制就是一种许可。对于一个有创新能力，也有制造能力，但没有能力去分销或者出售给终端顾客的公司，转化机制或许是将制造好的产品出售给分销商。同样，制造商可以通过与同时具有分销与销售能力的公司合资创办企业，来将其资产转变成效益。

我想说的是，有很多转化机制能帮助公司将其知识或服务转化成效益，典型的转化机制有着各种各样的可能性。出售创新的使用权是将知识转变成效益的最明显的方法。第二种备选方法是许可这项创新，从而保留基本的所有权，同时允许他人使用该创新。第三种备选方法是和其他一家或几家公司创办合资公司，这是一项创新使用权的拥有者有某些商业资产，但没有能力单独完成商业化的情况下采取的合资经营方式。在这种情况下，创新所有者也许为了能使用所需的商业资产而和一家或者其他更多的企业签订合作协议。转化机制的第四种形式是战略性结盟，是建立在公司拥有创新的同时，还拥有所需的商业资产，但是没有能力进入足够大的市场的情况。这种情况下，公司会与有市场销路或市场地位的公司结盟，但不给予他们任何使用创新的权利。

许可是创新者将其产品和服务的创意转化成效益的惟一方式。过去，法律不像今天这样支持专利权，许可不一定成为经营战略的关键部分。但是现在，随着法律保护力度的增强，创新的价值在不断地增加，因而公司也就越来越看重更强、更新的许可方案，以及用许可来实现公司的战略性目标。

影响许可和专利条款的因素

有许多因素影响许可条款的设置以及许可所要求的专利使用费数额。事实上，只要有人不断添加，专利许可条款就会越来越多。但只有少数几个因素是至关重要的。

主要因素。两个因素主导了对许可和专利使用费的讨论：竞争战略和期限。

1.竞争战略。首先要考虑的是，能否构建潜在的许可来实现对外许可公司的竞争优势，如何构建。大部分涉及竞争性业务的公司都坚持这种观点，那就是许可能够对抗竞争。对于知识型企业来说，将许可纳入竞争战略，并成其一部分是至关重要的。对于那些靠出售含有智力资本生存的公司来说，要么以牺牲竞争力为代价为公司创收，要么许可方能将竞争性的被许可方置于战略劣势的地位，否则就难以保证他们许可其智力资产或者技术诀窍。

公司进行许可谈判首先要问一下自己：这家公司是现在的或潜在的竞争对手吗？如果答案是肯定的，公司就必须设置一系列的条款与条件，要么有助于提高自己的战略地位，要么以某种方式弱化竞争对手的战略或战术地位。

2.期限。影响许可条款和专利使用费数额的第二个因素是许可的有效时间。那些相信他们技术的寿命较短的许可方会要求较长的许可时间，而被许可方则恰恰相反。同样，当被许可方认为现在的低专利使用费技术有可能成为将来市场的热点时，他们也会要求以有利的条款锁定长期许可。

在某种程度上说，许可期限就是许多其他同时影响许可条款和费率的因素的一个替身，换句话说，是多种因素影响的结果。例如，它也许是技术的商业化成功程度的一个指标，标志着当前或潜在的改进水平、市场接受程度，以及对替代技术的免疫力（或缺乏免疫力）。期限是每次许可讨论的首要话题。

其他因素。其他六个因素也常常影响许可条款、专利权使用费率。这些因素是：

1．**保护**。对于被许可方，许可方所提供保护的性质和数量是需要考虑的重要方面。被许可方必须确认不仅足够的法律保护已经到位，而且许可方也准备行使并有能力行使对抗侵权者的保护。

2．**排他性**。许可方提供排他性的性质和程度也是一个常见的问题。排他性同时存在于特定的区域和有特定的程度。一个排他性的区域也许是一个地域或一个市场。一项许可也许是完全排他的，或者在特定条款下排他。无条件的绝对排他性许可会比有区域和条件限制的排他性许可安排昂贵得多。

3．**效用／优势**。被许可方得到的技术的效用或者优越程度也是值得考虑的因素。有些技术属于市场领先的开拓性技术，有些则是仅仅能够帮助公司不落后，比较而言，前者的许可要有价值得多。那些能够帮助被许可公司提升战略地位的技术是最有价值的。

4．**商业成功**。有市场吸引力和能显著增加销售额的技术，比那些还未经过市场检验或商业成功还不可知的技术要有价值得多。

5．**改进**。一项技术的成熟度或直接适用性经常影响许可的条款和专利使用费率。那些需要改进或者是改进之后才能商业化应用的技术，其价值要低于那些能够直接应用于设计或者制造产品的技术。

6．**许可承诺**。谈判者还必须关注许可方对许可持续支持的承诺。如果许可方不愿意主动去追究侵权者、继续寻找阻挡侵权的屏障、提供持续的培训和支持或者继续发展那些技术的话，他们将发现被许可方不愿意为这些技术支付高昂的专利使用费率。

公司的姿态（stance）

众所周知，个人对于事物判断的观点往往会染上主观色彩。一个咆哮的巨浪，从海滩上看来是一幕强有力的、美丽的景象，但是在一艘想要靠岸的小船上的船员看来，巨浪却是一幕恐怖的景象。不同的视角会极大地影响如何看待许可，如何看待许可谈判，甚至会影响到在许可协议中选择的条款。在许可的例子中，我们把这种参与者的不同观点称为他们的姿态或态度。

一个公司的姿态或态度不仅是决定他如何去看待潜在许可条款和条件的主要因素，而且也是决定许可谈判结果的主要因素。对外许可与引入许可都有主动和被动的参与者。每一方都有不同的定位，承担着不同的角色。

对外许可(out-licensing)的公司

战略性对外许可方是那些积极地寻求通过他们的战略性知识产权来产生收入的公司，要么是销售产品，要么是对外许可技术。充满活力的公司非常乐意于对能从他们的知识产权组合获得收益的活动进行投资。

机会主义对外许可方是那些对通过出售非战略性知识产权来获得收入感兴趣的公司，但他们不准备主动在能从公司的知识产权组合获得收益的活动上投资得太多。

引入许可(in-licensing)的公司

技术的探求者是那些极有兴趣获得已经成熟的技术而不承担开发费用的公司。他们愿意为技术花钱，但不肯多花钱。

侵权者是那些被发现正在侵犯其他个人或公司持有的专利权的公司。

公司姿态对许可目标的影响

尽管由于技术、业务和法律情况的不同，公司许可目标的细节是非常独特的，然而公司的姿态也是决定许可目标的一个主要因素：

战略性对外许可方对从许可中获得收入比较感兴趣。为了获得收入，他们也愿意投资成立一个获得收益的许可办公室。通常这类公司总是迫切地需要早期的现金流收入。

机会主义对外许可方是那些相对被动地走向市场的公司。根据定义，这些公司要么只对外许可他们的非战略性技术，或者不会为了能获得许可收入而作内部投资。机会主义对外许可方寻求与常见的行业许可和专利使用费相一致的条款和专利使用费率。

技术探求者是那些在技术许可上寻找快速解决方案的公司和个人，这样他们就可以快速实施该技术。这种定位的公司寻求尽可能低的专利使用费率，由此获得他们认为丰厚的利润。

侵权者是那些不论出于何种理由，已经使用他人的知识产权的个人或公司。他们通常已经身处市场，因此他们从事生产活动的经费已经确定，并且他们的成本和利润也是已知的。他们知道任何新增的成本，例如专利使用费，都将减少他们一部分既得利润。因此，这种定位的公司倾向于集中精力寻求各种方法来支付尽可能少的专利使用费以及想尽办法延迟支付。

公司姿态对许可战略的影响

除了对许可目标有影响外，公司的姿态也对总体许可战略有影响。举例来说，战略性对外许可方倾向于遵循三步走战略：第一步，他们识别潜在的被许可方，包括寻求者和侵权者；第二步，他们将目标锁定在那些有能力支付专利费的公司，例如那些出售最终组装线或终端产品的公司，而不是那些只能出售部件或组件的公司；第三，他们试图通过许可或专利组合打包这样的程序，尽量降低许可收入的管理成本。

机会主义对外许可方倾向于遵循一种完全不同的战略。他们不会积极地寻找潜在的被许可方，而是一直等待直到有人主动和他们接触，或者直到他们察觉到一个侵权者的出现。他们的许可战略往往由两部分组成：首先，他们寻找与行业规范一致的条款和专利使用费率；其次，他们也想尽一切办法来降低许可的管理成本，而且尽可能寻求一定的管理机制，将获得许可以及监控许可的费用降到最低。

在引入许可的这一边，技术寻求者有一个非常灵活的双管齐下战略。首先，技术寻求者找出他们所寻求的技术，以及可供选择的技术来源范围。作为这一战略的一部分，他们深入地研究与每个替代方案相关的成本，如果许可符合最佳成本的原则，他们会找到拥有该技术的公司，并力求快速达成协议。他们战略的第二个部分涉及到他们愿意支付的价格（专利使用费）。由于他们已经知道备选方案的成本是多少，处于这种地位的公司可以决定为实现自身的利润目标愿意支付多少给许可方。那些不愿意同意技术寻求者可接受的价格的许可方将发现，选择这一许可战略的公司宁愿离开谈判桌并开始寻找其他替代方案，而不愿意支付超出技术对他们而言所值的价钱。

侵权者追寻的许可战略完全不同于之前讨论过的那些。他们已经知道在他们运营中所需要的技术的价值和成本。他们也知道任何专利使用费都是他们被迫从利润中切去的一块。侵权者的战略通常包括尽可能减少支付专利使用费，同时尽可能拖延支付，拖得越久越好。遵循这样的战略，侵权者一旦得知他们将被要求获得一项许可，会立即开始收集成本信息，通常是识别替代的技术来源，并了解每种替代来源中获得技术的成本。另外，侵权者将确定大致要支付给技术所有者多少钱，并计算是支付专利使用费更便宜呢，还是拖延并通过诉讼以期进行讨价还价来压低专利使用费成本。

公司姿态对许可谈判和结果的影响

谈判各方各自的立场常常是决定谈判能否成功的主要因素。图 2.1 显示了这些立场能够如何影响谈判。

	寻求者	侵权者
战略性	● 双方都对交易感兴趣 ● 谈判可能会进行得非常顺利	● 显著的区别 许可方：尽量提高专利使用费 被许可方：尽量少付专利使用费 ● 谈判可能会非常艰难
机会主义	● 许可方可能会寻求行业标准的专利使用费和条款 ● 被许可方很可能会同意	● 根据行业标准的许可方 ● 被许可方尽量压价 ● 谈判会非常严肃但争议不会很大

图 2.1 立场和对谈判的影响

公司姿态对许可条款的影响

公司的立场也是影响公司对前面提到的所有要素持有的观点的主要因素。表 2.1 给出了一些例子，说明一家公司因所持立场不同会对所有因素抱有截然不同的看法。相比任何两类许可方同对方的关系来看，战略性的和机会主义许可方在潜在许可条款上彼此之间有更多的相似点。本质上讲，许可方就是将已有的智力资产通过许可这一机制转化成为收益的企业。它们的区别仅仅在于，它们寻求从出售其知识产权的使用权上获得的金钱的数目不同。另一方面，两类被许可方彼此之间对于潜在许可条款的看法完全不同。侵权者想要尽可能减少任何付给许可方的费用。毕竟，他们的逻辑是：我们在专利使用费上让步的每一美元都意味着我们的利润减少了1美元。相反，技术寻求者将许可视作省钱的机会。通常，他们事先做了充分的准备，也了解自己独立开发此项技术所需要的成本和时间。对于寻求者来说，许可费用是获得技术的成本的一部分。但是作为一个许可机会，寻求者也许还得不到这种机会，而必须为他们技术获取问题选择一个更昂贵的解决方案。

许可和经营战略

大部分的公司倾向于将对外许可看作一种产生现金的方法，而将引入许可看作获得所需技术的一种方式。其实技术许可的内涵要远比这些简单的和相对狭隘的观点要宽泛得多。许可是大多数经营得当的公司经营战略的一个关键部分。

许多经营得当的公司都有表述清晰的愿景，来表达公司所有者对公司未来的期望。这种愿景的存在使得管理者的工作比不存在愿景时简单得多。有了愿景，人们就能够询问自己，下一步经营决策是否对公司实现愿景的能力具有意义。

从战略的意义上说，许可是公司向实现愿景迈进的行动之一。有了这种观念，人们就有可能想出一系列能为公司作贡献的许可方式。在一些公司中，许可是用来产生收益的方式，为支持公司实现其未来期望采取的各种行动提供资金。对于这一类公司，可以通过出租一个或多个战略性智力资产（公司技术组合中的专利）来获得收益。其他公司则是通过许可非战略性技术来产生收益。许可的另一种战略性用途是作为一种对抗竞争的活动——许可也许会被用来双管齐下地对抗竞争。首先，将公司的技术许可给业务竞争对手能成为一种从对手的市场上获取收益的方式。其次，将关键技术许可给竞争对手可以使他们不去发展自己的技术能力（而一直受制于己）。此外许可还有另一种战略性用途，即用来减少侵权诉讼。当诉讼有

表 2.1　影响许可的各种因素的视角

因素	许可方		被许可方	
	主动	被动	寻求者	侵权者
保护	● 有保护，愿意以财务上的考虑作为交换		● 想要有保证的保护，特别是当保护是一个竞争性问题	● 想要保护期尽可能长，以减少将来支付的费用
排他性	● 不愿意提供排他性许可，因为这样也就无法从专利中获得其他收益了		● 想要排他性许可	
效用／优势			● 将无须自己支付技术开发费用作为一种成本优势	● 将压低获得许可的费用作为成本优势
商业成功	● 除非其他的被许可方或专利持有人已经做好了商业化，否则无法保证自己商业化的成功		● 需要得到商业化成功的保证	● 已经了解到了商业化成功的事实，想要尽量减少成本
改进	● 或许几乎看不到需要改进之处		● 看到更多的减少潜在利润的改进需求	● 根据定义，不需要进一步的改进
当许可方和被许可方有竞争关系时	● 寻求交叉许可			
许可期限	● 尽量减少期限，这样就可以定期重新谈判条款	● 提供专利权整个生命期的许可	● 寻求专利权整个生命期的许可	● 寻求最长的期限，例如，对整个专利生命期的许可
专利使用费的额度	● 寻求最大化	● 寻求标准	● 为新技术寻求运行费，为已有的技术寻求一次性付款	● 寻求一次性付款
支持／培训	● 提供售后培训和支持		● 寻求售后培训和支持	● 不寻求培训，以此降低成本
许可承诺	● 重视许可的承诺，因为它是战略性收入来源	● 被动的许可方必定会被要求给出许可承诺	● 非常有兴趣获得许可承诺	● 无所谓承诺
实施的负担	● 已经对实施很有兴趣	● 对实施的兴趣还不明确；被许可方也许需要施压来获得保证	● 没有想过要执行，会要求执行的保证	● 已经表达了执行的要求
国外或本土	● 没有偏好		● 没有偏好	
交叉销售	● 交叉销售是可能的		● 如果有优势的话允许交叉销售	● 尽可能减少交叉销售行为来降低成本
专家的意见				

可能发生时，公司发现同竞争对手进行交叉许可是一种非常棒的方式，它能将侵权诉讼的可能性降到最低。

许可可以用于一系列的战略与战术。许可的基本原理很大程度上取决于公司授与许可的种类和方式。同样地，公司在许可谈判中的态度对许可协议所采取的最终形式及其内容有着很大的影响。

公司对外许可和引入许可的定位也影响着许可谈判，影响着他们对关键许可条款和这些条款的表述的看法。最后，许可中与金钱无关的条款对与金钱有关的条款有着重要的影响。公司越是理解定位对本公司和谈判伙伴的作用，就越能够更好地制定满足他们需要的许可。

参考文献

Cases : Patent Damages

Del Mar Avionics, Inc. v. Quinton Instrument Co., 836 F.2d 1320 (1987)

Fromson v. Western Litho Plate and Supply Co., 853 F2d 1568 (1988)

Georgia-Pacific Corporation v, U.S, Plywood Corporation, 318 F Supp. 1116 (1970)

Georgia-Pacific Corporation v. U.S. Plywood Champion Papers, 575 F2d 205 (1971)

Kearns v. Ford Motor Co., 726 F. Supp, 159 (1989)

King Instrument Corp. v. Otari Corp., 767 F2d 853 (1985)

Lindemann Mashinefabrik v. American Hoist & Derrick Co., 895 F2d 1403 (1990)

Panduit Corp. v. Stahlin Bros. Fibre Works Inc., 575 F.2d 1152 (1978)

Polaroid Corp. v. Eastman Kodak Co.

TWM Manufacturing Co. v. Dura Corp., 107 S. Ct. 183, 789 F.2d 895 (1986)

Books :

Smith, G. and Parr, R. L. (1989). *Valuation of Intangible Assets*. New York: John Wiley & Sons, Inc.

Articles :

Andonion, Joseph K., “New Method to Determine Royalty Rates,” *Les NouvelLes*, June 1991, pp. 58-59

Ansell, Ed, “Assessing the Value of Technology,” *Law and Business of Licensing*, 1980, pp.734.7-

734.11

"Apple-IBM agreement networks old systems, creates new ones," *Information Access Company*, November 21, 1991, vol. 63, no. 23, p. 13

"Attention IBM PS/2 Clone Makers-Buy Patent Rights Now," *Elsevier Advanced Technology Publications*, March 1988, vol, 4, no. 1

Burke, Steven, Robert L. Scheier, Jimmy Guterman, Richard March, "IBM Intensifies the Cam-paign," *PC Week*, July 4, 1988, vol. 5, no. 27, p. 1

Chisum, Donald S., "Remedies for Patent Infringement," *AIPLA Quarterly Journal*, 1985, vol.13, no. 4, p. 380, 386-89

Coale, Kristi, "EFI, Kodak agreement raises patent issues; Agreement increases validity of EFI' s claim," *IDG Communications, Inc.*, February 11, 1991, p. 44

Doler, Kathleen, "MicroAge Franchisees want Lowered Royalty Schedules; Company Focuseson Large Sales Accounts," *PC Week*, Ziff-Davis Co., February 13, 1989, vol. 6, no. 6, p. 51

Enlow, Paul M., "Future Changes in Computer Licensing Practices," *The Law and Business of Licensing*, vol. 1 1980 Revision, pp. 506.109-506.112

Finnegan, Marcus B., and Herbert H. Mintz, "Determination of a Reasonable Royalty in Nego-tiating a License Agreement: Practical Pricing for Successful Technology Transfer," *The Law and Business of Licensing*, Clark Boardman Co, Ltd., N.Y., 1985, vol. 3, Chap. 3, pp. 3D-3-3D-28

Francis, Robert, "Clone Makers Get Warning on Patents," *Datamation*, August 1, 1988, vol. 34, no. 15, p. 28

Goldscheider, Robert, "An Economic Analysis of Royalty Terms in Patent Licenses," *Minnesota Law Review*, April 1983, vol. 67, pp. 1198-1234

Goldscheider, Robert, "Expert Witnessing: The Licensing Process and Intellectual Property Lit-igation," *Technology Management Handbook*, Clark Boardman Co., Ltd., N.Y., 1984, chap. 23, pp. 191-207

Harbert, Tammi, "Patent Portfolios Emerge as Corporate Money Makers," *Electronic Business Information Access*, Cahners Pub. Co., April 16, 1990, vol. 15, no. 7, p. 53

Jereski, Laura, "Patent Profit," *Forbes*, May 2, 1988, p. 104

Kessler, Edward J., and Robert W. Sacoff, "Products of the Mind," *Trial*, July 1984, vol. 20, no. 7, p. 40(5)

King, F, S. Labrum and G. Franck, "Valuing Intellectual Property," *Les Nouvelles*, December 1991, vol. XXVI, no. 4

Locke, Dennis H., "A Systematic Approach to Patent Valuation," *Idea*, 1986, vol. 27, pp. 1-5

Main, Jeremy, "Business Goes to College for a Brain Drain," *Fortune*, March 16, 1987, p. 80

Manners, David, "Korea; catching up with the best," *Electronics Weekly*, June 26, 1991, no.1559, p. 17(2)

Marshall, Martin, "IBM Demands License Fees for RISC," *InfoWorld*, July 4, 1988, sec. news, p. 5

Matsunaga, Yoshio, "Determining Reasonable Royalty Rates," *Les Nouvelles*, December 1983, vol. 18, no. 4, pp. 216-19

Matsunaga, Yoshio, "Determining Reasonable Royalty Rates," *The Law and Business* of *Li-censing*, Clark Boardman Co, Ltd., 1985, vol. 3, chp. 3, pp.3Dl17-3D125

McGavock, Daniel; Haas, David A.; Patin, Michael P., "Licensing Practices, Business Strategy, and Factors Affecting Royalty Rates: Results of Survey," *Licensing Law and Business Report*, March-April 1991, vol. 13, no. 6

McGavock, Daniel M.; Haas, David A., "Licensing in the Real World: A Survey of Those Who Know," *Licensing Law and Business Report*, May-June 1990, vol. 13, no. 1, pp. 146-56

McGavock, Daniel; Haas, David A.; Patin, Michael P., "Factors Affecting Royalty Rates," *Les Nouvelles*, June 1992, vol. XXVII, no. 2, p. 107

Morais, Richard, "What is Perfume but Water and a Bit of Essence," *Forbes*, May 2, 1988, p. 90

Palmer, Archie M.; Behrens, Meredith W.; Davis, Albert S. Jr., "The Making and Application of Royalty Rates," *Patent Licensing*, Practicing Law Institute, 1958, pp. 56-73

Parr, Russell, “Insights into Royalty Rate Economics,” *Les Nouvelles*, June 1990, vol. XXV, no. 2

Powers, N. Richard, “At the End of the Second Rainbow; Calculation of Damages in Patent Cases,” *Delaware Lawyer*, March 1989, vol. 7, no. 3, pp. 18-26

Preston, John T., “The Role of the University Licensing Office in Transferring Intellectual Prop-erty to Industry,” M.I.T.

Reed, Sandra R., “See you in court; Intellectual Property Lawsuits and Computer Crime View From the Valley,” *Information Access Company*, Hayden Publishing Co., August, 1989, vol. 13, no. 8, p. 179

Ristelhueber, Robert, “IBM Enters OEM Market for PCs and Subsystems,” *Electronic News*, June 29, 1992

Ryan, Alan J., “IBM Hikes PC Royalty Rates,” *Computerworld*, April 11, 1988, p. 105

“Sharp and Standard Microsystems Sign Comprehensive Worldwide Royalty-Bearing Semicon-ductor Patent CR,” *PR Newswire Association, Inc.*, September 6, 1989

“Standard Microsystems: Will Commence Legal Proceedings Against Texas Instruments,” *PRNewswire Association*, January 19, 1990

“Technology & Licensing Agreements; Toshiba, TI in Royalty-Bearing Cross-Licensing Agree-ment,” *HTE Research, Inc.*, December 24, 1990, vol. 90, no. 18

Teece, David J., “Profiting from Technological Innovation: Implications for Integration, Col-laboration Licensing and Public Policy,” Elsevier Science Publishers, June 1986

Teece, David J., “The Dynamics of Industrial Capitalism,” Haas School of Business, UC Berke-ley, May 1992

“The History of the invention and development of the integrated circuit at Texas Instruments,” Texas Instruments 1988

Weil, Ulric, “Some vendors use litigation as a profit center,” *Information Access Company*, July 20, 1992, vol. 11, no. 15, p. 27

Wilson, Sonsini, Goodrich & Rosati, *Licensing & Intellectual Property Law Bulletin*, June 1991, vol. IV, issue 2

"Unix Files Antitrust Suit Against Microsoft," *Newsbytes News Network*, November 8, 1990

Journal: Licensing Economics Review:

Parr, Russell L., AUS Inc., N.J.

"Infringement Cases," September 1991, p. 6

"Insights from the Experts," December 1991, pp. 7, 19

Notes on Kearns v. Ford, September 1990, pp. 4-5

"Reasonable Royalties: An Analysis of the Damages Award in the Kearns v. Ford Motor Com-pany Patent Infringement Case," November 1991, p. 11-16

"Recent Licensing Transactions," November 1990, pp. 2-3

"Recent Licensing Transactions, Taiwanese Firms," February 1991, p. 3

"Recent Licensing Transactions, Japanese Finns," February 1991, p. 3

"Recent Licensing Transactions," July 1991, pp. 4-5

"Royalties," January 1992, pp. 9-10

"Royalty Rates For Proven Pharmaceuticals," March 1991, pp. 7-8

"Techniques for Comparing and Analyzing License Agreements," September 1991, pp. 14-18

第三章

经营战略中的知识产权组合

公司在获取专利时至少需要关注四个公司目标：近期的竞争保护、设计自由、避免诉讼以及为建立联盟和合资公司打基础。用最简单的话说，一组专利组合就是公司能合法垄断使用的一套创新性的创意。大多数情况下，单个专利保护一项产品或工艺创新，使其在商业化的过程中无需担心被模仿；人们获得商业化的专利是用来产生和保护近期收入。随着公司的发展并不断改进技术或推出新技术，它们通常会建立起一整套独特的专利和其他知识产权的组合。有些公司只是在一项又一项的单独专利基础上使用组合，为每一项专利设计一种战略。而另一些公司则对整个专利集合有清晰的用途理解，并采用组合战略和战术作为公司经营战略的一个关键部分。

在这一章中我们将解决以下问题：专利组合的不同类型及其差别何在；这些差别是集中在内容上、用途上，还是两者都有；是否确实有不同的组合战略；组合战略之间是存在着实质性的差别，还是仅仅在某一通用战略的一些要素的执行程度上有差别；一项广泛的专利组合能否比单一专利带来更多或不同的价值；对公司而言，一项专利组合管理（一大组以集体方式管理着的专利）是否比单独管理，或者以小组的形式管理具有更大的价值；一个“成功的”组合由什么要素构成。简言之，这一章我们要讨论专利组合的内容、指导其发展的意图和公司的专利组合同它的经营战略之间的关系。

为了能在更为广泛的实际情况下解决这些问题，我们采访了十几位拥有知识产权组合和设立组合经理的公司中负责知识产权组合管理的经理。根据这些访谈的结果，我们开发了一个模型，并获得了知识产权组合的维度、结构和用途。这些要素与公司的基础结构和战略意图之间的关系构成公司的组合战略。

从员工的创意中获得利润的公司常常被称作**知识型公司**(knowledge Company)。在这样的公司中，创意不断地产生、编撰成文（codified）并获得保护。受到保护的创意用法律术语表示就是知识产权（IP），而专利则是知识产权的一个主要类型。一组专利，就像任何一组流动资产一样，被称为一项专利组合。知识产权组合为了将来的应用，需要积极地管理和存储并不断地维护。从长远的观点来看，知识产权组合代表了公司为保证开发新设计并在业务中自由使用这些设计而作的投资。知识产权组合是对人力资本、智力资产和资金的大力投资的结果。

我们采访的公司有大有小，而且行业也不同：航空、生物技术、制药、化工、商用机器、系统和通信以及电信。这些公司的知识产权组合的规模小到十几个专利，大到几千个。一些知识产权组合包含少数几项专利和大量的商标及著作权——我们关注其中的专利部分，各种知识产权组合的专利构成大不相同——有些组合包含的专利仅为了保护特定产品和用于当前的直接应用，其他组合所包含的技术专利是为了保护未来潜在的开发和应用。一些组合是紧密围绕着相当集中的产品战略而建立的，其他组合则包含了公司尚未商业应用的技术专利。

我们在采访的过程中，试图解决以下问题：

35

- 知识产权组合是怎样构成的，构成原因是什么？
- 这一结构是如何与公司的基础结构、战略意图和产品的相关用途相联系的？
- 知识产权组合是如何产生、如何受预算的约束以及如何维护的？
- 如何使用知识产权组合？

知识产权组合的维度

论及知识产权组合的内容、用途、与经营战略之间的联系以及在公司内的重要性时，负责组合管理的经理都会使用相似的术语来描述它们。为更好地理解这一点，我们要求经理们描述他们眼中的公司知识产权组合的画面。我们将他们的描述分解成知识产权组合的维度。专利组合至少有以下5个主要维度：

技术　专利组合中的技术，不论是单独或成组出现，都有一定程度的优点和弱点。衡量技术维度的是宽度（专利组合中技术类型的范围）和深度（每一技术领域中的专利数量）。公司技术所覆盖领域的一个或几个空白也许可视为其技术维度上的弱点（见图3.1）。专利组合的宽度和深度也可绘制成图形。专利组合内容的直观视图是一个描述技术维度的有效方法。

此外，与技术维度相关的还包括技术与现有产品或未来产品之间的关系、技术与公司技术规划和战略意图的匹配程度以及技术集中度。

战略目标和意图　专利组合的这一维度包含了四个主要目标：竞争保护、设计自由、规避诉讼与为建立联盟和合资企业打基础。每家公司都是按照与战略的匹配程度排列这些目标。

战略用途　这一维度包括知识产权组合在执行企业战略目标和意图时对基本的进攻、防范和谈判的用途。

价值　这一维度是关于专利组合如何为公司带来价值。一个专利至少有两种价值来源。

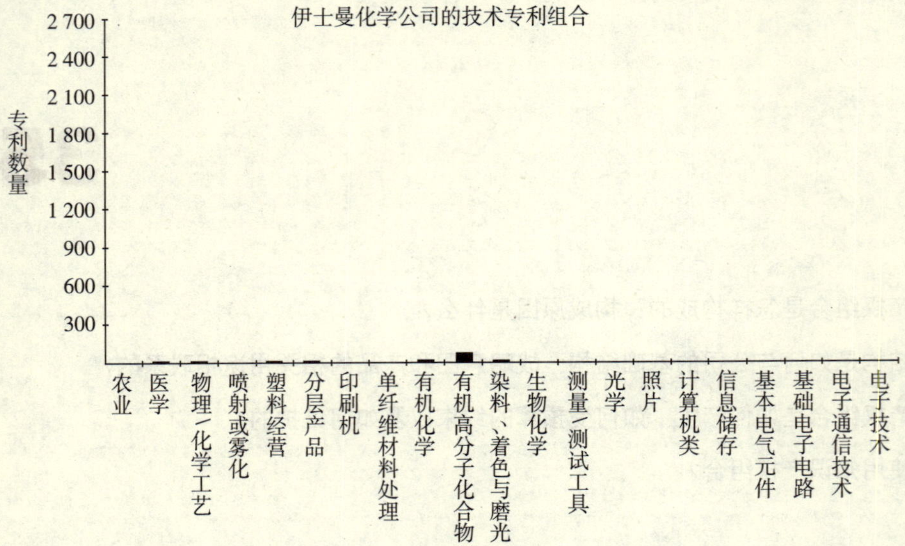

图 3.1　技术概况样图

第一是专利排除其他竞争者的程度。这是一个衡量其功效或有效度的指标。专利带来价值的第二种方式体现在其在产品特定的商业化过程中的重要性。有些专利对于某个商业机会而言是非常重要的，用这些专利足以开创一项业务。有的专利则并没有这么重要，而且可能需要其他的辅助技术(complementary technologies)和商业资产才能形成一项业务的基础。

收入和成本　从财务上考虑包括两个一般领域：成本和收入。对于小公司而言，任何的成本都需明确且必须减少到最低。小公司在早期阶段就意识到产生专利和整理归档的成本以及维持专利的持续成本。在大型公司里，专利组合是一个重要的战略性要素，因而组合的成本或许无从得知——这些成本经常与法律开销捆绑在一起，在法律环境之外的成本较少得到评估，而且也不是财务关注的成本来源。此外，产生和维护专利的成本是显而易见的，而且属于负责专利组合管理的经理的主要职责之一。事实上，每家具有专利组合战略的公司，都有一套系统来监视与报告成本，以及例行公事地评估和管理成本的程序。

对于本研究中涉及到的大多数公司而言，从提供专利使用费的对外许可和交叉许可中获得收入是次要的财务考虑。然而，一些最富有前瞻性的公司已经设立了对外许可的项目（和组织），积极地管理和增加来自对外许可的收入。一些公司已经能够从知识产权组合中萃取相当数量的对外许可价值，譬如说德州仪器、IBM 和摩托罗拉。

上述维度讨论各组合之间的相似之处和差别，十分有帮助。维度为各组合之间的对比提供了一种通用语言和框架。但他们首先反映了知识产权组合经理从规划（关于未来）和管理（关于目前）的角度对构成组合的重要元素的观点。

影响知识产权组合内容和结构的因素

知识产权组合的内容、结构和相应的战略由许多因素所决定，这些因素的分布范围很广，从宏观因素，如公司对知识产权组合的功能的哲学观，到具体的用途，比如作为谈判的工具。不过，对于所研究过的公司，我们发现以下因素对于知识产权的形成和用途具有影响。

组合功能的哲学。对于知识产权组合的功能，至少有两种不同的广为接受的价值观，这两种价值观从根本上塑造了公司使用其专利组合的方式。一种观念认为，知识产权组合的最佳和最大用途是保护公司的创新不受竞争威胁。这一观念的支持者认为，知识产权的其他用途可能导致公司的精力偏离主要业务——将创新商业化。对立的观点则认为，知识产权组合是公司价值的一个重要来源，公司也乐于开发利用。持有后一观点的公司认为知识产权组合具有大幅增加公司价值的潜力。

持有第一种观点（很大程度上出于防御）的公司反对知识产权组合除了保护公司创新外，

还应当被用于任何战略目的的观点。他们认为知识产权的使用应该被限制在实现专利的四个主要目标上。他们“恢宏”的目标是排斥他人利用他们的专利创新。这些公司通常分权管理，组织结构是围绕着战略业务单元(SBUs)设计的。其利润来自于销售当前战略业务单元的产品和服务。从很大程度上讲，这些企业的业务单元拥有技术，有权决定哪一项技术需要申请专利以及如何使用专利。对于这些公司而言，专利主要是涉及法律和本地业务的问题，而且经常由战略业务单元和公司的总顾问办公室进行管理和协调。

持有更激进观点的公司则会使用他们的知识产权组合创造更多的价值。这些公司认为，从公司保护的创新中获取价值并不仅限于设置进入市场的“捕鼠夹”。举例来说，一个公司也许会决定将它的“捕鼠夹”技术授权给其他人，允许其制造和分销所授权的产品，因为其自身不具备这样的能力。类似的，它也可以与其他公司成立合资企业，与一个能提供自己所缺乏的资源(如市场渠道)的合作伙伴成立一个战略联盟，或者简单地出售不再具有战略意义的技术。这些公司对于自己的专利组合具有较深远的认识。他们将组合视为公司资产的集合而不是单个专利的集合，寻求从组合中萃取价值。组合的集体力量能成为公司与缺乏这种强大资产的公司进行商业谈判时重要的讨价还价工具。

持有第二种观点的公司通常是集权的。如果从组织上是分权管理的话，公司也会集中专利的所有权并加以管理。此外，由于这些公司希望能从专利组合中获取更高的价值，所以会将这一活动看作一项商业行为。负责人往往对此有一个商业定位，并寻求法律人员的支持而不是希望这些法律人员指导自己的工作。由于这项功能的战略性商业定位，公司这一类价值萃取活动的组织地点通常都在总顾问办公室之外。

对知识产权组合的功能持有狭隘观念的公司限制了自身从组合中获取价值的能力，而持有更宽广看法的公司至少有一个追逐额外利润的机会，而且往往能够从组合中获取更高的价值。

经营战略焦点。 同等规模下，广泛地聚焦于经营战略的公司相对于狭窄地聚焦于经营战略的公司而言，往往具有更大更多样化的专利组合。

聚焦宽广的经营战略——技术的开发和申请专利是为了保证将来的使用。建立专利组合的目的是希望其能够为创造未来的市场需求而有所贡献。其必然结果常常是为了寻求保障未来设计的自由而申请专利。有宽广聚焦经营战略的公司往往是战略上的机会主义者。

聚焦狭窄的经营战略——技术通常是定向研发的结果，用于满足已知的或是详细定义好的现有（或潜在）市场需求。它们商业化的时间跨度很短。处于这一组中的公司倾向于定期精选专利组合，以保证组合的内容能够持续紧紧地根据公司关注的经营战略来安排。

在我们访谈的大多数公司中，专利组合是公司经营战略的产物，作为有价值的公司资产理应受到高层管理者的关注。但是，在一些公司里，专利组合与其经营战略之间没有明显联系，这些公司也以不同的方式对待其专利组合。

首先，这些公司里的专利组合经理隶属于法律部门，而没有被授予操作层面或者业务层面的职能。第二，担当专利组合经理一职的人通常职位相对较低，人们常常将此职位视为辅助性职位，这些专利组合经理在公司内部地位也相对较低，而且视其工作为一项维护性的活动。我们也注意到，公司没有很好地定义专利组合经理的职责，也几乎没有给予他们任何指导。这些公司有以下几个独特的特征：

- 其战略意图集中在诉讼规避上，倾向于出于防御而使用专利组合。

- 无法描述专利组合的内容(就具体的专利而言)，也没有成文的专利政策。

- 虽然在公司内部有各种小道消息，但几乎没有关于获得专利或维护专利的实际成本的任何具体知识。相反的，各种小道消息却在商业活动的整个范围内四处散布。

战略目标和意图。所有拥有专利组合的公司在建立专利组合时都期望近期或者未来在基于技术的商业机会中使用这些专利组合。

竞争保护——专利的持有者被授予了基本的垄断权，阻止他人在没有获得专利持有人许可的情况下对专利技术进行商业化。专利的保护层面有以下几个辅助性要素：

排他性——专利能在多大程度上有效地排除他人在商业机会上的侵权是衡量专利强度的标准。尤其要指出的是，有强大基础的专利能够完全将竞争对手排除在一个商业领域之外。其他的专利，也许没有这么强势，但也能够在一部分业务领域内排除侵权者，配合其他辅助性的专利也能扩展其排他范围。

阻挡——有时专利是用来阻挡竞争对手取得其核心技术地位。这些专利是在核心专利周围建立一个“专利丛林”以确保商业化专利能够充分得到利用。公司常常能够识别改进的专利，以阻止竞争对手的技术突破。阻挡可能是战略性的——长期阻挡竞争对手的进入，以分摊高额的研发费用(例如在制药和化工行业)——也可能是战术性的，以作为在短期的商业谈判中讨价还价的筹码。

辅助性保护——一些专利并非直接针对商业化。对于使用不同材料或工艺但本质上类似的创新，这些专利起到了辅助的保护作用。围绕一个关键专利形成的辅助专利组合能够提高对关键专利的保护和防卫程度。

设计自由和诉讼规避——专利组合通常包含关于未来技术的专利，这是为了保证公司在技术的某一特定领域拥有优先权。它意味着公司很重视这一领域内的业务，而且能够强有力地保护其知识产权地位。这些优势地位保证公司在相当长的一段时间内无须担心被侵权的威胁，尽情地使新技术商业化。

联盟基础——联盟是为了满足关键业务需求而与其他团体形成的商业关系。这些需求包括市场进入、产品线拓展、技术转移和制造能力。随着客户需求变得越来越复杂，市场的解决方案中提供的技术和服务也变得越来越复杂。因为没有一家公司可能拥有全部技术生命周期的专业技术，因此整合出一个成功的解决方案就需要建立合作或联盟。

一个强大的专利组合以及持续产生大量优质专利的方法是衡量一个技术型企业的技术能力和商业能力的标准。同盟者也在寻找能够弥补自身能力不足的伙伴，因此在寻找联盟伙伴时，强大的专利组合将成为一个巨大的优势。

战略用途。战略意图关注于公司未来想做什么，而战略用途则关注专利组合当前的活动。可以根据商业机会来考察战略用途，这些商业机会可以是公司目前正在从事的，也可以是公司近期内将要从事的。而专利组合的架构主要是为了进攻性或防御性的战略用途，但也经常被派上其他用场，例如建立强大的谈判地位，增强公司的技术实力。

专利组合的进攻性使用——进攻性使用包括直接商业化和战术性阻击。直接商业化的实现可以是通过在公司所计划的产品或者未来产品这一公司财产的周边建立专利组群，或者通过在公司核心竞争力周围建立专利组群，也可以是两者兼而有之。这些资产是为了提高公司在特定产品领域的所有权地位。进攻性使用也可以是对竞争对手或者潜在的专利申请者的基础专利进行一系列改进，从而阻碍其基础专利的发展。进攻性使用常常涉及到在专利的有效期内排除竞争对手使用技术或者进行商业应用等活动。通过谨慎地使用专利权以摒除竞争者，企业能够进攻性地使用专利组合来进入本来无法进入的部分市场。同理，企业可以通过成立联盟以获取所需技术或市场。

专利组合的防御性使用——组合的防御性使用常常需要建立一个广泛的专利组，覆盖目前尚没有清晰定义的产品所可能涉及到的技术、工艺和材料等潜在未来用途。另外，要确保技术的排他性使用，防御性使用总是意味着保证企业未来的设计自由。成功的防御性使用能够避免因交叉许可和其他相关战略行动导致的诉讼。

谈判——另一个决定组合内容的因素是公司对于利用专利组合作为议价工具的兴趣。大部分情况下，感兴趣的公司在使用专利组合进行谈判时，不外乎采取以下两种方式之一：一种方式是，专利组合包含了一组集中于某个特定技术或商业领域的专利。企业就一个交叉许可协议或商业合约谈判时，仅仅由于在谈判双方都感兴趣的领域内公司拥有高度集中的专利组合，而如虎添翼。另一种方式是建立一个全面的专利组合，既包含现有技术，又囊括了潜在技术。这样在谈判时，组合本身也能对谈判对方起到震慑作用。

常常可以看到，如果谈判的一方希望能够以低成本获取某个技术，谈判将围绕希望达成许可的技术领域进行。如果企业渴望能以低成本获取技术，那么交叉许可机制是最常用的方法。在谈判桌上最具实力的公司通常能够决定最后的排他领域和协议中做出的最终妥协。

在某些情况下，一个强有力的专利组合和更新组合的方法和意愿从根本上排除了任何谈判的必要。例如，一家公司也许会发现其专利正受到其他公司的技术的侵犯。如果双方都不想引发诉讼，而且双方都持有强大的专利组合，他们也许会静观其变——双方都不采取行动以免另一方回应。在没有进行正式讨论的情况下，双方达成了共识，只要侵权行为被控制在一定合理范围内则不提起任何诉讼。这些静观其变的行动只有当任何一方都有一个足够强大，能给对方造成实际威胁的专利组合的情况下才有可能。

提升公司的技术形象——一个强大的专利组合，以及不断产生大量高质量专利的意愿和方法是一种衡量公司形象的标准，也标志着公司的技术和商业状况。这是在寻求合资合作伙伴时的一个决定因素，同时也是一个强大的专利组合（以及能够不断产生专利的能力）所拥有的针对潜在侵权竞争时影响力的决定因素。

产生专利的政策和过程。大部分利用专利组合萃取价值的公司都有正式的专利政策。在管理有方的公司，专利政策是公司总体战略的辅助。由于每项专利的直接法律成本和维护成本动辄上万，甚至当申请全球专利时上百万，专利决策具有重要意义。

我们调查过的大多数公司都有专利委员会，负责审核新发明提议，以决定是否投资申请专利。这些委员会要么是集权管理的，要么是分权而治的，也可以是长期固定的或者特别成立的委员会。专利委员会一般由一名专利律师和企业的技术及产品研发人员组成，由公司的高级管理者或资深技术人员主持。在大多数情况下，委员们基于他们对技术、业务和法律价值的综合考虑做出专利决策。

依靠少数几种重要技术的公司也许会采取只给重大发现申请专利的政策。寻求事先确立一系列潜在重要技术的设计自由的其他公司也许有一个较宽的专利政策，以鼓励任何有机会获得商业化成功和技术成功的技术去申请专利。单个公司的专利政策的跨度很大。一个公司或许会决定：

- 能够为明确而直接应用于公司的产品或工艺的发现获取专利。
- 为大部分可能取得技术或商业成功的事物获取专利。
- 为那些技术成功和商业化成功机会很大的发现获取专利，不论其会由公司还是潜在的被许可方来开发。
- 围绕核心产品或核心竞争力领域发展专利组，建立公司未来的所有权地位。
- 围绕竞争对手的核心专利建立专利丛林，获取专利。
- 为那些可能阻止竞争对手将类似发现应用于其产品的发现获取专利。
- 为建立专利组合而与其他公司谈判许可协议来获取专利。
- 为那些有特别的商业重要性和技术重要性的偶然发现获取专利。
- 不获取专利。

■ 公开大部分选择不获取专利的技术以保证设计的自由。

公司规模。公司的规模能够反映公司构建资产或从中获益的需求。小公司总是对建立一套核心智力资产感兴趣，这不仅是为了目前的商业化应用，也是为了在不远的将来能够使用。

未来使用包括了商业化、商业谈判、交叉许可和增加公司专利组合的价值以及所有权的竞争性地位，同时着眼于公司潜在的首次公开募股（IPO）、合并或收购。

相对于小公司和新兴公司而言，大型成熟企业总是能够更充分地利用其智力资产。可能由于大型公司的商业活动范围广、公司规模大，因而使得他们能够而且必须对除了构建资产外，还对资产的利用感兴趣。资产利用通常包括将组合中的一些技术直接商业化、利用专利来阻止竞争行为、围绕着投资组合中一项或多项战略性关键专利来构建保护资产、将专利组合应用于谈判或者在商业安排中确立一个议价地位。

预算。一些公司事先决定投资于开发专利组合的钱数，因此预算决定对专利组合的增减。因而组合对经营战略的贡献严格受限于预算。处于这种情况下，公司必须同时在美国和在对公司及其被许可方都有竞争性利益的国家内，对同一专利的产生、申请和维护整个生命周期的相关成本都有所了解。

四个具有代表性的知识产权组合

一家公司如何使用其专利组合取决于公司的经营战略和专利组合在多大程度上是实现战略所描述目标的要素以及在公司里是由谁控制和管理组合的。我们所采访的四家主要公司具有典型的组合结构和管理方式。

惠普和伊士曼化学，虽然处于不同的行业，都是在战略业务单元基础上管理公司的专利组合，因此，他们的组合所有权、结构和使用反映的都是相对近期得出的特定产品焦点。相反，施乐和默克公司 (Merck & Co.)，同样处于不同的行业，都集中控制和管理其专利组合，有一个广泛、长远的专利管理方法。相应地，他们的专利组合更大，覆盖范围更广，既支持公司各种形式的长期防御性用途，又支持短期内与产品相关的进攻性用途。以下就是上述四家公司的专利组合和组合战略的案例：

惠普是一家专注于为客户定制技术解决方案的技术型公司。惠普设计并制造电脑、医疗设备、信息系统和打印机。其专利组合反映了公司的几项特质，反过来也体现了公司的基本战略：

经营战略——公司致力于推出新产品，为近期客户提供解决方案。惠普为他们70%的业绩都来自于近两年内开发的新产品感到非常骄傲。

组合的所有权和管理——组合中的技术是由惠普的战略业务单元在公司研发中心的帮助下开发的。

技术和组合的焦点——组合仅仅关注于事先确定的业务领域内的近期产品和产品线。主要来自于战略业务单元的研究，而着眼于未来的技术则是由研究中心提供。

技术和组合的概况——惠普有大约3 000项美国专利，覆盖了相当广泛的技术领域，包括电子、计算机系统、仪器和电子印刷。公司在1994年获得了429项美国专利，其中五分之一（88项）专利是属于第395类专利：信息处理系统组织。

专利组合的使用——惠普公司将其专利组合既用于防御，又用于进攻。出于防御，技术组合为公司可商业化的技术提供保护，保证其专利垄断权的排他性；惠普对未来技术的研究产生了一系列保证"设计自由"的专利，目的在于保证惠普在这些领域内自由开发和出售产品，并加大惠普专利组合的分量，尽可能避免因确有证据证实侵犯他人专利而被提起法律诉讼的风险。出于进攻性的意图，惠普使用其组合来保证在它进入的每个新的技术型商业领域内，获得保护和排他权利；在公司希望以较低成本获得外部技术时，公司可以利用组合来吸引潜在同盟者。

施乐是一家技术型公司，它将自己视为能够通过开发新技术来定义文档市场，这些技术将会产生对创造和管理新文档的需求。施乐的专利组合反映了这一独特愿景。

经营战略——公司致力于利用市场上现有的技术及开发新技术，创造使用文档业务的未

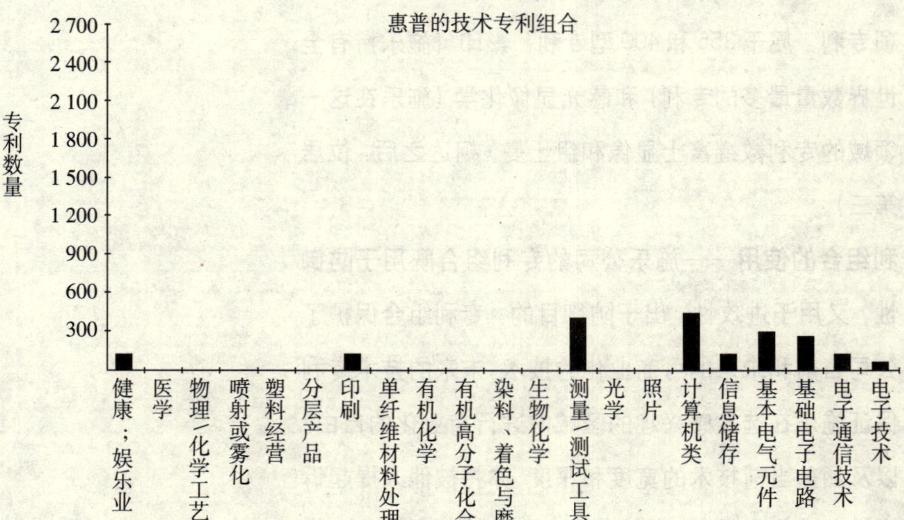

图 3.2　惠普的专利组合概况

来需求。

组合所有权和管理——组合中的技术是由施乐的研发中心开发出来的，被视为公司资产。公司的战略意图和方向是讨论使用和处置施乐专利时的最终决定因素。

技术和组合焦点——为了识别重要的、有潜在价值的实施方法和技术，施乐公司采用一个内部管理程序并绘制了对公司战略至关重要的长期技术路线图，施乐公司将研究定位于能创造未来需求的新技术。这些技术一旦被开发出来，就会申请专利，并成为专利组合的一部分。

技术和组合概况——施乐持有大约6 000项美国专利，覆盖技术领域广泛，包括电子、计算机系统、图形用户界面、化学和机械与电子控制系统。施乐与其日本合资公司富士施乐在1994年共获得了774项美国专利（其中613项属于施乐公司，161项属于富士施乐公司）；这些专利包括70种专利类目。将近一半，即300项专利，属于355和400型专利：影印（施乐持有全世界数量最多的专利）和感光显像化学（施乐在这一领域的专利数继富士显像和伊士曼·柯达之后，位居第三）。

专利组合的使用——施乐公司的专利组合既用于防御性，又用于进攻性。出于防御目的，专利组合保护了公司当前和未来的可商业化的技术；未来的技术专利保证施乐在选定感兴趣的区域内进行商业化的自由，以及涵盖当前技术的宽度和深度，亦将被他人提起诉讼的风险降至最低，同时为进行广泛的联盟和作出商业安排奠定了基础。出于进攻性目的，施乐利用其组

施乐的技术专利组合

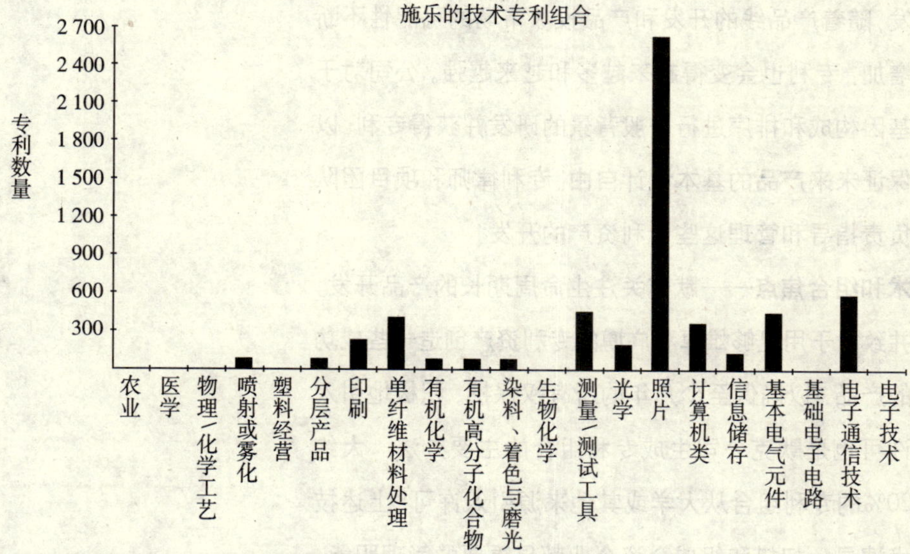

图 3.3 施乐的专利组合概况

合来确保公司进入每个新的技术型商业领域时，能得到保护和排他权利。施乐也积极地对外许可其副产品和用于副产品的初级技术。

默克公司是一家规模在150亿美元的科学制药公司，公司在心脏病、糖尿病和骨生物学治疗领域内都有很大影响。公司专利组合反映了制药企业的性质和在广泛的研究领域里所需的巨额研发费用。一千项化学或者生物学发现中，可能连一个都没有能转化成产品的。

经营战略——默克的战略是通过内部研发和根据所需引入许可的方法，围绕一些关键的发现来建立专利资产，从而在主要疾病领域开发高度所有权的制药方案。随着一个产品投放市场的可能性越来越大，默克公司会扩大并加强专利资产的范围，以确保拥有所有权的产品线的生命周期尽可能的长，同时确保专利覆盖面足够广，能够延迟竞争对手复制产品或推出替代品的时间。

组合所有权和管理——专利组合的生成和所有权是以公司为基础，同时由一个长期技术路线图作为指导，该路线图广泛地覆盖了每一类主要疾病。公司采取长远的观点，根据战略意图指导其研发活动。工作的焦点是开发未来产品线——专利围绕着产品资产进行开发，随着产品线的开发和产品投放市场的可能性不断增加，专利也会变得越来越多和越来越强。公司对于基因构成和排序进行一般背景的研发并获得专利，以保证未来产品的基本设计自由。专利律师和项目团队负责指导和管理这些专利资产的开发。

技术和组合焦点——默克关注生命周期长的产品开发，并致力于用足够雄厚和广博的专利资产创造一些成功的产品，以确保至少几年的所有权保护。积极地引入许可也是默克公司生成专利组合的主要办法，大约20%的专利组合从大学或其他来源引入许可。上述技术搜寻、扫描和组成合资企业都是重要的管理职能。

技术和组合概况——默克公司持有数千项专利，主要形成了在基因构成和排序领域有广阔背景的专利产品领域，确保公司产品设计的自由。1994年，默克获得了164项美国专利，包括20种专利类目，约一半的专利（82项）属于第514类专利：药物、生物——影响人体治疗的合成物。在这一类目中，默克注册的美国专利超过了世界上任何其他公司。

组合的使用——默克主要将其专利组合用于确保公司的主要产品线有长至几年的所有权市场地位，从而确保公司的长期研发投入有足够的利润与回报。专利组合

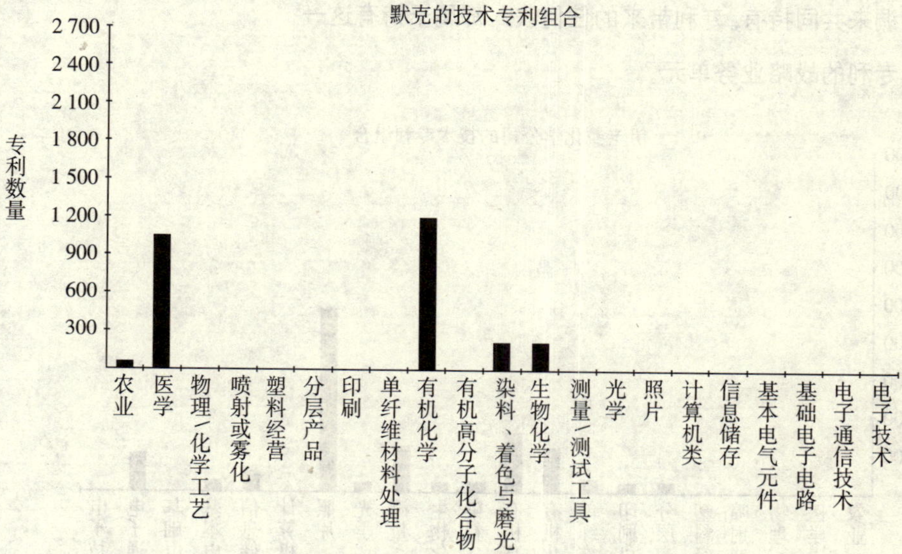

图 3.4　默克的专利组合概况

也保证了产品设计的自由，是成立合资公司和进行许可谈判的基础。

伊士曼化学公司(Eastnan Chemical)是一家身价43亿美元的公司，专营高性能的工业化学品。公司的产品线遍及高性能塑料、涂料及过滤产品和光纤。

经营战略——伊士曼化学公司的战略是开发有实际商业收益的新技术，并建立一个包括成分、用途和流程在内的专利组合以提供支持。公司的核心技术包括化合物、工业中间体和纤维化学。专利组合则产生和聚集于这些领域内。

组合的所有权和管理——技术由公司的研发中心（Central Research）开发，而专利组合的具体内容则归战略业务单元所有并进行管理。战略业务单元承担所有的专利注册和维护成本，并由15个知识产权小组决定所有相关的决策。每个知识产权小组由来自战略业务单元和研究与法律部门（Reserch and Legal Departments）的代表所组成，在资深技术经理领导下，直接向战略业务单元的主管报告。这些小组决定哪些技术需要取得专利，哪个战略业务单元需要为技术支付成本和拥有专利，如何利用专利。专利通常是由某个战略业务单元单独持有和控制，但也可事先通过协调来共同持有。专利带来的任何收入都属于持有这一专利的战略业务单元。

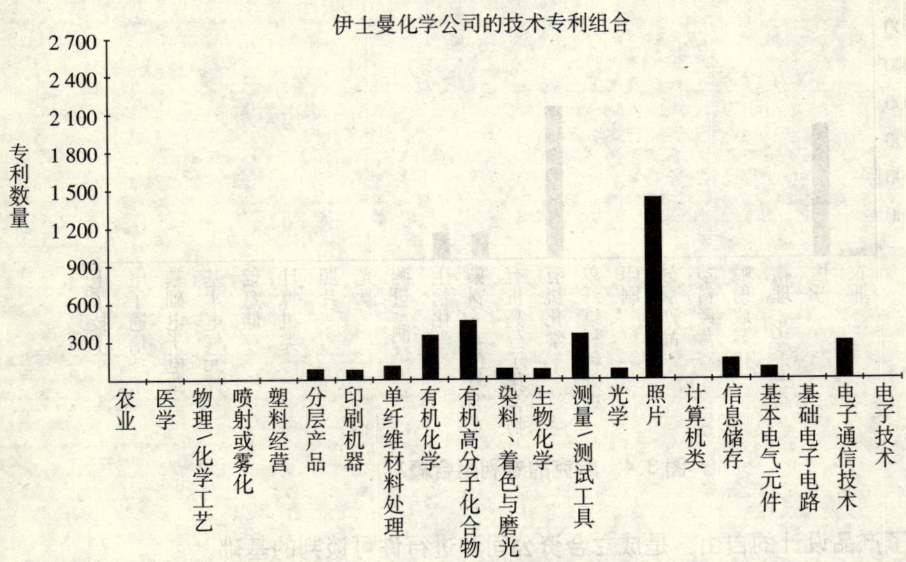

图 3.5 伊士曼化学公司的专利组合概况

技术和组合焦点——技术聚焦于公司的核心竞争力，相应地，专利组合也是如此构架的。当产品被开发出来后，专利资产就围绕着产品进行安排，其专利费用就以税收形式（tax back）由产品经理承担。

技术和组合概况——伊士曼化学公司的专利组合包含了大约1 300项美国专利，1994年获得了64项专利。将近一半的专利属于3个类目。专利组合集中围绕着公

表 3.1　专利组合的两种主导性管理结构和方法的异同

访问的公司	专利组合的焦点和目标	专利组合的所有权和管理	专利组合的结构
伊士曼化学	用于防御性和进攻性目的	以战略业务单元为基础，中央研究室贡献一部分专利，但仅仅作为过渡	转绕着产品线来构建：一些基础专利由中央研发部门提供
惠普	用于防御性和进攻性目的以及谈判研究	以战略业务单元为主，中央研究室做出一部分贡献	主要围绕近期的产品来构建：一些基础性的 / 未来的专利由中央研究室提供
默克	用于防御性和进攻性目的、基础科学和谈判	公司研究部门	围绕长期产品财产和一些基础工艺上的基础专利。组合中显著的一小部分专利是引入的许可
施乐	用于防御性和进攻性目的、基础科学和谈判	公司研究部门	围绕着公司的技术构建了非常庞大和广阔的专利组合。这是根据公司的战略意图和由此形成的技术路线图而生的

司的核心竞争力，特定的专利资产则聚集在当前的产品线。公司有一些制造流程改善方面的辅助性技术，为其产品的设计自由提供了基础。

组合的使用——伊士曼化学公司的专利组合既用于防御，又用于进攻。出于防御目的，利用组合来获得在产品领域内研发的自由，建立交叉许可的基础，并解决和规避诉讼。出于进攻目的，公司使用专利资产来建立在特定产品中的所有权地位，保持市场份额，增加或维持利润率。公司以其总体专利组合为基础，通过支持对外许可、建立合资企业以及许可给国际化的子公司形式进行技术转让。最后，公司期望依靠专利组合来提高公司在某一商业领域的技术地位，并增加同潜在合作者谈判时的筹码。

如表 3.1 中所概括的，前面所述的案例显示出一系列的相似点与不同点。这些企业的简述显示出截然不同的企业战略。惠普公司和伊士曼化学公司的战略都关注于特定业务单元的产品，而施乐公司和默克公司的战略是基于从公司核心竞争力衍生出的产品。因此，公司的组合所有权和管理的策略也不一样。施乐公司和默克公司对专利组合施加相当强的公司所有权和管理影响；惠普公司的战略业务单元有很强的专利所有权权利，但由公司统一管理；而伊士曼化学公司则由战略业务单元拥有专利，与公司分享专利组合的管理权。公司结构的不同导致公司对技术和专利组合所关注的焦点也不相同。惠普公司和伊士曼化学公司的技术焦点在于市场近期所需要的产品和技术。施乐公司和默克公司则关注于开发能定义未来产品和市场的技术与应用。公司技术概况之间的差别在于各自有优势的技术领域内专利的广度和深度不同。

公司之间的相似之处与不同之处同样显著，而最重要的是，这些公司对专利组合的功能持有相似的管理哲学。上述四家公司都相信专利组合不仅仅为专利技术提供保护，还能够为公司创造价值。跟所有的专利组合持有者一样，上述四家公司都将他们的组合用于防御目的。此外，公司都出于进攻性意图，积极地寻求通过在新的业务领域内交叉许可、合资和联盟来从组合中萃取额外的价值。

概要和总结

通过探讨知识产权组合和组合战略，我们发现，公司的长远目标和战略是组合内容、结构、战略和成功的主要决定因素。我们也说明了专利组合有几个维度，专利经理自己就使用这些维度来描述他们的专利组合。这些维度是技术、战略目标和意图、战略用途、价值、收入／成本。虽然我们无意去发展一套衡量工具来进一步提炼维度的概念，但作者相信这是可实现的，而且会对专利组合经理大有帮助。

不同的专利组合内容可归结于公司对与组合功能、技术焦点、战略目标和意图、战略用途和经营战略焦点的涵盖宽度等问题的看法。各公司之间的组合战略也各不相同，很大程度上是与组合内容不同的原因一样。

我们知道一些公司能从其知识产权组合中萃取更多的价值。在决定公司能从组合中萃取多大价值时，最重要的要素或许在于公司如何看待组合的功能。目光狭隘的公司仅将组合看作防御性工具，限制了其从组合中萃取更大价值的能力。而富有远见的公司则不断发现从组合中萃取更高价值的机会。另外，价值是受组合的所有维度影响的，包括技术内容和结构，以及公司的经营战略。最后要指出的是，组合的战略意图和用途与公司经营战略之间的匹配程度是决定公司如何开发与使用组合的最重要的要素。

现在可以给成功的组合下定义了。公司应该能够根据公司的长远目标和经营战略来定义其成功的组合。一个成功的专利组合是能够帮助公司实现其战略目标的。有些公司有明确的目标和可执行的战略，其应该能够在一定程度上精确地预测公司的知识产权组合可以在多大程度上帮助公司实现其目标。对大多数的公司而言，这是建立一个成功的组合及组合战略的起点。

第四章

知识产权管理（IPM™）中的全面质量管理（TQM）：将 TQM 模型应用于 IPM

无论在商业新闻中关于知识产权公认价值有怎样的讨论，我们还是很难看出组织中知识产权管理实践对公司赢利状况的改进。这样的改进真的产生收益了吗？也许，在将来的某一天。这样的改进真的帮公司节省了资金？其实未必。

虽然如此，如果公司确实认真地审视自身的知识产权实践，并将知识产权放在公司的核心位置上，那么公司就可能会成功。这种信念的一个试金石就是我们从质量运作中所学到的课程。现在争取知识产权管理的斗争，非常像前些年将质量管理作为指导原则控制引领公司的做法。

不论是否成体系，每个公司都在获取、交易和发展创意及与这些创意相关的知识产权。随着创意的演进，随之成长的技术诀窍和技能也在演进；最终，创意和知识产权在商业化过程中扮演了重要的角色。如果一种产品和服务成功了，相关的知识产权也通过销售，不管是直接的还是通过许可，我们都可以认为也产生了利润的。

一个公司的核心能力是能够意识到一个新创意并且围绕它开展业务，以这种能力为中心发展出的一系列能力，我们将这一系列的能力称之为“知识产权管理”。优秀的知识产权管理是与连续创新联系在一起的，并能达到其想要的结果，比如市场份额的增长和更快的产品发展。对于制造行业的公司来说，成功的知识产权管理表现为它能为一个真正的创新产品创造出全新的领域和市场，如索尼公司的个人音乐系统。对于所有的公司来说，知识产权管理的目标是刺激创新和发展。

知识产权管理：在虚拟和真实之间

鼓声和乐队花车

迈克·欧德扎（Michael Odza），是许可和合作企业(collaborative ventures)方面的报纸《技术入门》(Technology Access）的发行人。他报道说，技术转移的实践在过去的五年中大幅增长。发放给大学的许可数量在增加，同时大学技术管理者协会（AUTM）的年度调查报道称，向产业发放许可获得的专利使用费收入在1993年财政年度达到2.42亿美元。合作研究发展协定（CRADAs)已经明显增加了联邦机构和商业公司之间合作项目的数目，并且明显提高了这些活动的知名度。公司之间的合作项目，虽然难以了解，但毫无疑问已经增多。

在十年从事技术转移领域咨询业务中，我们已经看到商界领导和报刊使用的词汇和商业意识的巨大改变。企业、大学、政府机构、医院、非营利机构，都在寻找运用知识产权的新方法。去年，托马斯·斯图尔特（Thomas A. Stewart）在财富杂志头版发表的文章中宣称，智力资本是公司最有价值的资产。合资、外部内部专利许可协定、协作努力、虚拟的公司安排和各种不固定(fluid)的合伙协议，现在都成为了商业团体之间互动的惯用方法。这就是组织之间界限相互渗透的证据。持续了几个世纪的公司之间交易的传统关系——

卖主、供应商、顾客、消费者和承包人的角色——均已发生改变。因为现在人们普遍认为在传统的产品和服务的交易中，进行更加明确或者深入的知识产权交易可以带来更多的价值。

IBM公司最近付给Lotus公司35亿美元。在信息革命中，人们理解到公司的无形资产其实非常有价值。无形资产包括软件、技术诀窍或公司雇员的大脑中的知识。不久之后人们就会相信知识和信息就是公司运营、沟通、让消费者满意、提高产品质量的核心。管理学家野中郁次郎（Ikujiro Nonaka）已经发现，创造知识的企业具有持续的竞争优势。一个粗略的智力资产价值计量方法是看花在处理和利用信息系统上的费用有多少。依照美国商务部的粗略估计，用于利用、加工信息系统上的费用已经达到1万亿。这样的数据表明过去认为设备和原材料是公司重要资源的观念已经改变，企业的无形资产，特别是能被公司转化为知识的信息，日益得到重视。

但是，根据麻省理工学院斯隆管理学院的艾瑞克·布莱约福森（Erik Brynjolfsson）教授以及其他研究技术回报的人员的看法，投入到信息系统中的这数十亿元并没有直接改善公司的赢利状况。而且良好知识产权管理的收益也同样很难被描述清楚。尽管媒体充斥着关于协作关系、联营、合资企业等的报道，并且声明这些实体的成立是为了提升知识产权的价值，但其实这样的安排几乎不能实现公司一夜致富的梦想。实际上，关于技术转移的报道往往详细描述那些不太成功的案例，如微电子计算机技术公司（Microelectronics & Computer Technology Corporation，MCC）曾花费了数年和数百万美元希望能从一些电子和半导体行业的精英身上获得一些特殊技术，但最终却一无所获。而像从事生物技术的生物基因公司（Biogen）和安进公司（Amgen），由于两家公司合作的成功是基于高校背景下的重大发现，因而很难被他人模仿。

尽管像Lotus这样的知识型公司在转手时其智力资产的市场价值可以立时凸现出来，但对大多数公司来说，所面临的挑战不是如何解释自己的智力资产，而是如何合理配置它们以促进产品开发和业务发展。这是因为不管新技术起源如何，失败率总是居高不下，这样往往就需要我们花很长时间才能知道现在使用的方法是否真的优于传统的方法。

寻找平衡

对于知识产权的看法已经开始转变，但是公司还在努力在实践中达到一种平衡：要么忽略（可能是挥霍）智力资产，要么像守财奴一样用雪藏的方法来囤积智力资产，使其"只开花，不结果"。

欧洲和亚洲的公司已准备好为永远保留他们所有的专利而付出额外的高额成本。它们花费大量精力来计算这些费用。但是，令人惊奇的是，几乎没有公司愿意通过许可或控制成本，剔除无价值的专利来循环使用其知识产权。

在美国的公司里，直到20世纪80年代中期，许可活动大都限于大竞争者之间的交叉许可，以防止侵权拆讼以及对国外子公司的许可。受产品周期越来越快，研发规模缩减的驱动，进入20世纪90年代中期，许可活动（对外许可和引入许可）重新加强，这使我们看到了企业理念上的几次摇摆。

在德州仪器公司（Texas Instrument）或者霍尼维尔(Honeywell)这些侵权诉讼成功例子的驱策下，一个公司有时候会这样想："我们有这么多从未使用的专利，当然可以从中赚钱。让我们雇一个做外部许可的员工吧。"两年以后，短期结果却让人失望，钟摆又摆回到两个更传统的位置去——首先是回到经典的"皇冠上的明珠"看法，即公司技术在任何环境下都不能属于某个人。第二种态度是一家很大的计算机制造商专利律师提出的，他指出一个公司如果在自己的专利发布三年后既没把它用于保护自己的产品生产，也没有进行对外许可，那么该专利就自动失效。我们知道有些公司经历了情绪波动——其首先把自己所有的技术看作是皇冠上的明珠，匆匆在其内部建立许可部门，然后又将其解散，让经纪人顾问处理对外许可事务，然后又不经考虑地将专利收回，或者重新将技术看作是皇冠上的明珠。

利润不断减少的现象应该被认为是成熟日用品行业中不可避免的信号吗？公司往往听任自己消极地认同这种观点。但实际上，其必须认识到创新技术会给产品组合带来重大影响，会带来更高的利润和市场份额。公司应该加强对自己知识产权的利用。这样的公司也会因此而发现通过完整的闭环促进沟通的力量：从消费者到销售、市场营销、产品制造、专利办公室，再到产品研发。

我们能从全面质量管理模型中所学到的

全面质量管理定义

我们认为，像在制造业中的全面质量管理运动一样，发展知识产权的运动将会产生不可预料并且深远的影响。知识产权管理和公司利益之间的联系仍然是微弱的，因为公司还没有完全将自身与知识产权价值融为一体。但是，在质量运动的最开始，确定从哪里开始才能做到最好同样也是很困难的。

全面质量管理，或者说是TQM，是由约克大学的F.D.巴雷特（F.D.Barret）作为一个管理模型定义的。这个管理模型是指通过持续的改进达到完美的状态。全面质量管理运动着眼于购买一种服务和产品的消费者的需求。质量是由消费者定义的，而不是公司。全面这个词也很重要，它表示公司/组织在其业务的任何一个方面以质量为导向。更进一步讲，质量可以被看作是增值。所有的过程都着眼于在错误和缺陷发生之前进行预防，在第一时间就把事情做对。

质量管理给风险承担项目、公司和创新项目都带来了一定收益。质量管理在持续变化的环境中繁荣成长，这就需要公司里形成一个不断学习，活力十足的文化氛围。在一个认真开展质量管理的公司，员工能够不通过他们的主管决定很多事情。公司强调团队合作，因为工艺流程改进往往跨越了部门的界限。这是对以前的标准管理模式的改变，那时质量不被认为是商业活动的关键目标之一。相比人力和原材料成本，质量是有弹性标准的。一些明智的商业公司往往会降低质量标准，因为其知道要追求高质量必然会提高成本或者降低利润。

但是也有一些引领日本汽车业的巨头公司思考了这种矛盾，想出了降低成本的办法——降低研发产品的时间，这样就可以通过改进工艺流程来保证产品质量。

知识产权管理是谁的工作

从19世纪70年代早期到80年代早期，能否制造无缝隙车门这样小的细节关系到了相关行业的生存，这样的现象还不是很常见。而且当时美国公司为了试图减少产品缺陷，仍采用传统的检查—放弃—浪费的方法。本田汽车和丰田汽车通过尽量减少产品的缺陷，一步一步地赢得了消费者的忠诚度。在一些行业中，提高产品质量、降低产品成本被证明是不可抗拒的成功法则，美国的一些制造商逐渐失去了原有的市场份额。但是最终，在底特律，继而在全美国，人们明白了创造完美产品不是要检查出并放弃那些不完美的产品，而是应该改进上游的生产流程以减少缺陷。慢慢地每个人都意识到了质量的重要性，但这经历了一个艰苦的过程。

能使知识产权管理成为每个员工的任务的公司将得到相似的获益。这些公司意识到知识产权管理不能只局限于专利律师、许可办公室、研发部门、公司计划处或者任何单个的公司部门。在本章后面我们将讨论一些理想知识产权管理的实例。现在，让我们来看一下要求专利律师负责更多的专利事务的想法，这并不能视为全面的知识产权管理改革。企业专利部门将自己的份内工作做好，就相当于企业努力通过有效找出并放弃有缺陷的产品一样，这样的方法完全不能称作是对知识产权的全面质量管理！相反，理解并对知识产权进行负责的观念应该在公司里深入人心，成为一种基础的生态环境。公司采用知识产权管理方法的最关键的第一步就是要在全公司范围内强调知识产权管理的重要性。

超越专利管理的知识产权全面质量管理

当今有些公司在寻找一个能从知识产权管理中快速、简单地获得利润的方法。从侵权者身上获得利润听起来是个不错的方法。很多公司从德州仪器的成功案例中得到了鼓舞，德州仪器从整合专利组合中收获了可观的利润。这些公司试图将知识产权管理的责任放在专利部门。但是除非公司知道自己拥有像德州仪器这样的“黄金”资源才能以这样的方式赢取利润。可是又有多少公司像德州仪器那样拥有作为一个新的主导产业基础的领先专利？——当你开始寻找埋葬在自家后院的“天然金块”时，就认为自己在进行知识产权管理了，这是在异想天开！

公司必须对其技术资产和缺陷有更深的认识。这种意识和沟通是发现更加关键的早期技术薄弱环节的先兆，这样才能使公司通过引入许可获得外部技术来改进本身的技术。以这种认识为前提，公司才可以通过扩展内部产品线，在其他领域进行对外许可，使用首次许可，推出内部新产品，成立剥离公司，或者成立合资企业，来改善和利用可进行产品生产的知识产权。

公司当然应该运用合理的程序去决定应该获取哪种发明或者为哪些发明申请专利。他们应该从公司的整体经营战略出发，在他们的专利花园中把想要的“植物”和“野草”区分开来。这不仅减少了专利维护费用，并且使他们能够发现意想不到的机会，也能加强他们的长期技术（因此，还有市场）的竞争力。

公司还必须创造一种优于专利管理的综合的创新管理方法。公司成与败的主要区别在于是否能运用合适的工具和方法把适用技术适时地引入市场。要想更加有效地开展这样的活动，只有使其在公司占据重要地位，并且在生产链的每一个环节都加强知识产权管理。

知识产权管理范式的一个重大转变是将会出现几个更具挑战性且回报更大的数量等级，而不仅仅是加强对侵权行为的监督。一些公司，像通用电气公司（General Electric），努力使产品研发与业务单元紧密相结合，他们已经找到了正确的途径。提出原创新产品的有效方法要比考虑如何卖出自己放弃的技术和过时的专利重要得多。实际上，全公司范围内致力于知识产权管理观念的变革可以看作是公司赢得全球性竞争的一个重要组成部分。

公司现在要检查自身实践的原因

岩石和浅滩当被水覆盖的时候是看不见的。如果水随时间蒸发，或者突然消失，岩石就会出现，你就会搁浅。就在人们开始认真对待知识产权管理的时候，现实中知识产权的间断出现了。因为原来掩盖“岩石”的因素——受保护的市场、可观的利润、慷慨的研发基金——已经消失。消费者需要高质量的产品，过去通过海外廉价劳动力即可获得的成本低廉的产业，正在向高端产业发展。新产品周期日益增快，使公司已不再像以前那样可以长时间独领市场风骚。

当成熟产品的回馈日益减少时，公司便会寻找一个能通过不间断的创新而带来附加价值的独特新产品。总之，今天公司的竞争压力太大了，以至于回避风险的公司都希望找寻更加便宜而可靠的方法来开发和销售产品。

大型制药公司都倾向于持有小型生物技术新兴公司的股权或者从小企业那里获得技术授权，因为内部研发成本和风险会很大。大学和小型新兴企业往往是提供一个产品的重要途径。在某些产业中，公司往往以复杂的方式进行相互交流。例如在计算机产业中，公司同时身兼卖主、消费者、被许可者、许可者、原始设备制造商(OEM)和竞争者，是很平常的。例如，佳能公司将自己的气喷泡沫打印技术授权给了Hewlett Packard和Digital公司，但是同时也在计算机打印机市场上与这些公司竞争。这些不停转换的角色鼓励着我们去申请最佳知识产权，因为思想可以很容易穿透各领域边界而传播。

“我最行”(NIH)，这种传统的不愿采用外部技术的想法在很多(不是全部)工业中已经减少。公司开始特别加强对外许可和引入许可，因为他们逐渐认识到即使是最好的内部研发也存在局限性——“广泛采用他人发明”代替了“我最行”的观念。目前外包产品的研究甚至开发的趋势仍在增强，但没有明显迹象表明支持整个虚拟研发的基础设施和标准已经形成。彻底理解一个公司的核心使命非常重要，公司做出反映其使命的研发战略。公司必须坚持其核心理念，这样便得到一个推论：即公司必须有明智的程序来剥离那些不符合公司长期目标的职能部门。对这些公司来说具有讽刺意味的是，他们试图通过技术的优先性进行分类，但随着产品的生命周期日益缩短，许可次要专利的可能性也下降了。

理想的知识产权管理

乐土是什么样的

做知识产权管理有合适的道路吗？除了普遍的原则以外，我们不相信有一个可以对所有公司都适用的方法。但是在我们讨论方法之前先提供给大家一些观察资料来看看"乐土"是什么样子的吧。

毫不奇怪的是如果公司文化鼓励创新思想、跨部门沟通和团队精神，那么这个公司将在知识产权管理中更加成功。更进一步，我们已经观察到，在与我们打交道的公司里，不论其大小，都乐于接受各种渠道的新观点——这些公司随时准备与其他公司交易、销售、买卖技术资产，使其始终处于流动状态——这样的公司可以更好地利用知识产权领域变化的环境和条件。

识别内部技术，为其申请专利并为其对外许可进行营销的过程，在更广阔的企业舞台上极大地揭示了，甚至影响了知识产权管理的实践，这一点已变得越来越不言自明。成功进行对外许可的企业创新专家在其他的领域可以鼓励知识产权管理的改变。但是他们需要帮助和支持。在公司专利办公室获得一个技术资产之前，产品开发者、营销人员等，都应当思考怎么运用该技术产生利润。

例如，在Grumman公司（现在是Northrop－Grumman），1991～1994年之间许可部门的领导Charles Pieroth，决定只利用负责创新的业务单元支持的项目。他用许多时间劝告

Grumman公司那些致力于用途狭窄、与军事相关的产品研究人员，要考虑他们研究的技术应具有额外的、非竞争性的用途。贝尼特X光公司(Bennetx—Ray)，一家位于长岛的乳腺图像设备制造商，向Grumman公司支付了版税费，使用其计算程序（在美国空间监视项目中开发的）来提高其医疗影像的清晰度。另一个许可的成交，是因为Grumman公司的小型商用飞机业务部门认识到，其研究人员拥有一个解决方案可以满足波音777项目的设计规范——波音公司从Grumman公司那里获得了一套控制方法的许可，用于飞机副翼控制系统。Grumman公司的专利许可部门通过许可上述这些和其他未经开发的技术，在仅仅两年后就产生了利润。

在另外的财富250强生产厂家中，许可办公室首先寻求获取专利，然后将核心技术的次要应用（secondary applications）进行对外许可。可以运用在非竞争领域的重要化学工艺、材料和电子很容易实现有意义的对外许可。随着技术提高，专利保护的工作也日益活跃，因为公司和研发经理逐渐认识到技术不仅对公司产品是重要的，同时对外部被许可方也有重要价值。

从另一方面说，当一种技术是不完整的并且相关业务单元不进行积极努力的话，该技术许可交易就变得困难多了。我们公司曾经试图在财富500强公司里为一项孤立技术寻找一个被许可人。这项技术已有建立好的原型、合适的样品和提交了专利申请。此外，公司仍然雇佣着该设备的发明者，已建立的早期市场数据说明这项许可有利润潜力，虽然要将这项技术投放市场仅拥有这些还是不够的。我们找到了一个可能的被许可者，它表示愿意签署保密协议并探讨合作的机会。但不久之后，这家公司就拒绝了我们的许可，这样一来对我们工作的支持就此打住了。原因是发现这次对外许可机会的研发经理——恰恰那时候——在忙于付诸实施公司下一个可赢利项目。而专利部门没有热情、技术、预算去进一步开发扩展这一技术。公司对知识产权管理采取宽容鼓励的态度，但却不会对其间发生的重大变化负责。

将技术与市场联系起来

在1993年许可主管学会（LES）的年度会议演讲中，我们引入了同步工程概念来描述将知识产权管理放在公司中心地位的理想模型。（参见图4.1）

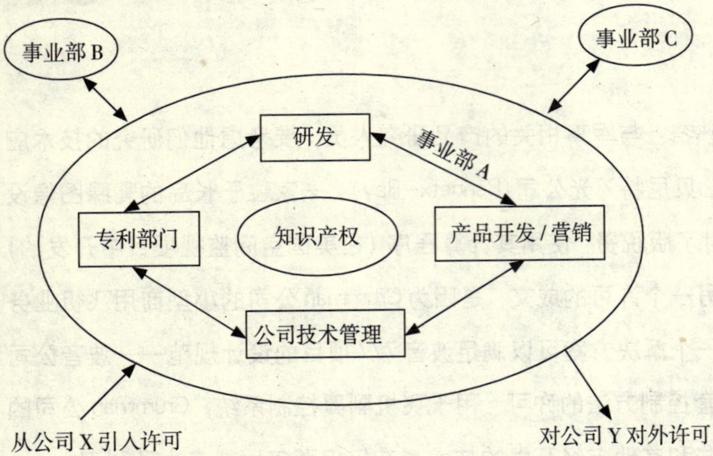

图4.1 知识产权的同步工程模式

同步工程，又叫做同时工程，是指来自不同领域的产品开发者成立合作小组共同提出对产品的细节规定，以满足产品在设计、工程、生产营销、分销和销售等方面的不同要求。理想的说，消费者核心群体，外部零部件供应商也应该对产品设计早期有所投入。这种方法近年来在汽车和航天领域被广泛采用，减少了新产品开发周期，并且促进了像福特这样的拳头产品的出现。

同步工程之所以能起作用是因为它可以在公司里建立起一种氛围，鼓励员工把企业内部技术能力（或缺陷）与公司未来战略发展方向结合起来。我们的联合发言人，乔·丹尼尔，也是施乐公司许可部门的经理，也曾简明地表述了同一观点："知识产权管理是产品研发与市场之间直接的联系。"

图4.1，知识产权的同步工程模式，表明了知识产权位于公司的中心位置，并且与产品开发和营销、研发部门、公司技术管理部门以及专利部门都有着双向交流。公司里往往有关于知识产权的价值和成本、申请和市场潜力的持续性讨论。做出关于如何处理知识产权的决定——比如，剥离新产品、在公司内部开发该产品或者把它许可给其他企业——通常需要有及时的投入，并且对所有部门及其职能都有一个清楚认识。公司相关部门会定期联系那些开发、许可、销售或者使用知识产权的本公司其他事业部或着其他公司。同时公司也会召开相似的持续性会议讨论是否引入或购买外部技术许可来提升公司的知识产权组合。

做出每一个关于知识产权的决定都应该是在其他决议形成之时——也就是说，它们应该是同时的。如果知识产权是按顺序来处理——比如说，从研发部门抛到了专利部门，然后又被抛给了营销部门，诸如此类——这样造成的结果可能是使得一个新产品的想法与市场联系很微弱，对对外许可形成障碍，研发部门的工作不能反映出公司的未来，对引入许可的需求没有清醒的认识，需要花费巨额管理费用来弥补早期的过失，以致于最后延误了产品进入市场的时机。采用同步工程模式的另一个前提条件是：公司各部门的每一名员工都能够承担更多的责任，并且清楚地知道自己公司未来的发展蓝图。

通过加强内部各部门和事业部之间关于技术状况的交流，公司可以明确认识到：

- 能够通过引入许可来满足战略需求；
- 进行有价值的对外许可的商业机会；
- 以及为节省成本而应放弃的专利。

对于那些想进行改革的公司，我们推荐其采用的第一步措施并不复杂：首先找到阻碍公司内部交流的结构性障碍物，如在研发部门、产品开发部门、营销部门、法律部门、公司战略决策者以及上层管理者之间。然后利用传统方法——如内部数据库、圆桌会议、技术展览会等这些在3M和杜邦公司里常用的方法——来促进公司内部关于知识产权的沟通。召开专利申请的定期例会也是有帮助的。公司也可以经常性地引入并利用其他公司的技术，这可以通过搜寻技术转移数据库或者雇佣技术侦探的方式实现。

当然，这些方法的有效性还取决于公司文化，以及使激励机制到位来实施变革阶层对贯彻进行转变的投入的多少。正如大卫·戈文在关于学习型组织的讨论中所述："当正确的激励到位时，知识更容易有效地转移。如果员工知道他们的计划将会受到重视并被实施——也就是说，他们的知识能够得到运用——那么他们更容易取得进步。但是在很多公司，目前的状况很不容易改变，除非管理者和员工们能看到那些创新想法能给他们带来最大的利润，他们才会接受这些想法。"

托尔斯泰那句关于家庭的名言似乎也可用到知识产权管理上：成功的方法是相似的，而不成功的方法各有各的不幸。我们在Grumman公司以及其他已取得成功的公司里已观察到了要想提高公司的知识产权管理，就要结合以下三个要素：

- 上层管理者的支持；
- 公司各部门的沟通；
- 特别关注具有核心价值的技术。

去做吧！

知识产权管理的意识不能局限于公司自上而下地形成，所有的措施不需要等待有了最佳的环境才着手进行。如果基层员工有一定自主权采取行动他们就能够找到自己工作范围内有问题的地方。每个经理都应负起责任来，发现存在的缺陷，并使其他人注意到现有的缺陷。通过克服现存的障碍发现机会。

现在全面质量管理概念已经过时，而质量改进计划已深入人心，但是这种新理念是在经历了几十年的考验和改进之后才确立了自己现有的地位。今天，学校和政府采用了质量运动的语言和工具来再造自己。甚至是远离商业前沿的公司也意识到提高质量是永无止境的过程。

制造业者曾经在整个企业中开展全面质量管理。现在，同样需要在整个公司中开展知识产权管理。但是，正在努力将知识产权管理放在核心地位的领先公司不可能再用几十年的时间去完善自己的想法和实践。他们必须意识到任何能带来经营优势的实践都应该尽快得到传播，因为我们现在处于一个全球交流、竞争和技术高速发展的环境里。

参考文献

Barret，Derm. *Fast Focus on TQM*. Portland，OR: Productivity Press. 1994.

Brynjolfsson，Erik. "Technology's True Payoff." *Information Week*，October 10，1994.

Brynjolfsson，Erik，and Loren Hitt. "Paradox Lost? Firm-level Evidence on the Returns to Information Systems Spending." Unpublished paper. November，1994.

Garvin，David A. "Building a Learning Organization." *Harvard Business Review*，July-August 1993.

Kahn，Edward. "A Concurrent Engineering Model for Intellectual Property: Placing IP at the heart of the Corporate Enterprise." Licensing Executives Society 1993 Annual Meeting，San Francisco，CA.Workshop presentation，October 18，1993.

Larson，Bruce A.，& Margot Anderson. "Technology Transfer，Licensing Contracts，and Incentives for Further Innovation." *American Journal of Agriculture Economics*，August 1994.

Nonaka，Ikujiro. "The Knowledge-Creating Company." *Havard Business Review*，November-December 1991.Stewart，Thomas A. "Your Company's Most Valuable Asset: Intellectual Capital." *Fortune*，October 3，1994.

第五章

许可所支持的战略目标

导言

许可再不能被认为是一种非战略性的活动了。现在很多产品市场，在全球经济的影响下，技术变革节奏加快，竞争强度增大，这些因素带来了商业化的快速发展，而这对于企业的成功，不管是短期还是长期的，都是至关重要的。层出不穷的技术领域削弱了以往知识产权壁垒的优势。技术的发展和商业化的成本正在快速升高。更进一步来说，在许多市场中，产品和技术标准正发挥着更大的作用。因此，这增加了鼓励消费者采用策略的重要性。这些变革只是将许可作为联系企业经营战略、技术战略和知识产权战略的纽带，并将其置于战略管理前沿的变革中的一小部分。在当今全球经济中，公司已经认识到，在公司现有选择中许可对于上述三种相关联的战略决策具有战略上的重要性。

从历史观点来说，公司作出有关新技术和相关知识产权的多数商业化决定，是两极分化的——或者选择垂直整合进行商业化（其中所有活动由公司开展）或者将知识产权储备起来，以期这些知识产权将来会有商业价值或者有防御性功用。许可，典型上说是一种事后的想法，是对其他公司询问的反应，并且人们经常认为这是不利于创造受到保护的竞争地位。

现在却不同了。今天，从新技术和知识产权中获取全部价值，可能需要一系列商业化战略。整合仍然是一种重要的战略，但许可本身，或与新组织形式的结合，比如合资、合伙、联合开发协议，也为从某一技术获得最大价值提供了新的可能性。正如本章所讨论的，这些新战略能产生很大的竞争优势，同时可以减少商业化的时间和成本，改善短期投资回报和长期利润。换句话说，战略许可可以产生比较的优势。

公司能够也应该把开放许可活动提供的机会作为公司竞争战略中不可或缺的一部分。然而，要利用许可来支持商业和技术策略，我们首先要做的是对所有可能的许可战略优势给予正确的评价。许可什么时候能获得商业化利润？怎么样使用许可才能赢得竞争优势？不幸的是，在许可和知识产权战略领域，对许可能够丰富公司战略这一观点持赞赏态度的文章很少。当人们讨论的时候，往往着眼于将许可作为单独的目标或战略，而不是把许可看作是一种能够帮助赢得竞争优势的工具和方法。在考虑决定作出详细稳定的许可之前，公司必须首先提出许可的战略目标。本章试图通过识别和描述一系列的许可战略目标来填补这个空白。其目的在于综合不同类型的许可战略，其中引入许可，尤其是对外许可起到了关键性作用。制定许可战略目标的分类可以为公司许可经理和战略决策者提供一系列许可活动可支持的战略。这可能能帮助他们通过最有效地利用自己的技术和知识产权组合，来获取更大的价值，赢得竞争优势。在这里对许可战略的综合是基于经济学和创新文献中对许可的学术研究、产业实践的观察以及对许可经理的访谈。与其说本章内容是对许可作为一种优化战略精确条件的详细评价，倒不如说它是有关许可战略目标的一个概述。

本章介绍了一种分类法，这种分类将许可活动放入四种基本的战略目标中：有效的商业化、通过交叉许可获得技术和知识产权、战略性互动和战略错位的机会主义许可。有效

的商业化描述了这样一系列普遍的情形：其中引入许可和对外许可都为创新者提供了最有利可图的商业化路径，其方式是通过提供能降低成本的互补性资产（complementary assets），或者尽可能提供创新者没有且如果购买或创造都会耗费巨大成本和时间的资产。**通过交叉许可获得技术和知识产权**，是赢得其他公司知识产权和创新的又一组战略目标。交叉许可能抵消潜在的阻碍性专利的影响，减少围绕设计的成本的需求和延迟，也使以低成本获得关键技术（有时是原材料）成为可能。第三类其实包含了更宽泛的**战略相互影响**理论，理论说明了为什么创新者的对外许可决定影响了消费者、竞争者和供给者的决定。这包含了风险降低、标准竞争和战略威慑。最后一类，**战略失误的机会主义许可**，涉及到创新的非战略性许可及其相关服务。这些相关服务虽然对本公司的经营战略不是很重要，但却对其他公司有价值。

以下章节中详细描述了每一个战略目标。我们提供了许多战略的例子，以此来说明对外许可是怎样被用作公司增长利润和影响竞争者、消费者和供应者的决定的工具。本篇得出了这样的结论：应当将许可的战略目标放在商业、技术和知识产权战略的更广泛的联系中去考虑。

有效的商业化战略

也许许可最常见的目的是技术商业化。把一种创新与其他授权的技术联系起来，运用最有效的资产和能力，使其在最短的时间内商业化，这样创新的价值才得以最大化。尽管概念简单地说，但有效的商业化涉及到多种不同的组织形式，并且需要集合更宽泛的技术、资本和公司能力。例如，在传统的整合模式和专利储藏中出现了几种可供选择的商业化途径，其中的大多数以许可协定为基础。合资、合伙、共同发展协议、分析和特许经营是组织结构复杂的公司实现技术商业化的主要途径。所有这些组织形式的核心是能够为获取互补性资产创造途径的许可能力。

实际上，获得互补性资产是知识产权许可的一个战略基础。互补性资产是用来将技术或创新转变为生产产品利润的资产。这个观点由提斯（Teece）（1986）首先提出，互补性资产包括如设计、高质量生产、市场、销售、支持服务、资本在内的有形资产和能力，也包括商标、商誉在内的无形资产。补充授权技术也被包括在上述列表中。实际上，商业化价值链的每一步都可以利用一种或几种互补性资产和对终端客户有价值的能力。与其通过垂直整合，不如通过组织形式来获得互补性资产。在良好的环境中，通过加快市场化时间、降低商业化成本或者发展商业化机会，用组织形式获得互补性资产这种方式可以大幅提高利润。而通过垂直整合或者买家卖家关系，是做不到这些的。

互补性资产可以区分为关键的或者一般的。从某种程度上讲，关键互补性资产是惟一的并且难以模仿发展。特殊产品设备、消费者对一个品牌名称的认同和长期固定分销渠道，都是关键互补性资产的例子。正如一般互补性资产的名称所显示的，一般互补性资产不是惟一的，并且容易模仿和发展。标准生产设备、一般产品名称和易于被任何公司获得的分销渠道，都是一般互补性资产的例子。许可可以用于获得一般互补性资产，这样就可以把公司中商业资源的创新用于更高价值的项目上。下面将谈到利用许可获得这两种形式的互补性资产和提高价值所需的一般条件。

关键的互补性资产

获得关键互补性资产的专利通常是一种经济上的必需。随着时间的推移，全球竞争使得获得互补性资产成为一个及时并且低耗的方法，这对有利可图的商业化而言是非常关键的。这点也许对公司获得技术特别有用，因为现在任何一个公司都不太可能拥有所有相关的知识产权和技术。今天，来自世界各个地区的公司都在世界范围内竞争。实际上，贸易壁垒的减少、技术国际化程度的加强，带来的是强度增大而非减小的企业竞争，这样进入市场的时机就成为企业成功的重要因素。要在新的全球经济中生存，许多公司放弃了那些没有竞争力或者使资源衰竭或削弱战略焦点的互补性资产，而把重心放在了核心竞争力上。相反地，小型或中型的公司在许多情况下都没有并且从来没有需要过将其所有的创新和资产商业化。结果是，公司也许未能拥有创新商业化所需的所有关键的互补性资产，或者拥有的只是成本高昂的互补性资产。

不管是对外许可还是引入许可，许可都提供了最有效的将互补性资产结合起来的战略，即使这些互补性资产由不同的公司拥有。为了弄清楚什么时候进行对外许可合适，我们把许可与垂直整合和外包(outsonning)进行比较。

一般来说，当公司拥有相关互补性资产的时候，整合是有利的。举个例子来说，提斯(1986)曾描述了这样一个决定逻辑，它预示了公司什么时候应该整合，什么时候应该为了获得互补性资产而订约。他的观点是，当为了商业成功需要给创新提供互补性资产，公司已经需要互补性资产，且拥有强有力的技术和知识产权保护，专门资产对商业成功非常关键，创新者的现金能支持整合，并且模仿者和竞争者还没有打开市场销路时，整合就是最好的商业化战略。如果这些情形中有一项不符合，那么整合就有可能导致非常高的商业成本，长时间的耽搁，以及投资的低回报，或者商业化的失败。当这些条件有不符时，为获得互补性资产而订立约定就会产生更高的商业化战略价值。正如提斯所描述的，契约包括许可和其他组织形式，比如合资或者买方卖方协议。

当原材料、生产元素、中间产品或者服务是一般性的或者基于其他公司的技术、核心能力或者知识产权时，公司经常使用买方卖方协议。当供给者必须作出专门面向买家的重大投资时（比如，重新部署专门投资将会产生更低的回报时），或者当技术和专门知识存在被盗取的风险时，供给协议就可能是效率较低的做法。买家、卖家联合发展一种技术是更好的选择。一旦为了发展技术而扩张资源，买家也许就会利用机会主义操纵价格，留给卖家较少的利润。另一方面，如果买家没有很好地保护自身的技术和专业知识，卖家就会试图盗取。另外，公司之间进行商业化的紧密合作时，其他技术可能会被泄漏给卖家。要避免这些问题，公司或者需要有结成联盟的激励，或者需要契约和组织上的保障，而这不易为典型的买卖关系所保障。

一方面在买家卖家关系的限制下，另一方面在整合机会成本的限制下，在宽泛的技术和环境中，对外许可可能是获得最大利润的战略。对外许可协定在以下方面优于整合和买卖关系：首先，通过许可，一旦对方公司获得了互补性资产，公司也能够很快获得互补性资产（如果不是这样的话，整合也许是惟一的选择）；第二，提高其他在互补性资产中的特定投资能避免花费高成本去发展或者复制，并且能减小互补性资产的规模，降低成本；第三，许可协议促进了两部分价格（固定成本和专利使用费）方案的使用，这有利于每个公司面对商业化风险进行最佳联盟；第四，许可协议包括提供法律保护的条款，防止滥用和盗用技术[例如，使用领域限制（field-of-use restrictions）]，也可以在很难在买方、卖方合约中实施因使用专利技术而产生的创新时，规定专利返授。

举例来说，为了在外国将创新商业化，创新者可以考虑将许可授权给某一个外国公司。其前提是商业化该产品需要特别成本。使用领域限制的规定为外国公司针对该商品的特别投资提供法律保护，防止创新者搭便车。因为在该商业化初获成功后，创新者可能会将专利许可给该国其他公司。这样也保护了创新者（或被许可使用专利者）在邻国的投资。如果没有使用领域限制，许可颁发者就会因为害怕得不到足够的回报而放弃进行商业成功所必需的投资。实际上，就像第七章中所讨论的，许多许可协议限制都提供了相当有效的基于合约来获得互补性资产的方法。

但是我们应该注意到，由于上述的有关合约的困难（比如说为了商业化所作的特定投资和技术易被盗取），要获得关键互补性资产的许可有时候需要更多的保护和复杂的管理架构。技术共同发展协议、合伙、合资和战略联盟都提供了额外保护和激励机制，这些额外保护和激励机制仅通过许可协议是无法获得的。尽管这使许可活动更加复杂，花费更多，但因为能够产生联盟动力、提供保护并保持关系的稳定性，所以更加复杂的管理构架是有益的。这种复杂的管理结构使公司得以分享投资、相互监督投资和活动，并就事先无法预期的问题作出调整。

获得一般互补性资产

技术商业化不是一直都需要利用关键互补性资产的。对于有些技术来说，只需要一般互补性资产就可以进行商业化并获得利润。这种只需要一般互补性资产的现象会对公司的商业化战略产生重要影响。拥有一般互补性资产的公司不能通过整合商业化所需的所有资产和能力就能获得竞争优势。换句话说，所有利润，即使存在，也是随着技术和与其相关的知识产权的增加而增加（前提是这样的技术不易为他人所盗取）。

为了获得一般互补性资产而签订的对外许可有以下两种情况：第一，将一个新技术商业化时，只要其知识产权足够强大，就仅仅需要一般互补性资产。这时对外许可就是一种最佳战略。强大的所有权能够支持任何商业化战略。比如，创新者能够在许可讨论中公开其技术和产品理念，通过不怕被别人盗取的许可来取得超利润。当公司资源受到限制或者可以将资源重新配置以追求更多有价值的商业化机会时，通过对外许可取得一般互补性资产比通过整合方式要好。在这些情况下提供对外许可可以使得投资回报最大化，因为创新者并不是在使用他们自己的资金。

当公司没有很好地保护技术时，许可会有更多的问题。当知识产权没有受到很好的保护时，公司的商业化战略就将取决于更多的因素。比如，当有可能被别人盗取时，创新者就不会采用许可来将技术商业化，但这要求市场潜力足够大并且可以得到先行优势。或者，如果由于其他交易与别的公司有长期联系或者合约联系，创新者通常会选择将技术进行对外许可。这种互相依赖将会大大削弱许可被别人盗取的可能性。另外一种选择是将特定技术绑定在他人想要的其他技术上，这样一旦被保护不当的技术被别人盗取的话，创新者就能通过威胁解除合约来对其他那些重要技术加以限制。如果市场和先行优不够大，或者没有附加保护，将一个薄弱保护的单个技术进行对外许可就是最后的战略手段。

第二，当产品已经被商业化并且被创新者制造出来，但是竞争环境已经改变，使得支持商业成功所需的互补性资产已经不再关键时，对外许可就是最佳战略。换句话说，一旦曾经是必需品的互补性资产变成普通资产时，公司就会考虑对外许可；这样就能重新部署其互补性资产，致力于更特定并且具有更高价值的活动。更概括地说，这种类型的对外许可是垂直分解的一种战略。当且仅当公司的资产和能力能带来竞争优势的时候，应当将它们整合到价值链中去，并且就价值链进行发展。互补性资产常常需要不断的投资和更新。但是，如果公司是基于一般的需求而不是特定的需求增加投资时，那么这种投资并不明智，并且削弱了竞争优势。要实现利润最大化或者投资回报，需要将特殊互补性资产仅仅用于新产品和技术上面。有些老的产品和技术仍然在商场上很成功，但它们不再需要高额花费以及关键的互补性资产，我们可以将它们对外许可。因此，对外许可为公司提供了有效有利的战略，使其得以重新部署关键资产以实现较大价值，从而可以保持并且还很可能提高价值。

垂直分解(Vertcal disintegration)理念，或者将老产品对互补性资产的利用转移到新产品上的理念，都涉及到了“学习经济”(Learning Evonomles)概念。不论是技术商业化所需的关键的还是一般的互补性资产，创新者需要从学习机会的角度来评估对外许可。从技术商业化中学习的机会会为对外许可带来推动，推动多少取决于学习类型和由此得益的互补性资产。相关的有以下两种学习类型。

首先，“干中学”(learning by doing)是需要考虑的重要事项，因为可能随时会存在改进产品流程的重要机会（也就是说，能够降低成本或者提高质量），或是提出新的创新，或是发展了可以将学习应用到现存或将来产品和程序的关键能力和技术。众所周知，在加工行业，比如在化工业和半导体业中，其学习曲线通常是急剧上升的，其学习转移能力也是惊人的。但是“干中学”系统并不局限于生产，它存在于商业化价值链的所有节点上。能力、专业知识和互补性资产的建立以及发现新创新的机会，都可能减少对外许可作为商业化战略的吸引力。但是，对外许可对于许多技术都是最佳的商业化途径。虽然学习是重要的因素，执行者不仅应当详细观察从整合战略中学习的获益程度，而且也应当详细观察从包括许可在内的其他组织结构中获益的程度。

第二，向许可获得者学习是非常重要的。因为当许可获得者开发不同的商业化路径时，可能会提供关于技术和渐进创新的新信息。这些新信息可能是原技术发明者没发现的。从一些许可获得者那里得到的反馈和信息能够增加快速完善技术和广泛发展渐进创新的可能性。与多个公司合作发展一项技术的过程相比，可以看到单个公司的整合商业化会严重限制试验的数量、试验的范围和新信息的来源。举例来说，对外许可可以赢得除此之外无法赢得的那部分消费者，而他们可能用创新者没想到的方式使用产品。使用对外许可方式赢得的这部分消费者能够为技术改善提供新的资源和理念。创新者利用对外许可和回馈信息可以有效地加强技术发展。否则，技术发展很难进行。向许可获得者学习的潜在利益强化了对外许可的动机。

通过交叉许可获得技术和知识产权的途径

专利的第二个战略目的是通过交换获得技术或知识产权。通过交换获得技术的战略目标并非把技术或者知识产权严格看作是利润的来源，而是将其看作一种通货，一种交易的筹码，或者说是一种在谈判过程中为了达到目的而运用的杠杆作用。交换技术和知识产权是为了4个目的：设计自由、技术获取、诉讼解决方法（litigation resolution）和经营杠杆（leverage）。

设计自由

设计自由指的是通过交叉许可知识产权组合来增加设计选择的实践，避免了在跟设计相关的事情上投入过多精力，避免了侵害专利的监控和诉讼。为了设计自由的交叉许可，从本质上说是一种知识产权的交换——一个公司在交换知识产权的条件下才准许他人利用他们的知识资本。在某些行业，比如电子、计算机和半导体，其技术领域专利的数量和密度很高，并且专利的所有权是分散的。实际上，相关专利的数量极大并且其所有权极其分散，以至于有些产品永远不可能被商业化，除非能从一些竞争者那里获得许可。在这些行业中，为了获得设计自由的交叉许可是重要的竞争先兆。

获得设计自由的交叉许可包括整个专利组合的交换。为了获得设计自由的交叉许可，专利组合不是一个新的观点；这种观点的实践已经存在很多年，虽然其协议的细节曾随时间而有所改变。例如，20年前在半导体行业中应用的含有生者享有权的敞口合同发展成了持续时间较短而且取消了生者享有权的合同。组合交叉许可协议的谈判可能会因为组合在大小、质量和价值上的不同而出现问题。电子、计算机和半导体行业的一些大公司已经解决了这个问题，他们评价了集合质量和所有权价值在交换组合中的不同之处。组合价值的差异可以通过一次性为交叉许可协议有效期交纳足够的前期资金的方法来弥补。偿付是基于交叉许可之间的谈判。专利使用费显然并不是这些协议中的组成部分。在协议条款的最后，如果交叉许可获得者想要续约，就需要重新评估专利组合和重新谈判偿付问题。

交叉许可专利组合节省了大量开支。因为谈判只是在许可活动开始的阶段发生，并非基于需要而不定时地发生。定期的交叉许可专利组合大大减少了高额的交易费用。这些交易费用本来是不定时交叉许可的特点。进一步说，定期交叉许可还可避免监督可能发生知识产权违例和诉讼的产品。

为了获得设计自由而达到交叉许可专利组合的机会对公司研发投资战略具有重要意义。拥有大型专利组合和重叠市场的公司最有可能利用交叉组合专利。拥有小型专利组合的公司没有足够数量、足够高质量和有价值的专利，因此难以与拥有大型专利组合的公司进行交易。但是这个问题可以交给研发部门来解决，可以尽量获得所有发明创新的专利权，哪怕这些创新是在公司战略重心之外的，这样可以提高公司专利组合的规模和价值，也可以致力于开发对其他公司有用的专利技术来作为交换。上述这些为了进行交叉许可而发展的专利可能不仅仅是获得设计自由的方法，还有助于降低公司成本。

技术获取

交叉许可的第二个目标是运用技术和知识产权去获得其他公司的技术和知识产权，将一组技术和知识用来交换另外一组。技术获取是与设计自由相似的目标，只是前者可能会包含技术诀窍交换和持续支持，而后者只与知识产权交换有关。技术获取也是趋于集中在很少数量的技术上，而不是集中于整个专利组合之中。

以技术获取为目的的交叉许可的最大特色是它一般基于需要而发生。就是说，当公司需要利用其他公司的技术和知识产权时，就会试图与之签署交叉许可协议。这样的协议成立的基础是两个公司恰巧同时需要对方的技术和专利。但这种同时需求的情况很少，因此可以利用交叉许可协议去获得技术出现问题。

比起交叉许可的专利组合，这种基于需要的交叉许可协议由于其分散性会带来特殊的问题。我们可以在大公司中找到交叉许可困难的例子。这些大公司是部门化的结构，专利所有权分散在各个部门，这样就限制了许可谈判。一家大型多样化经营的化工企业的知识产权执行官解释道，如果一个运行部门提供用于交叉许可的一个专利，同时这个公司的另外一个部门提出接收这个专利，那么交叉许可谈判就会很容易失败。关于知识产权价值和建立内部价格转移的相关问题，公司有不同的意见。因为意见的不同使得交叉许可在这样的情况下有很多问题。这位执行官解释道，当这样的情况发生的时候，技术转换最好通过单个许可协议来实现。单个许可协议有自己的独立价值，并且不会为公司部门政治所拖累。只有每个单个许可都可行的时候，这种交换才能够进行下去。

诉讼解决方法

我们经常会发现竞争对手拥有与我们相重叠的知识产权。不管这是一个偶然还是公司的战略性策略，都容易引起冗长且成本高昂的法律纠纷。双方都会努力利用《反托拉斯法》作出使对方专利无效的声明或反声明。尽管目前还没有充足的数据来支持，但我们通过个人观察仍能发现大多数这样的法律纠纷最终都是以达成交叉许可协议而结束的，这要么是法庭的裁决，要么是因为双方都希望停止为处理诉讼而飞速上升的费用。

关于知识产权的法律诉讼对公司有以下几个战略意义：首先，意识到了交叉许可是解决这样的法律诉讼的较好方法，公司会提前主动谈判达成交叉许可协议来避免支出高昂的法律诉讼费，并减少诉讼可能会给公司财政带来的不利影响。其次，想要得到某种特别技术的公司可能会试图发展相似技术、相关技术专利，然后主张进入诉讼纠纷。再次，意识到可能有竞争者会通过法律诉讼的途径得到自己的技术，公司就会通过层层专利来保护自己的知识产权。

经营杠杆

把知识产权作为交换的另一重作用就是可以用知识产权交换有形产品或者获得更优惠的价格。比如说，一个化学品制造商决定停止自己生产一种中间产品，而从外部供应商那里购买。这个供应商正好是这种中间产品的最大生产者，而这家化学品制造商就成了其最大的客户。但是当双方都试图用自己的力量去影响价格时，这种购买者与供货商之间的关系也就容易出现问题了。于是制造商并没有解散自己公司里这种产品的研发队伍，相反，他继续投资于该产品相关技术的研发工作，并最终研发出一种对于供应商来说很有价值的技术，而这技术为知识产权所保护，由此，然后以对这个知识产权的许可作为重要工具，保证从供货商那里低价获得所需商品。这个案例告诉我们知识产权可以被作为经营杠杆用来获得优惠价格或者用来交换其他有形资产。由此可见，研发是一个能得到丰厚回报却成本低廉的经营战略而知识产权这个连接研发和赢利的桥梁，其本身构成了赢利的一部分。在这节里我们谈到了许可作为交换桥梁的战略价值，在下一节中我们来看一下这种经营杠杆的战略互动作用。

战略的互动作用

我们可以利用对外许可对顾客、供给者和竞争者所作出的投资和购买决定进行战略上的相互影响，而且在某些情况下，还可以创造出对新技术的需求。用对外许可来影响其他代理人作决定有三个主要的目的：减少风险、创造标准和进行战略威慑。虽然这些目标在本节中是分开讨论的，但这不表明它们之间是互相排斥的；一个成功的许可战略并不是要实现所有这三个目标，而只是其中部分目标。

减少风险

对外许可可以通过减少客户和供应商方面的运用风险，来创造和扩大对新技术的需求。三种形式的运用风险是相互关联的：价格欺骗、质量欺骗和供给中断。当一个客户或者供应商被一种特殊的产品锁定时，价格欺骗便会发生，这是因为此时客户或供应商不可能再转换其他产品。虽然已经做了承诺（甚至是合同），但是供应商陷入这种境地，他们就会寻找破坏承诺的办法，一有机会就会提高价格。只有买家使用大量的转换成本来不停改变供应商才能限制这种机会主义行为的发生。顾客察觉到有这种机会主义行为发生的潜在可能性后，可能会不再采用其产品，除非生产者保证可以恪守承诺。法雷尔（Farrell）和盖里尼（Gallini）（1988）指出，创新者通过技术对外许可提供了禁止价格欺骗的一个可信承诺，因为许可获得者提供了阻止事后机会主义地提高价格的市场准则。

质量欺骗的危险性与价格欺骗相似，而且当消费者和供应商的转换成本浩大时，同样存在着问题。为了防止价格欺骗而制定的合同，在涉及到质量条款时往往就显得不完善了。设想供应商创造了一个新部件并申请了专利，消费者设计并且制造了一个包含此新部件的产品，那么消费者就已经被这个新部件锁定，同时转换生产的成本是很高的。长期合同可能避免了价格提升，从而保护了消费者，但是却无法避免供应商降低产品质量和生产成本。施帕德（Shepard，1987）曾指出，消费者意识到质量欺骗的风险时，就会减少需求或者放弃购买此种产品，从而避免在质量上被欺骗。施帕德还指出，对外许可是一种像上面提到的防止价格欺骗的承诺一样的机制，技术发明者可以利用它来达成可信的避免机会主义质量欺骗的协定。对外许可减少了机会主义的风险，也因此可以带来对该种技术需求量的增加。

供给中断是消费者和供应商之间产生风险的第三个来源，一旦一种技术被购买，他们就面临着昂贵的成本转换。当供应不连续时，仅依赖于一个单独的供应商来供应某种产品，对生产程序或者中间产品制造者而言是一种灾难。尤其是在过去的10年中，当许多公司实行准时生产方式（Jwst-in-time production system，JIT），存货很少或者几乎没有存货时，不可预料的生产线停工会为一个生产程序带来额外的成本，而且如果一个关键部件突然无法生产，其相关产品和销售都要被迫停止。对外许可可以避免所有的供应商同时陷入供应中断情况，从而保证了避免出现供给混乱。除非技术发明者通过对外许可提供了该技术另一种来源的保证，否则消费者可能会选择一种不同的、很可能较为落后的技术来作为后备以避免可能出现的供给中断风险。

总的来说，可以将对外许可作为增加甚至是创造对新技术的需求量的策略来使用。外包可以被看作是可信的承诺机制，外包推动许可颁发者放弃事后价格和质量欺骗，外包还推动给予许可者做出抵制供给中断的保证。承诺和风险减少在建立技术和产品标准时扮演了重要的角色，正如下文中所谈到的。

创造标准

对于很多产品和技术来说，创造一个标准对商业成功是非常重要的。对外许可是一种在创造标准中非常关键的手段(Grindley，1995)。标准在市场中具有显著重要的地位，它展示了被经济学家们称为网络外部性(network externality)的概念。当有更多的消费者采用相同或兼容的产品时，原来的产品就更有价值，这时网络外部性就会出现。利润可以是直接的，也可以是间接的。将因特网作为一个例子。越多的人使用因特网，那么个人使用因特网的直接获益就越大。例如，如果我的朋友也联网，那么我将会从通过因特网的沟通中获益更多。同样，使用者越多，因更多种类的补充产品而获得的间接利益就更大（由于市场扩大，价格也会变得更低）。

创造标准是一个协调的问题，它需要(有时候是同时地)被消费者、供应商、补充产品的供应商、偶尔还有竞争者协调地采用。外部许可能从几个方面来解决这个问题。外部许可能影响消费者的期望。若给出两个或者更多可供选择的办法，消费者会倾向于选择风险低的产品（如同在关于风险减少的章节中所提到的）。甚至当一特许专卖产品比有外部专利的竞争产品或符合开放标准的产品有更明显优势时，质量差的产品可能获胜。互补产品的供应商的情况也相似。比如，当微软的windows已经明显成为有支配地位的个人电脑界面时，苹果电脑开始难以说服其软件卖主为他们的电脑单独编写或升级软件。通过将投资问题转移给其他面临同样风险的竞争者（或被许可者）（否则就必须由某家公司独自承担），对外许可也可以对某些商务风险起到限制作用。

创立一个标准并不是说把对外许可作为公司的一个战略来促使其产品成为一个标准。IBM引入360大型机就是公司不用对外许可就创立了实际产品标准的一个典型范例。IBM研发了电脑、软件和所有外围设备，同时也提供服务。如果不进行整合的话，IBM就很难协调对所有互补产品的同时引入，从而也就没有了360的成功。微软windows占有市场绝对优势是一个更近期的例子，其也是没有通过向其他竞争者提供自己的技术的对外许可就建立了一个实际的产品标准。虽然如此，外部许可通常是一个关键的战略工具。尽管微软在个人电脑界面大战中是胜利者，但许多产业观察者仍然认为，甚至直到1991年，如果苹果能及时将其运行系统进行对外许可，那么苹果可能也已经是该领域的成功者了。既然竞争者们都试图使自己的产品或技术成为标准，那么进入市场的时间和建立基础的速度就成了关键的决定因素。对外许可能大大加快标准的采用，能打击竞争者日益增长的优势。正如苹果公司的案例所示，选择不把专利进行对外许可是其严重的战略失误。

有些针对减少风险的对外许可专利策略也能用于鼓励标准的采用。这样的三个关键策略包括：对主要供应商许可专利、开放专利、将一个专利项目建立成标准体系。例如，Sun Microsystems（SMI）就实行了综合运用以上三个高度引人注意的战略。他们将自己的MPU设计专利进行对外许可，鼓励几个半导体生产公司采用并扩散他们的MPU设计，由此降低了自身MPU生产成本，从而可以把资本用于其他方面。SMI通过对外许可信息来交换协议，帮助自己在当今网络电脑市场中向中心地位迈进。此外，它还参与了标准设定，使此行业采用了其技术的一些基本部分作为标准。这些战略对SMI在高竞争商业中得到快速成长和财务成功很关键。

公司利用对外许可专利来制定标准，从而能从几个方面获益。一旦公司成功地创立了标准，其市场就会得到极大的扩展，而且即便是存在竞争对手，该技术发明者也可以从许可费用中赢利。在当今技术改革和创新层出不穷的市场里，公司可以利用其市场先入者的地位，通过不断提供新发明而保持较大的市场份额。当网络外部性已经存在，而公司没能将自己的技术转变为标准时，如果它想生存下来，就不得不转移到市场外围。

战略威慑

有些研究员（Gallini，1984；Gallini & Winter，1985）已经研究了把对外许可作为战略工具，来阻止竞争者在有可能获得比自己更高级的技术的创新活动中投资的作法。比如盖里尼（Gallini）（1984）认为，一个在市场中已确立了地位的公司，当面临少数潜在的市场新入者时，可能会将自己的生产技术对外许可，以削弱潜在竞争者开发自己的、很可能是更好的技术的动机。换句话说，情况可能是通过引诱新入者进入市场而达到对其威慑的目的。

为了战略威慑和占据主导市场地位而将专利对外许可，会引起反托拉斯的详细审查，盖里尼的模型预示了对外许可会减少竞争对手们在同时间内进行相似的研发活动的机会，因为公司等待共享对手研发的新技术的动机增强了。盖里尼和文特（1985）建立了一个模型，该模型的威慑力取决于公司之间成本的不同。他们认为当公司有相似的成本时，对外许可专利鼓励研究；当公司之间的成本相差甚远时，对外许可专利就会阻碍研究。因而，专利外部化要在战略上阻止竞争者，要看相关的成本关系。有一点是要注意的，运用专利外部化作为战略威慑会引起反托拉斯的详细审查，但是从经济学的观点来看，其本质上并不违法。因为在某些情况下，社会福利得到了提高。

战略不协调品

战略不协调品是第四个许可目标。正如名字所显示的，它指的是那些与公司产品市场中心不一致的技术和知识产权。战略上的不协调品是创新过程中的副产品。即使是在目标确定性最强的研发中，也会不断出现意想不到的创新。同样地科研活动不是创新的惟一来源。消费者反馈，“干中学”，甚至意外发现，都可以产生与公司战略重心不协调的创新。

因此，一个很重要的问题就是公司如何处理这些战略不协调品。是应当忽视这些创新，不为其申请专利，或者把它放入公共领域来防止竞争对手将它们申请专利？还是应该继续开发这些创新使其生产出足够强大的知识产权，然后将该专利进行对外许可？

使用这两种战略的公司都能找到例子。遵循第一种战略的公司会把自己所有的智力资本都集中于研发最适合现存商业计划的创新。这些公司大多是快节奏的技术行业，比如像电子、计算机和半导体行业。虽然将不活跃的创新或者潜在的创新放在公司战略焦点之外，放弃了收益机会，但是这样也减少了额外的获取费用和维护知识产权的开支，减少了那些因偏离公司战略技术方向的研发工作带来的消耗。

遵循第二条战略的公司会运用对外许可从技术副产品中获取价值。许多产业需要在广泛范围内开展研发工作。广泛的研究项目会带来更多的创新，但是其中只有较少部分可以被商业化。实际上，有个很大的美国化学公司宣称，其只依靠自己专利所得中的3%～5%来支持现在的生意。

不幸的是，能确定最优战略的陪审团仍未作出决议。处理不协调技术的最佳战略取决于产业的不同、公司所采用的业务、技术和知识产权战略的关系。本节将以电子和化学产业之间的不同为例来进行比较。电子制造业，像惠普公司，用生命周期非常短的产品在市场上运转。一种技术必须在研发之后很快投入市场，否则可能会在研发出来的短短18个月以后就过时。技术的本质就是这样，研发可以并且必须聚焦在特定的技术轨道上。在这种情况下发展、保护和对外许可那些不协调技术可能会误入歧途，因为其所引起的研发资源的重新配置最终会减慢战略领域里发展重要创新的速度。化学制造业，如陶氏化学公司则面临着相反的情况，因为扩大研发活动经常需要鉴别新的化学物质，这样就经常会出现技术副产品。化学制造业产品生命周期比电子产业要长，而且为保护一系列的技术所花费的努力和资源也不会分散公司精力，同时却能产生收益的新机会。这时发展、保护和对外许可不协调专利技术产品就成为了获得最大收益的最佳战略。实际上在某些情况下获得最大利润的战略就是把研发战略和知识产权战略结合起来，研发可以对外许可的技术。

讨论和总结

这一章将技术许可的活动综合为四种战略目标。这种分类包括了有效的商业化，通过交叉许可获得技术和知识产权、战略的交互作用和对战略不协调品的机会主义许可。在第一个目标下，引入许可和对外许可提供了最有效的商业化途径，因为公司可以由此获得低成本互补性资产，或者是公司没有或者是要花费高额费用或较长时间才能购买到或生产出来的资产。通过交叉许可获得技术以及知识产权的途径，可以压制潜在的障碍专利，减少设计方面的成本和延迟现象，用低成本获得关键技术（有时候是原材料）。以影响消费者、竞争者和供应商作决定为目标的许可是创造标准或扩大需求的一种方法，并且是一种战略上的交互作用。最后，把对公司没有战略价值但却对其他公司有价值的知识产权进行机会许可，可以提高在研发上投资所获得的利润。这样的分类几乎覆盖了许可活动服务的所有战略目标。

从历史上看，公司对许可没有投入太多注意力是常见的。颁发许可证往往是创新者对其他公司的需求的反应。很多公司简单地把许可排除在其策略库之外。正因为如此，许多有价值或有战略意义的许可机会都被束之高阁，直到该技术过时或者知识产权过期。

本章传递的基本信息是许可不应再被看作是一种辅助活动。我们战略性地利用许可可以在很大程度上提高公司从技术创新和知识产权上获得利润。许可不仅开发了一个新的获得利润的机会，并且使公司意识到要在当今全球市场中保持竞争力，就应该采用只有通过许可才能完成的战略目标。实际上，那些不能完全开发自身技术、知识产权组合和创新能力的公司不仅收益率有限，长期生存机会也会变少。

这并不是说公司应该对外许可其所有的技术专利，或者把许可当作公司商业、技术和知识产权战略的中心。从另一个极端来讲，许可会把公司限制为仅仅是一个与对方订立合同的研究中心的角色，这样最终会破坏公司互补性资产的价值，同时也削弱了公司的核心竞争力。尽管有些公司可以利用这一方法盈利，但并不表明这对大多数公司来说就是最佳战略。实际上，发展互补性资产和核心竞争力，将这些运用于创新商业化，很可能才是多数公司盈利的基本战略。虽然如此，许可还在创造和获取价值中扮演了一个不可或缺的角色。

在当今的竞争环境中，公司不考虑把许可作为战略选择之一是不明智的。许可无疑贯穿了商业、技术和知识产权战略。主动考虑进行许可活动的公司可以扩大其商业化战略的范围，可以降低商业化成本或者扩大市场需求。正是如此，许可使公司获得了更多的战略选择。对技术进行引入或对外许可的意识可以影响公司的投资决定。当有些资源可能更适合用在关键技术和战略上时，为什么要将这些稀有资源用在重新研发能通过许可或交叉许可能够得到的技术上呢？因而，在公司的技术决策中，识别许可选择和交叉许可的机会是非常重要的方面。进一步讲，知识产权战略是一个二元选择——是获得每个创新的专利还是只取得那些有很大期望价值的创新的专利。这时把一个公司的专利组合与其竞争者和潜在竞争者相比进行竞争分析就显得不那么重要了。一旦考虑许可，知识产权战略就变得多维化，需要为了熟悉商业和技术战略而进行持续的竞争分析。公司必须持续监督竞争者的技术轨道，以认识到其专利位置的改变；为公司通过许可得到的具有优势的商业化进程提供投入；并且迅速识别将不必要的知识产权进行许可来降低成本或得到利益的机会。

2000年及以后表现出色的公司很可能将商业、技术和知识产权战略紧密联系在一起。许可可以给公司提供更多的选择、机会和机动性，使公司赢得更大的竞争优势，获取创新和知识产权的完全价值。这时公司管理所面临的挑战就是通过修正内部管理、计划步骤，实现被动许可到主动许可的转变，以使得许可在公司战略工具储藏中得到合适的位置。

参考书目

Bensen，S.，and L. Johnson. 1986. *Compatibilty Standards，Competition，and Innovation in the Broadcasting Industry*. Santa Monica，CA: RAND Corporation.

Bensen，S.，and G，Saloner，1987. "The Economics of Telecommunications Standards." In R. Crandall and K. Framm(Eds.)，Changing the Rules: *Technological Change，International Competition and Regulation in Telecommunications*. Washington DC: Brookings Institution，pp. 177-220.

Farrel，Joseph，and Nancy Gallini. 1988. "Second Sourcing as a Means of Commitment: Monopoly Incentives to Attract Competition." *Quarterly Journal of Economics*，108，pp. 673-694.

Gallilni，Nancy. 1984. "Deterrence by Market Sharing: A Strategic Incentive for Licensing." *American Economic Review*，74，pp.931-41.

Gallilni，Nancy，and R. Winter. 1985 "Licensing in the Theory of Innovation," *RAND Journal of Economics*，16，pp. 237-252.

Grindley，Peter. 1995. *Standards Strategy and Policy*: *Cases and Stories*. New York: Oxford University Press.

Shepard，Andrea. 1987. "Lisencing to Enhance Demand for New Technologies." *RAND Journal of Economics*，18，pp. 360-68.

Teece，David J. 1986. "Profiting from Technological Innovation: Implications for Integration，Collaboration，and Licensing and Public Policy." *Research Policy*，15，pp. 285-305.

第六章

开展对外许可活动

如何从知识产权中获利是当前一个非常流行的话题。媒体上经常出现关于专利纠纷案件的报道，主要都是许可交易以及巨额赔偿之类的报道。据报道，像德州仪器公司和IBM这样的大公司每年通过对外许可贸易能获利上百万美元。有关从知识产权中获益的方法及评价方面的各种会议也数不胜数。在这种环境下，越来越多的公司都在积极地考虑如何把自己的知识产权资产变成效益，其中有一种方法就是建立某种形式的公司部门来处理专利和技术的对外许可。

公司在筹划创建一个对外许可部门时不得不面对这样几个基本的问题：这个部门应该多大？投资是否具有效益？投资的回报是什么，多久才能回收？收入前景是否能够超过项目中固有的潜在商业风险？如获许可的人的报复、长期诉讼或者企业的竞争地位受损等等。是否在对外许可上投资，这似乎是许多公司都在考虑的一个问题。尽管人们对这个话题兴趣很浓，但是对于那些已经成立了对外许可部门的公司，人们对其实际情况还知之甚少，而且小道消息要多于正式文件。这里，我们收集了对外许可部门的一些轶闻趣事，看看能否有深入的发现。我们不仅利用了已有的知识，同时也参考了八位来自于已经从知识产权中获取了利润的技术型公司的负责许可的人员和顾问的意见。我们承认我们的样本数量没有达到商业研究的要求，然而我们也相信，从这一研究中获得的信息足以描述当前公司围绕对外许可这一发展中的商业活动所进行的各项实践。

为什么许多公司过去没有发现对外许可的吸引力？本章将探求其中的一些历史原因：探讨这些公司进行对外许可的促进因素是什么；为什么对外许可在现今更具有吸引力；我们考察了成立对外许可部门所需具备的条件；公司运用这个创新的决策规则；公司在发展这些部门时遵循的模式；创建该部门的公司所具有的特征和不创建者所具有的特征。

关于对外许可的观点

在讨论对外许可时，必然要涉及到三类公司：第一类是已经从对外许可中获得了巨额利润的公司（数量相对较少）。这些公司相信并且已经在实践中从专利投资里获得了额外价值。第二类公司相信能够从公司的专利投资中获取额外价值，但是尚未付诸实践。第三类公司没有任何开展对外许可投资的意向，这些公司认为专利组合主要是公司用来保护技术和市场的，其他作用都不重要。

第二类公司可能对本章最感兴趣，因为其相信公司的专利投资存在可观的利润机会，但是尚未成功获取这些利润。不过另两种类型的公司，包括已从专利投资中成功获取额外价值和不准备进行对外许可投资的公司，也可能会从这一章中发现一些有意义的帮助。

背景和历史

数十年以前，主动的、系统的对外许可项目通常不具吸引力，除非它们与中心的商业战略紧密吻合。大多数的活动关于专利许可和技术诀窍组合，以及交叉授予专利使用权组合以保障当事人在市场上自由竞争。除了上述情形之外，潜在的专利持有者并不愿意为单个的专利许可而支付费用。那样的政治与经济氛围不足以使人们认识到专利中隐藏的价值，当时的《专利法》也不利于对外许可活动的实行。

专利的价值被低估，这一点与当时法律认知的程度相符。美国最高法院在所谓的"布莱克／道格拉斯"（Black/Douglas）时代（1949～1965年）总体上是反垄断和反专利的。专利执行的低潮大约出现在20世纪70年代中期，一项专利在诉讼中被判定有效、被侵权和可实施的可能性只占1/3。因此，许多公司发现不去获得专利许可更加节约成本，相反地，以一个被告的姿态出现更加有利。由于在诉讼中成功的可能性很低，专利权人大都不愿意花费时间和金钱在法律诉讼上。更严重的是，美国联邦司法部赞成这样的观点，也认为专利是有害的垄断，禁止公司之间互相模仿生产对方的产品，从而限制了市场中合理的竞争。联邦司法部采取对专利许可的"九不"原则，极大地限制了专利权人独享开发其新发明的权利。希望扩张使用自己的专利和技术优势的公司常常发现自己竟成为政府实施法令的目标，因为这些法令只要求其竞争者们交纳较少的专利使用费，甚至完全不需交费。总之，在当时看来，专利对生产没有任何帮助，甚至是有害的东西。

而在短短的3年里，即1983～1985年，情况发生了大逆转。工业竞争力总统委员会（the President's Commission on Industrial Competitiveness）成立，两年后提交了一份报告，其中声明知识产权（IP）是实现和保证美国企业竞争力的四项关键要素之一。通过知识产权法案来保护技术被优先考虑。同时，新的联邦巡回上诉法院（the Court of Appeals for the Federal Circuit）开始运作，并且开始统一审理以前分散于11个巡回上诉法庭的专利先例。反托拉斯限制被放松，如国家合作研究法案（1984）[National Coopenative Reseacoh Aot(1984)]所证实的那样，该法案允许竞争者更加自由地进行合作研究。同时，司法部认为专利具有赞同而非反对竞争的动机，且专利在防止某些搭便车者抄袭别人的技术、压低销售价格而阻碍创新者发展等方面起到了积极的作用。上述情况导致这样一个趋势，即竞争者数量趋于减少，因而新产品变得有限并且价格趋于上升。

随着时间的流逝，20世纪80年代早期的事件导致了一个根本的变化。判决专利有效性成立的诉讼的数量翻了一倍；专利纠纷中的损害赔偿金额增大，法院在案件诉讼时更倾向于对侵权者颁布禁令，并延长禁令的时间以防止侵权者在上诉期间中赢得时间；法庭往往对判决前加在侵权者债务上的利息睁一只眼闭一只眼，有时这比实际损害赔偿金更高，因此侵权者延长诉讼时间将受到惩罚；故意侵权将被判定为三倍赔付；专利所保护的范围继续扩大。现在，专利在全球经济中的国际重要性因在全球范围内致力于遵守《北美自由贸易协定》（NAFTA）和《关贸总协定》（GATT）而日趋明显。

简而言之，专利显现出了前所未有的重要性，已经成为更具威力的资产。专利权人能够把竞争者排挤在行业之外，在诉讼中专利持有者成功的可能性也更大。在典型的风险收益分析中，公司现在经常得出这样的结论，即成为专利的被许可者要远好于作被诉的侵权者。相对于以前而言，现在专利许可日益成为一个解决管理风险的合理方法。

在有些行业中，消费者的需求日趋复杂，一个公司不可能什么都做，因此战略联盟和技术合作开始盛行。当市场上的客户需求量高于任何一家公司的能力范围时，公司间进行合作以提升其核心竞争力更具有成本效率。在一些领域，技术标准的出现增加了对竞争性产品之间通用性的要求，同时，这也使得公司之间趋于通过合作来解决复杂问题。在联盟或合作企业建立之初，首先要考虑的就是每个合作方能带来的利益价值，而专利正是这样一种价值的体现，因为它们可以通过某种有创意的、度身定制的方式被许可给共同投资者（coventurers），以达到企业发展的一定目标。随着联盟关系的发展，各方最新获得的专利都可以成为维持利益的方法，可以给予一方技术创新的承认，同时给予其他方在适当专利规定下使用这些创新的自由。

在持续的技术进步过程中，原来做出创新并被授予专利的公司往往并不大量使用这些技术，这也许是因为技术的新发展超出了公司战略业务范围或者由于技术更新过快。结果，许多公司有大量的专利闲置，而因为其他公司对受到保护的创新有需求，或者因为他们销售的产品可能侵犯到专利，所以这些闲置的专利可能具有价值。在这些情况下，企业面临的挑战就是如何通过将专利授予他人而获取实际收入。

日益觉醒的意识

考虑是否开展对外专利许可活动的公司很少能够找到某个特定环境或者事件促使他们行动。通常，对环境的意识是不断增长的，这种意识的觉醒导致公司接受了从一系列专利投资组合中获益，而非单独从某个专利中获取价值的理念。这种理念的典型形式包括开展对外许可活动以获得额外价值的概念，但是并不一定包括就应该进行何种活动达成共识。

公司就对外许可的必要性和意愿意识的觉醒，本身可能被公司外的因素所激发，比如，观察到其他公司从专利组合中获得了利润，或者发现了新的商业机会。当然，意识也可以从公司内部产生，比如当公司意识到许多非战略的技术可以很容易地转化为利润时。但是无论何种刺激，这种意识（最终接受）是作出成立对外许可部门或者开展对外许可活动的决策的必要条件。

这种意识往往在以下的情形中形成：

对收入或利润的高度期望 一些公司认为他们能够效仿其他公司提取额外价值。他们**期望**从专利组合中获取额外的收入或者利润。对结果的预期使他们兴致勃勃地开展对外许可活动。对对外许可产生的收入和利润并没有严格的实时统计数据，但是一些成功进行对外许可的公司发现成功的对外许可能够占公司总收入的1%和利润的5%。

非核心技术 许多公司发现公司专利组合中的剩余技术虽然在目前很有用也很有意义，但其并不是公司战略推进的一部分，因此不属于公司核心的战略技术。尽管不是核心技术，这些技术还是可以用于在市场上销售，于是握有大量这样非核心技术的公司开始考虑怎样回收这些技术的研发投资。

核心技术 仍有一些公司愿意甚至渴望将其核心技术进行对外许可，尤其是那些意识到自己不能完全实现其技术在市场上应有的渗透力的公司。由于满足所有潜在用户所需要的资源超过了公司能够提供的资源水平，因此许多公司在其他地理区域或者在其竞争者的市场对外许可其核心技术。

利用非战略市场 其他公司在自己非长期目标战略的市场对外许可核心或非核心的技术。对于这些公司而言，技术在这些市场上的运用超过在战略目标市场上的运用。这些公司可以在其他行业或领域对外许可其技术，而不致使公司遇到战略危险。

必然性 有一些公司意识到无论该技术是否属于本公司的核心技术，都会有其他人在市场上推行对该技术专利或相似技术专利的许可，这种情况下，他们发现如果自己不对外许可该核心技术，其他人也会。于是核心技术迅速出现在对外许可的名单上。

设计自由　重视设计自由的公司常常会认为最好的选择是与业务和技术竞争者交换专利权，从而确保自己在某个特定的技术领域内有长期从事业务的自由。

创立或者延长标准　一些公司对其核心技术专利作对外许可是因为该技术的广泛应用会创造标准。通常这些标准的建立会导致竞争者需要寻求专利许可来提供符合该标准的产品和服务。

战略联盟　许多公司已经意识到市场对新产品的要求越来越复杂，满足市场所需要的能力和技术远远超过某个公司的能力。因此出现了与具备所需能力的公司建立战略联盟的要求。公司之间常常可以通过交换特定的技术和能力的专利权而成功完成公司间的谈判。

上述情形经常会转化，从公司内部的讨论和决策过程转化到建立对外许可部门以实现某些目标。由于公司的某些特定目标是源于公司发展动力并且是经过充分讨论而产生的，因而这些特定目标是决定对外许可部门的工作重点、规模和成员的关键因素。

公司传略

八家公司描述了他们的期望和对外许可的经历。这些公司的情形显示了公司对其对外许可的看法。

摩托罗拉

公司没有一个许可小组，小组成员中有部分律师，他们在需要时会向内部知识产权顾问寻求帮助。该小组向专利和许可部（the Patent and Licensing Department）报告，而后者则向公司首席执行官报告。对外许可必须对公司的业务负责，其中部分目的是设计自由和收入。总体上，除非在某些涉及到保持标准的情况下，否则核心技术不允许对外许可。对外许可的收入要交回公司，来自对外许可的收入远远超过专利部门的预算。

3M

在3M没有正式的许可部门，对外许可的情况并不经常发生，然而确实在某些情形下公司为了满足某个业务目标会进行对外许可。不同的业务部门独立运行，每一个部门在是否对外许可的问题上都有决定权，但是必须经公司委员会的审查并同意后方可进行。核心技术总体上不允许进行对外许可。

杜邦

公司拥有所有知识产权；每一个业务单元承担与其运营相关的包括许可在内的知识产权的成本和管理。由公司研发产生的技术和专利的许可则与业务单元无关，由公司提供资助，技术转换组（the Corporate Technology Transfer Group）负责实施。总的说来，对外许可的收入属于对外许可的知识产权所属的业务单元。杜邦没有负责所有对外许可活动的中心许可部门；然而，公司的技术转换组维持着一个非正式的许可交流网络，该小组责任之一就是提供对外许可的信息和选择的资源，任何业务单元提出要求都可以获得这些信息，这一网络同样也是有效地接受和处理公司外部的许可请求的渠道。在实际执行前，所有的许可协议必须经中心专利委员会（central patent board）批准。在杜邦的历史上，对外许可必须是（1）战略性的，如试图作为全球生产战略的一部分，或者（2）反应式的，即是应外部当事人的要求进行许可。后者在很大程度上与非战略技术有关，以专利和技术诀窍的形式出现，给予许可将不会导致不合理的许可成本，也不会对公司业务产生负面影响。为了从过去的研发投资中获取更多的价值，杜邦目前的注意力集中在通过许可和其他方式提升闲置的专利组合方面。大多数业务单元实行阶段性的专利审核，确认可以对外许可的专利组合。公司各个业务单元对对外许可的优先级别有不同认识，但总体上，非战略性的和闲置的技术的对外许可被视为是低产出和低收入的活动。由于市场定位、产品线和文化的不同，对外许可对一些业务单元来说是很自然的行为，但对于另外一些业务单元而言则是得不偿失。交换专利权主要作为达成以下目的的手段来使用：(1) 实现与产业伙伴的发展；(2) 获得运营的必要自由；(3) 解决争端并避免诉讼。

施乐公司

施乐公司有一个由三个人组成的许可部门，他们根据需要，依靠公司专利、许可律师、合同人员、专家顾问和施乐公司的技术资源进行活动。该部门是三年前新成立的，对施乐公司的技术与市场发展部负责。许可部门的经理也是公司知识产权管理委员会（the Corporate Office Management of Intellectual Property Committee）的经理。施乐公司在世界范围内的知识产权资产都作为公司资产由该委员会进行管理。许可部门最主要的目标是通过对外许可以及通过建立特定的许可业务或者项目，把新技术推向市场。对外许可的专利、著作权和技术秘诀集中在不涉及公司产品的那些副产品技术上。核心技术主要是用于交叉许可，但也可以用来交换副产品的使用权。许可部门的努力很大程度上用于建立新的许可项目以在特定的目标技术领域获得收入。公司新建立的一项许可业务是由五位员工来合作完成的。对外许可收入的一半由公司保留，另一半返还该技术的发明小组，对外许可部门也分到一部分。施乐公司认识到，由于对外许可产品需要一个开始时间，因此专利权税收入的获取存在相当长的滞后。随着新专利权税的不断流入，对外许可收入有望快速增长。

伊士曼化学

公司层面上存在一个正式的对外许可部门，包括业务、技术和法律背景的人员，他们也负责合并、收购、分立和合资等工作。公司中的知识产权团队负责确定能用于对外许可的专利。推行这些项目主要是为了将那些不再与公司战略有关的专利，包括不再涉及核心技术的专利进行对外许可。具有核心竞争力的技术一般不对外许可，除非是战略合作者，或者涉及互相参股。伊士曼很少与其他公司交叉许可。

菲利普石油公司

在公司层面上，几十位商业人士和律师组成了一个规模庞大的许可部门，并与专利法律部相结合。大多数的对外许可的专利都是公司当前使用的技术。对外许可的目标是帮助公司开拓和维持市场，绝大多数公司技术都可以进行对外许可。对外许可的一个动机是，由于绝大部分技术都被视为商品，获取技术许可的方法多样，即使公司满足其他人的需求，他们也可以从潜在的对手那里获得所需的技术许可。总的观点是，如果公司不将技术对外许可，那么会有其他公司这么做。公司实际不使用的技术很少对外许可。专利和技术诀窍都可以对外许可；然而，获得的利润则与专利本身的实力相关。专利权税方面的收入由公司对外许可部门和业务单元分享，当然还有一部分用于支付改进这一项目的成本。对外许可收入占公司税前总收入的1%。

IBM

由数十位专家组成的庞大的对外许可部门是总法律顾问办公室（the Office of the General Counsel）的一部分。该许可部门由商务人员和律师组成，通常依靠业务部门支持团队进行活动。技术转让和专利的对外许可项目并存。对外许可获得的收入用于相应的业务运营。公司积极对外许可与其产品相关的技术，也向竞争对手提供许可。鉴于IBM作为过去几年中全美最大的专利发布者，公司仍将继续进行对外许可，因此专利权税收入有望继续强劲增长。

惠普公司

该公司没有正式的对外许可部门，许可活动集中于公司的法律部。律师与产品组的商务人员一同负责对外许可技术和专利。许可活动主要针对战略联盟、合作企业和那些若得不到许可就会侵犯公司专利权的企业。核心技术总体上不进行对外许可，除非在某些情况下，作为广泛的交换专利权协议的一部分。非核心技术的、过时的或者不用的技术在有合适的专利使用范围的前提下进行对外许可。对外许可的目的之一是获得开发未来产品的设计自由，许可收入是第二位的。如果存在明确的技术所有者，那么来自对外许可的收入一般回到业务中。对外许可收入随着业务推动者、进行中的项目和所发现的机遇而年年波动。

维度

对外许可活动可以通过三个主要的维度来区分：目的、规模和技能组合。当然，偶尔也使用其他的维度进行描述，但是这三项是在企业描述对外许可部门的讨论中最常听到的。

第一个维度，目的，是指公司创建对外许可部门的原因以及公司期望实现什么。正如我们已经讨论过的，目的有很多。目的的影响或基本原理对对外许可部门的结构、焦点和规模的影响可能是本次调查研究最主要发现，在下文里我们将具体讨论。

第二个描述对外许可活动的主要维度是规模。规模由与部门相关的专家的数量来定义。第三个主要维度是专业员工的组合。专业员工通常分为两种：律师和商务人士。这两种专业人员的基本定位相差甚远。律师倾向于关注专利权的保护，持进攻或防御的态度。业务人员倾向于关注获取回报的能力和企业问题。大多数对外许可部门的资深专家最早多是从事法律或者商业活动的。

目的的重要性

本研究最引人瞩目（至少是令人惊奇）的结果之一是指出了公司从事对外许可活动的目的对其对外许可部门的性质和类型有显著影响。目的源于形势，前者反过来又为公司决定是否进行对外许可提供了理由。对外许可的目的被认为对部门的规模、结构和组成人员有着直接的影响。此外，多重目的可能相互交迭。接下来，我们将简要地讨论每一个目的的基本原理和基于此目的下成立的对外许可部门的意义：

核心技术　对于对外许可核心技术感兴趣的公司对获得最大程度的可能收入和竞争优势的途径也感兴趣。他们积极寻找对外许可的伙伴，并将此描述为在梳理海床以寻找埋藏的宝藏。正如寻找宝藏需要许多人力资源一样，公司也需要大量人员来发现和确认那些既对核心技术感兴趣又肯付钱的获许可者。

推论：对外许可部门需有相对较多的人员，包括法律和业务方面的专家。

非核心技术　这种类型的公司将技术视为战略活动的副

产品。他们在根本上对出售非战略性的关键技术并获得收入极感兴趣。这类的公司往往对收入最大化感兴趣，但这仅当他们能够以最少的投资获得收入时，打个比方说，他们希望走到河流中，抓到碰巧游到水面上的鱼。该目的通常意味着公司总是尽可能减少用于对外许可活动的投资。

推论：对外许可部门较小，尽管这并不意味着非核心技术的对外许可花费较少。相反，在确定公司的技术哪些是核心哪些是非核心的问题上需要花费管理和技术人员的大量时间。主要成本来自于形成和维持内部决策过程（可能是例行性的），该过程确定哪一技术要被归类为非核心。基于这一目的成立的对外许可部门通常由商务人士组成。

利润预期　基于这个原因而建立对外许可部门的公司行动会慢些。他们经常不确定能从技术的对外许可中得到多少收入或者利润。他们抱着边走边看的态度，总是先进行一个小行动。如果这个行动带来了收入或利润，他们会考虑增加投资。抱有这种目的的公司会要求对外许可部门自食其力，当他们壮大以后实现自负盈亏。

推论：抱有这样目的的公司可以从一个小的对外许可行动开始，并监督这些行动，密切关注进展情况。如果开始获得收入，公司会对增加投资的要求作出积极响应。如果收入或利润增加得很慢，公司对增加投资要求的反响就会也很慢。基于这一目的，技能组合倾向于在法律和商务人士之间保持相对平衡。

非战略市场　抱着这种目的向其他公司给予许可时，必须发展一种能力，即发现与自己传统市场相去甚远的领域内的市场的能力。这往往意味着发现完全不同的业务或者行业，这个业务或者行业使用同样的技术，但与技术开发者预期的应用十分不同。另外，一旦确认市场，公司必须立即确认目标公司，开展导向磋商的讨论。为具有此目的而成立对外许可部门常常被视为冒险的做法，大多数这样的公司行动缓慢，他们先为一个人投资，来看看投资非战略市场的想法是否可行。当对外许可成功并带来收入时，公司将增加工作人员，但是脚步会很慢。

推论：对外许可部门的员工很少，通常业务人员比法律专家更为重要。

设计自由　基于这一目的的对外许可公司会发现自己开发了很大的专利组合，并且与很多合作伙伴之间存在交换专利权的协议。为了达成交换专利权的协议，经常需要很多时间来发展、谈判以最终使所有方都满意。

推论：要达到这个目的要求有相对多的工作人员，其中多数应该是律师。

联盟　基于该目的的对外许可部门结构与基于设计自由目的的部门结构相似。它要求以交换专利权作为联盟机制的一部分。因此，在此目的下，需要耗费时间进行准备和磋商互相交换专利组合的工作。

推论：基于此目的而形成的对外许可部门通常拥有众多的工作人员，业务人员和法律人员人数各半。

侵权政策　基于此目的的公司很容易识别侵权者。他们的市场人员和顾客都对市场上新出现的或者潜在的侵权产品有清楚认识。尽管如此，追踪侵权者仍然所费不斐，主要用于为专利许可作准备和进行磋商。此外，在找到解决方法之前当事人可能会卷入诉讼程序，这也会花费工作人员大量的时间和精力。这个目的的一个附带好处是当追击成功时，对外许可活动可以通过对侵权者进行许可得到的收入实现自负盈亏。

推论：基于此目的建立的部门倾向于成长到一个非常大的规模。在技能组成上律师更为重要。

标准存续　这个目的使对外许可没有直接的利润动机。

采用该战略政策的公司预期自己将会从现在或者过时的技术中获得一些未来的利益以及未来的市场地位。

推论：在部门的规模和技能组合方面没有普遍适用的方式。

不可避免性 如果自己不对外许可，别人也会申请用于同样用途的竞争性技术专利，这种情况下公司考虑建立对外许可部门。对外许可是基于外部的要求，公司很少为了这一单纯的目的而自己开展一个正式的对外许可活动，建立部门往往还有其他的原因。

推论：在部门的规模和技能组合方面没有普遍适用的方式。

上文概括了目的对对外许可部门的规模和技能组合这两个维度的影响。下面的表格概括了这些推论。

成本效率

“要花多少钱？这是我们下一步最应当投资的方面吗？”这是在公司商讨是否要对对外许可进行投资时财务人员最常提及的问题。这两个问题是没有标准答案的。但是有几种行为模式能够使人想起实践中可能出现的真实答案。投资对外许可所预期的回报是额外收益和新的利润。有人猜想会有回报的初始数额，有人猜想会有利润的初始数额，如果内部的对外许可拥护者能够就这个数额提供担保的话，那么这个数额应该足以说服最吝啬的财务管理人员相信，对外许可在经济上是可行的。

这里要说一下创建对外许可部门的成本。部门的直接成本通常被预算编为人员的成本和他们的直接支出，是否加上一般管理费用取决于各个公司的会计制度。尽管如此，直接成本往往不能反映全貌，经验表明，公司倾向于低估与对外许可相联系的总成本。额外的成本来自于内部技术检查、选择和批准对外许可的决策过程。当专利许可活动增加，与成本相关的活动的重要性和资源都随之增长。这些成本是间接的，并且经常是潜在的，很难发现，因此利润中心的提案中到通常不会充分考虑到。

表6.1

目的	员工规模	员工组成（mix of staff）	备注
核心技术	大型	平衡（balanced）	
非核心技术	小型	大部分是商务人士	发现非核心技术很可能需要重大的花费
预期利润	小型	平衡	从小型起步，按需发展
非战略市场	小型	大部分是商务人士	发展缓慢
设计自由	大型	大部分是律师	
联盟	大型	平衡	
侵权（Infringer Policing）	大型	大部分是律师	
标准的存续	无关联	无关联	
不可避免性	无关联	无关联	

我们假设，如果一个公司能够确保对外许可会带来显著的财务成果，那么任何一个带有财务预期的提案都值得被考虑，如何对“显著”进行定义随之变得很重要。从对外许可中成功获得收入的公司可以得到大量的收入或者利润以满足部门的目的。如，相对于那些主要目的是创立标准的公司而言，将对外许可主要用于获得利润的公司将获得更高的收入。

对于以获得利润为目的的公司来说，我们在调查中发现，从对外专利许可中获得公司年总收入的1%是可行的。就利润而言，单个数字是不断变化的，很难确定。然而，我们从访问中得到的结论是，如果一个以获得利润为目的的公司从对外专利许可中实现了总利润的5%～10%，就可以认为这家公司的专利许可是成功的。

一个对外专利许可行动是否成功也有其他的收入标准可以考虑。一些公司希望产生足够的收入来支付专利和对外许可行动的成本，即本质上使公司无需成本就能获得这些服务。这种情况下，衡量是否成功的财务标准是，收入是否足以弥补专利和专利许可活动的预算。

小结与结论

考虑创建对外专利许可部门的公司面临着一系列的问题，对这些问题的答案将决定他们是否会对对外专利许可进行投资。我们已经知道，公司在经过认识环境，考虑对外专利许可的目的之后，便要开始决策。在本章中我们采访了八家公司，并确认了创建对外许可部门的九个原因。

决定公司是否投资建立正式的对外专利许可部门，首先需要解决这些部门的潜在成本效率问题。我们收集的数据显示，成功的对外专利许可公司可以期待从这些活动中获得年总收入的 1%。

我们知道公司对外专利许可决策的基本原理被转换成对外专利许可行动的目的是影响对外专利许可行动的规模、结构、成员组成和工作重点的最重要因素。进一步来说，基于其目的，我们有可能事先决定该部门可能的规模和成员组成。

这个简要的研究只是触及了关于创建对外许可部门的几个主要方面。对目前实践的进一步采访以及接下去的构思和概念工作，将开发出一组方法以更全面地指导公司完成一系列困难的任务——决定是否进行对外专利许可，出于什么目的以及怎样把部门行动集中在公司的整体战略利益上。

第七章

化工行业中的技术许可与经营战略

导言

在许多工业创新的发展和商业化中，许可正发挥着越来越重要的作用。许可历来是经营战略的一个组成部分，但以前其应用范围大多被限制在公司的核心业务领域之外。对外许可一直或被用于赢取不用的技术或成熟技术的残余价值，或帮助创新者获得市场契机来打入他们不能直接进入的国外市场和产品市场。当这点仍是许可的主要目的时，许可活动的数量和范围就一直在逐步增长，特别是在过去的十年里，它开始居于公司战略的中心地位。面对日益激烈的基于创新的全球竞争，很多公司逐渐意识到许可的重要性，并倾向于将许可纳为公司竞争战略的一部分。伴随着更加丰富的商业化途径和伙伴结构，公司在不断扩展许可对象，他们也可能更愿意把引进许可技术作为内部研发的替代选择。

对于技术许可而言，有几种不同的目标，相对应地反应出几种不同的潜在经营战略。而这些战略又取决于创新的性质、工业中的竞争条件、各集团的相对实力、所转让的知识产权(IP)的质量和知识产权保护的力度等其他相关事务。基于大量案例的研究分析，包括化工行业的当前研究，我们总结出了技术许可的四个基本目标：有效的商业化、技术交流、战略性互动和战略不协调品。根据许可所含内容，协议达成方式，以及如何将许可整合入一个更大的战略关系，这四个基本目标中任何一个，都有着各种各样的许可结构形式：从最简单的专利权许可，到结合知识产权和技术诀窍的重要技术，再到更复杂的结构，包括许可中介、技术开发和商业化的合资，以至最后到联合与合作的多种形式。

给围绕战略目标的许可分类至少有三个目的。首先，理解好许可潜在的战略目标可以帮助许可管理者以最合适的方式达成协议。目标和结构是相关的，而且协议的形式在每一个案例中都可能是不同的。经验证明，许可尝试经常失败，因为当事人常常无力解决根本上的战略问题。如果把许可谈判的焦点从单单的对专利权转让费的关注转移到使许可协议生效所需的款项和条件上，那么这将大大增加许可的成功机率。

其次，这种分类把许可与公司整体创新管理更牢固地联系起来，使其成为开发和商业化进程的一部分。为了使许可更为有效，可能需要作出一些策略选择（例如，通过培养内部技术转让能力或引入有重点的专利策略），相反地，在战略决策的早期如果出现许可这一形式供人们选择，应该会促进创新的发展（例如这可能通过决定应该开发哪一种产品或者应该进入哪一市场领域）而实现。

再次，从法律和政策的角度看，许可对竞争的影响是相当明显的。更全面地理解许可，包括它与战略之间的联系、效率至上的基本原理以及为何要制定某些款项和条件的原因，都将有助于减少对垄断性的担忧。

本章将回顾化工行业中技术许可被用作创新策略一部分的各种方式。我们将讨论处于该行业不同领域的不同公司的不同许可目标，深入探讨许可协议的不同结构，并主要着眼于在商业化过程中如何使用许可，这也是工业中进行许可活动的主要动机。

作为一个研究个案，化工行业有很多值得注意之处。首先，许可是该行业的一个普遍而又重要的特征。尽管在产品制造过程中技术主要依靠内部开发，但为了获取特殊技术和进入国际市场，许可被广泛使用。

值得注意的另外一点是许可的形式多种多样，包括上面提到的各个例子。主要的许可活动是在策略变幻莫测的商业化领域中进行的。许可协定囊括由简单到复杂的各种项目，可能也包含联盟和合资。

第三点，许可包括知识产权保护和技术转让等许多复杂问题。化工行业中强调的是过程技术，几乎连最简单的许可都包含一系列的专利和技术诀窍许可。有效转让需要很重要的资源。另外，技术应用和技术诀窍泄漏等领域牵扯到一系列特殊的竞争问题，这些问题需要依靠通过有明确、具体的许可条件和限制的，有成熟的评估机制的谈判来解决。

最后，目前该行业对许可的态度有很大改变并开始视其为利润来源和互补性技术。过去许可通常只是公司主要目标的附带品。但是，现在公司更倾向于将对外许可和合资作为其商业化策略的一部分。他们也不再独自开发他们所用到的所有技术，而是转向寻求联盟和引进许可技术来削减创新成本。

对于这一特定行业，此个案研究通过描述公司不同业务部门的许可行为范围（正如各种许可协议的不同目的和结构所显示的那样）来说明问题。还引导了许可行为基于效率和战略的思考，并对协议结构的影响进行了说明。个案研究中也包括许可协议中的限制规定，以保证公司对外许可时不至削弱其知识产权的价值和竞争地位；还揭示了用来帮助许可者克服可能遇到困难时的特殊制度程序。协议涉及到许可谈判方式、技术评估、技术诀窍保护、法律和商业风险分离、技术有效转让、提供所需资源和技能的种种方法。尤其还包括专业工程公司作为中介来参与许可和建设新加工车间，这是该行业的一个重要特征。

这项研究还粗略地表明了公司许可行为和创新战略之间在某些方面的整合关系，包括整体上研发和智力资本的管理。这表明在这个重要而典型的行业中存在这样的趋势——许可政策的制定更为活跃对公司知识产权库的管理更为重要。

本研究是在采访了化工行业中的许多领先企业的许可事务管理者的基础上完成的。同时，我们也查阅了很多相关文献。在此，我们深深感谢那些抽出时间配合帮助我们的管理者。这项研究更多关注的是该行业中的总体许可行为，而不是特定公司的个体行为。另外，文中表述的都是作者的分析和观点，而不代表任何所涉及公司的立场。

许可目标

采取许可有各种各样的理由。可能通过许可实现的主要战略目标可以被分为：有效商业化、技术交换与专利交换、战略互动和战略不协调品（这些已在第五章里详述）。本章将讨论化工行业中少数大公司的许可行为，以及这些行为是如何为他们的战略目标服务的。一个给定的协议往往聚焦于某一特定目标，当然也可能同时针对几个目标。某种意义上讲，所有的许可都是战略性的，而且最后都和商业化创新相关。这些分类反映了协议的主要目标，这些目标相应决定了许可的结构和谈判过程。

有效商业化

创新会带来一系列的商业化选择——从储备技术到整合生产。除了极端情况以外，几乎所有的仓储和生产等商业化行为都会涉及到许可。有效的商业化过程就是利用许可把技术和各种互补性资产结合起来，比如质量控制、市场营销、分销和持续产品改进，这些都是在市场上取胜的必备要素。这类许可的目的是想借此获取其他公司的资源以补充自身互补性资源的不足，不管这种资源是技术诀窍、销售渠道还是资金。在化工行业中，这种通过许可来实现的资源补充通常发生在创新者不能独自进入或进入成本过高的市场开拓过程中。正如一些许可专家所描述的那样，许可作为技术商业化的主要组成部分，其地位正在不断上升。

追溯到5年前，一个多元经营的巨型化工企业（以下称A公司）的一些许可专家曾宣称，绝大多数许可活动只不过是伴随着成熟工艺和设备的技术买卖过程发生的。诚然，许可有时同这些技术买卖一起发生，但当前全球化竞争正促使许可的用途发生改变。不断加速的技术创新意味着就算A公司有足够的资金来开发所需的技术，其也无法负担独自开发技术所需的时间成本。竞争的压力扩展到了整个商业化过程——开发新的互补性资源，比如技术商业化所需的销售系统需要大量的时间和资金，因此选择整合便毫无竞争力可言。事实上，在全球化经济中，花多少时间来获取所需技术和资源对于能盈利的商业化过程来说，正在变得至关重要。

当公司想进入国外市场时，许可最可能服务于战略目标。文献中的早期研究表明，国际商业化的最佳方法常常是直接投资，因为这可以带来较高的利润回报和较强的战略控制权。尽管如此，我们仍有充足的理由来解释为什么公司可能更喜欢许可给一个不受控制的外国企业。因为进入国外市场是一个耗资巨大的长期工程，特别是在发展本土化生产和销售渠道方面，哪怕是合资也难以避开过大的风险（Contractor，1985；Telesio，1979）。

我们的研究证实了这类情况。A公司的高层管理人员选择许可是因为比起内部研发和商业化来说，许可显然是一个更为经济的商业化途径。该背景下的许可可能是公司间的一种关系的一部分，比如合资、子公司、合作等，而且许可被视为适应当今全球化竞争的必需行为，因为它是迅速实现技术商业化的最高效途径。针对这一观点，A公司已经增加了对外许可的活动，以此来获得进入国外市场的机会。

另一个多样化经营的大型化工企业（以下称B公司），也有相似的经历。其采用商业许可来进入一个其从未进入也不打算进入的市场。对外技术许可是B公司能从这些市场获得利润的惟一方法。B公司同样通过许可来实现公司认为市场太小而不打算投资的某些技术的商业化。其他公司，特别是一些小公司，或许可以从那些小市场中获利，而对于B公司来说，服务于这些小市场却成本高昂。

A公司、B公司对外许可的战略选择和曾受到高度关注的两项对外许可案例（Royse，1993）有异曲同工之处。Union Carbide 和BP 化工分别从1977年和1983年起，就一直很主动地对外许可他们生产聚烯烃的工艺，以此作为技术高效商业化的途径。因为每一家工厂的建造都耗资巨大，所以两家公司都没有足够的资金来以这种方式实现该技术在全球范围内的商业化。另外，认真安排好新工艺的推广时间也非常重要——先于竞争对手进行工艺技术的许可推广，好处不言自明，这也意味着将更易抢先获得工艺中用到的中间产品（商业周刊，1993；Evans，1993）。现在，得到两家公司许可的企业所占有的该产品在全球市场上的份额合计超过了50%。1992年，Union Carbide单从聚烯烃所获得的利润就有3亿美元，其许可计划的成功在此得到了印证（Royse，1993）。实际上，对外许可使Union Carbide 和 BP 化工可以利用其他公司的资金和当地资源在全球范围内对他们的创新技术进行高效商业化。

当许多化工企业对许可刚开始有兴趣时，对于BP化工来说，用对外许可来实现一个技术的有效商业化早已是习以为常了。20世纪50年代后期，作为进入化工行业的新公司，BP化工（美国）（当时的名字是Sohio）相对来说并不成熟，也没有国际化经验（Evans，1993）。但当公司在美国商业化其一项低耗资生产丙稀氰的工艺以后，其开展了一项至今仍在持续的对外许可计划。通过许可所得利润，BP化工得以在研发上大力投资——使其成为目前世界领先的化工企业。

我们的例子到现在为止多集中在对外许可活动上，但许可引进活动也同样在不断增长。许可行为随着商业领域的不同而不同，A公司在化学领域有规定，通过许可引进获得更多外部技术而不是自己开发所有技术。A公司的农产品业务就是一个例子。他们认为许可主要是用于获得技术来发展产品或贸易。采取许可引进是因为通常情况下内部研发无利可图。当技术可以经许可引进时，内部开发便不再是迅速及时的选择了。事实上，在我们的访谈中被反复提到的主题就是，对于商业化的成功来说，迅速及时地获得技术至关重要，而许可引进便是节省时间的一种方式。

我们的调查表明，以有效商业化为目的的许可行为在化工行业正在增加。A公司和B公司都在借许可引入和对外许可来实现更高效的商业化，如更快接触到市场，进入他们无法进入或切入的成本高昂的市场（因为地域或其他原因）。事实上，Union Carbide 和BP化工的成功已经证明了许可活动的价值。全球化商业环境的变化给快速进入市场增加了压力。高效商业化已经成为一个日趋重要的战略目标，其可能也是化工行业中许可活动日益增加的主要动力。

技术交换

技术交换包括技术和知识产权的交叉许可，以及互补技术的互惠交换，它可以为很多特殊目标服务。交叉许可在其他工业（特别是电子工业）中的最广泛应用是专利的相互许可，同时也被用于避开潜在的侵权诉讼。交换同时也被视为获取技术，了结诉讼的手段和在许可协商中获取优势的技术砝码。总体上交叉许可在化工行业中相当少见。这主要是因为该工业的主要技术内容是加工技术，而这是依公司个体不同而相异的，并且基于技术秘密和贸易机密。尽管如此，技术和知识产权的交换确实存在，下面的例子将突出说明这一点。

自由运作　在化工行业中专利的交叉许可是很少见的，因此当它出现时就比在电子工业中更引人注意。化工行业中典型的交叉许可并不是被主动采用的。例如一般半导体公司在陷入商业化困境之前就采用了交叉许可；而化工企业则相反，往往要等到实际问题出现时才进行。只有这时，他们才会努力通过交叉许可去获得瓶颈技术或知识产权。交叉许可是较受青睐的获取技术和专利权的方法，因为它不需要支付现金或专利费。

A公司提供了例证。他们更喜欢通过交换专利和技术来交叉许可，而不是支付专利费，因为这样更节省资金。但交叉许可取决于具体的行业和环境。对A公司来说最重要的是避免为其他公司的专利和技术付费，对他们来说，现金支付代价很大。

导致交叉许可的另一种情形是公司想进入早已有很多专利的新领域。A公司的医药产品部门（相对来说算是较新的业务部门）新开发了检测一种细菌的技术，但要商业化该技术涉及许多已有专利保护的技术，而且围绕该技术铺开从经济上也不可行。事实上，在A公司的医药产品业务中，商业化自己的产品所用到技术的3/4都是通过许可引进的，这一做法很常见。交叉许可是获取创新成果商业化自主权的最经济的方式。

技术获取　是化工行业技术交易中交叉许可的最明确的形式，又被称为互惠许可(reciprocal liceusing)，其形式是一个公司用对外许可是为了引进另一许可。在一些案例中，人们潜在期望将来的许可能平衡当前的许可，而另一些案例中，许可协议之间存在着直接的联系。公司通常选择制定一份许可协议来进行技术交换。其中的一个原因之前曾提过，就是公司对非资金转让的青睐，因为一项创新的不确定性可能使早期很难对现金支出作出判断。互惠许可协议是化工行业的特征，但是这些约定可能是潜在的而非单一协议的一部分。每一项互惠条款都是单独议定的，并伴有相应的估价，有时也可能会用现金补上差额。但主要问题是商定一个双边协议很困难，尤其涉及到双方的一些独立业务单元时。

目前在谷物行业有一个例子。一个多元化经营的大型化工企业开发了一种新的生物产品，而这需要种子来作商业化的媒介。与直接进入育种行业相反，该公司选择与育种公司合作，通过交叉许可将本公司和育种公司的技术结合。在允许育种公司对外销售包含该项创新成果的种子的同时，该化工企业获得了种植这种谷物的许可，并获得了专利使用权，最终可以把这些谷物售往终端客户。如果没有交叉许可来获得育种技术，那么对此项创新成果的商业化可能要花好几年，甚至可能根本就无法实现。

总体上看，包含不相关技术的交换的互惠许可往往发生在所交换技术的特定市场上没有竞争的公司之间。类似于刚才提及的，不涉及到现金交易的交叉许可协议往往更可能在没有竞争关系的公司之间谈成。但即使相互不是竞争者，互惠许可还是会遇到组织上的障碍。例如，B公司在过去4年里一直没有实现任何互惠许可。一位经理认为原因主要有两点：(1)B公司只期待通过互惠协议换来两项技术，而不是多项技术。他认为协议双方都试图以低价值专利换取高价值专利，这就使知识产权的评估变得复杂起来。(2)关于技术价值的谈判和协商难以达成共识，因为多数大型化工公司都有自己的组织结构和知识产权管理方法。一般情况下，化工企业的知识产权是由独立部门而非整个公司来管理。交叉许可协议中的对外技术许可很可能牵涉到一个部门而对内技术引进则可能又关系到另一个部门。各个部门都以利润最大化为目标，因此他们都倾向于高估对外许可的价值，而低估许可引进的价值。于是，内部转让价格就存在争议，各个部门为如何分配交叉许可所能带来的净收益而起争执。

结果，许可的执行人员常常把互惠许可作为两个独立的协议来对待，有争议的技术的价值都单独决定。只有当每一技术的价值都被评估出来以后，他们才能进行等价交换而无需额外付费。

法律诉讼的解决方法　化工行业中涉及知识产权侵害的法律纠纷日益增多。交叉许可是化工企业解决这类纠纷的方法之一。总的来说，在法律诉讼的任何阶段都可能发生交叉许可，交叉许可可能发生在案子交由审讯之前、之时、或作为判决后和解一部分。一个公司如此解释这一问题：一旦诉讼开始且开支巨大，那么我们就可能会借助交叉许可来了结官司，或在审判之前或作为审判结果。我们采访过的许多公司经理都认为，交叉许可是了结诉讼最有效的方法，而且无需涉及现金支付。尽管如此，交叉许可仍通常只被认为是结束争议的最后选择。

经营杠杆　虽然它可能是最少提及的许可的战略作用，我们仍采访到了不少通过许可在竞争对手或者供应商那里获得优势地位的案例。一个典型例子是：一个公司用许可来解决在经济学研究中称为"双边垄断"(Bilatery Monopoly)的问题。A公司决定退出某中间产品的供应市场，取而代之开始外部购买。它和当时最大的供应商签约，最后成了这个供应商最大的客户。

这个案例中的风险是：A公司可能会试图凭借自己的规模来获得较低的供应价，而供应商可能会认为自己是惟一有能力满足A公司需求的公司而试图抬高供应价。为了防止这样讨价还价的麻烦，当A公司退出中间产品供应市场时，并没有解散相关研发队伍。这个队伍正开发对于供应商来说有很高价值并很重要的技术。用这个技术作为砝码，以许可该技术作为交换，A公司就可以和供应商洽谈一个低价的长期供应合同。虽然这种机会很少，但是这个例子说明在化工行业中经营杠杆确实存在，至少有些公司充分利用了它们。

战略的互动作用

对外许可的另一个用途就是对客户、竞争对手和供应商的决定起到战略性的影响。这可以分为三个具体目标：通过减少创新所带来的风险和建立中间产品供应，以在市场中确立新产品和新工艺的地位；建立新的产品标准；阻止其他竞争对手开发相匹配的技术。这些目标的重要例证可以从Union Carbide 和BP化工所实施的许可计划的战略性动机中找到。

在关于Union Carbide许可行为的一篇文章中，许可交易的主管Richard Sol，解释许可如何在提供高效商业化的同时对客户产生战略性影响。他说，客户可能坚持反对只有一个供应商。因此，Union Carbide“不得不在自己的合成树脂业务上投资以帮助刺激市场”，同时为主要的美国竞争对手如 Exxon 和 Mobil（Royse，1993）提供许可。客户选用最终产品会感觉有风险，使客户减少这种感觉是促使Union Carbide公司除了进行整合商业化以外，又选择许可的战略原因之一。

BP化工利用许可活动及其所许可的一系列公司来使其丙烯氰的生产工艺在该行业中被广泛采用。20世纪60年代早期，在被一家美国化工业巨头拒绝合作后，BP化工开始为日本生产者提供许可。BP化工专利和许可部门的前主管说，直到BP化工将生产工艺许可给日本生产者，那些美国制造商才开始意识到BP公司确实拥有某些东西，而且为了和BP化工及日本人竞争，他们也必须获得许可。在接下来的十年里，西欧、东欧、以至全世界发展中国家都得到了许可。BP化工的工艺实际上成了行业标准。该主管相信，如果先前没有给予日本公司许可，那么他们就会自己研发出制造丙烯氰的另一新工艺并将成为他们今天的强劲竞争对手。而且，美国公司也不可能这么快接受他们的许可，或者根本不会接受许可。

BP化工的经验深刻说明了许可如何用在战略性阻止行动方面。不进行许可将可能鼓励其他公司绕开一项技术去创新，例如本案例中的那些日本公司。许可可以阻止潜在的竞争者去研究开发获得相关专利。然而，是否为了战略性阻止而作出许可很大程度上取决于专利使用费。Larry Evans (BP化工专利和许可部门的前主管) 认为，专利使用费必须设定在一个"使被许可者不会花很大精力去开发在专利保护范围外的可替代工艺"的水平 (Evans, 1993)。这样的战略性阻止，虽然通常被认为是反竞争性的，但确实能带来很大的社会效益。因为这样一来，被许可者将把它的资源放在改进现有技术上而不是进行重复开发。

总之，为了实现战略性的互动，许可已在化工行业中得到广泛应用。减少客户风险、建立标准和战略性阻止竞争者都是公司进行许可活动的重要动机。为了实现战略性影响而进行许可只是目标体系中的一个，该目标体系也包括高效的商业化。事实上，就像包含多个许可活动的案例一样，一个许可也可能为多个战略目标服务。

战略不协调品

战略剔除是指那些不属于公司战略计划范围的技术。这些非战略技术要么是开发到一定水平但没被使用的创新，要么不具有核心竞争力。某种程度上，战略剔除的种类与某些创新的商业化战略相交叠，公司由于各种原因决定不再继续这些创新活动，但又可以通过对外许可获得剩余价值。它们也可能是那些对公司的主业务有辅助作用的技术，比如在公司信息系统中支持一项服务功能的技术。

我们所有的采访者都称目前对外许可非战略技术的情况日益增加，但是化工企业的这些活动一般都很小心地进行。比如说，A 公司决定不再依赖一系列资料相关技术，因此它决定对外许可这些非战略技术。但是想要许可技术的公司，同样也想得到再次许可给其他几家身份不明的公司的权利。由于担心技术会被传到竞争对手那里，因此 A 公司决定不对外许可。

虽然这个例子说明对外许可战略不协调品有障碍，但是机会仍然很多。A 公司的经理相信在公司的上千个专利中，支持战略性业务的只是其中的 3%～5%。哪怕其他专利中的一点点对其他公司有商业价值，那么从这些不被使用的专利中获得收益的机会就是很大的。其实，只要化学公司认为能从许可那些非战略性技术中回收成本，那么这些公司是非常可能继续对外许可战略不协调品的。

构建许可协议

许可结构的定义

界定许可种类的战略目标取决于公司希望从许可以及随后的伙伴关系中得到些什么。因此，专利的交叉许可就完全不同于为建立一个新的加工车间而给予的技术诀窍转让的许可。

目的、所需信息、两方之间的关系等在各个案例中都不相同。许可协议本身也可能不同，有着各异的复杂程度，不同的要求、限制和保证等。

在这些众多的种类中，许可组织有特定的特征。我们称之为许可结构，指代许可协议中更详细的技术和法律内容，以及在许可方和被许可方之间联盟关系的性质。一方面，许可可能只是简单的对外许可专利以收取费用。这是许可方和被许可方之间保持距离的基本市场交易，协议的相关款项都在许可中有明确的规定。另一方面，许可是广泛的技术共享关系的一部分。它提供了伙伴关系中技术交换的法律基础，但是它可能需要更多的条款来表述，因此伙伴关系的实际基础取决于两家公司间的非正式关系。许可方和被许可方之间有许多整合程度不同的选择，包括关键技术转让协议、许可中介、合资和战略伙伴关系。

本章的目的之一就是提供一个对于不同许可结构的更好的理解方式，以及许可结构如何与协议的性质相关联。因此，我们主要关注商业化许可，这是化工行业中最普遍、种类最多的许可。

许可部门的作用

我们本章讨论的公司主要是化学品生产商。他们的主要目标是产品的生产和销售。他们的研究是为了获得市场中的专卖权地位，而并不是为了出售技术。举例说，DuPont公司的主要专利咨询顾问Robert Kline说："公司并不是作技术许可业务，公司只是研究以获得专卖权地位（Spalding，1986，P.31）。"许可的目的是从可用的知识产权中获得最大化的商业利润。以我们的观点来看，B公司认为采取许可是投资而不是盈利。也就是说，为了产品整合的主要目的而开发技术，许可只不过给这些技术扮演着服务功能。这主要是一种从现有知识产权中赢取价值的机会。

尽管如此，现在的公司很明显地已经把许可作为他们商业化战略的一个更重要部分了，而且有不断发展的趋势。其中，某些公司可能比他的同行们走得更远。如 Union Carbide 和 BP 公司许可聚烯烃的主要生产新工艺，使许可技术成了这项创新的商业化的主要方式。在 Union Carbide 的案例中，他们特别成立了一个部门来管理技术转让。有趣的是，Union Carbide 将其聚乙烯生产工艺进行对外许可是由于公司 20 世纪 80 年代早期的盈利压力（商业周刊，1993，P. 88）而造成的战略选择。许可始于 1979 年，随后在 1983 年，公司用其 4 000 项工程技术组成一个新的工程与技术服务集团（ETS）。这个集团许可技术，提供催化剂、工程服务、工艺设计，同时给化学或其他加工工业的客户提供项目管理。在某些情况下，Union Carbide 也销售产品。

本章描述的大部分公司都正采取着更积极的许可和知识产权管理方式。作为第一步，许多公司将许可集中在公司层面，在公司里标准化许可的处理，从而得出一个协调的公司策略。在寻找许可机会和以更低成本管理知识产权事务方面，公司同样扮演着更活跃的角色。形式可能是：整理公司的专利来寻找许可机会并剔除那些对公司没有战略价值的无用专利。许多公司对于更广阔的知识产权管理有兴趣，包括在技术开发决策中对许可和知识产权保护的考虑。尽管如此，对于最佳的解决方案至今没有达成多少共识。公司主要对开发和制造产品感兴趣，而关于许可机会则十分谨慎，通常只视其为商业化知识产权和影响开发决策的次要因素。

一个结论是，许可部门的角色因公司而异。在某些公司，它可能扮演管理员或辅助的角色，而在其他公司，它可能更多地参与寻找和签订许可协议的活动。在 A 公司，虽然中心许可部门通常也会参与正式协议签订，但许可决定过去一直是业务部的责任。各个部门的协议体系以及许可的实现途径都很少有一致性。有时候，部门之间的利益冲突难免要由上级监督部门来解决，例如，当一个部门要许可给另一个部门的竞争对手时就不得不依靠上级来协调。在B公司，许可行为更加集中。谈判和协议更加标准化，公司也更可能自主地寻找许可机会。该公司还设立了部门间的交流渠道来帮助协调知识产权管理。

许可机会的来源各种各样，有一些是外部主动要求的，也有一些是由负责寻找机会的许可部门开拓来的。有目标的许可是最成功的，正如同有的放矢远好过漫无目的地四处投递邮件。比较成功的许可者是那些积极寻找机会，那些对公司的知识产权地位有总体把握，那些理解这个行业需要什么的人。最成功的许可者则已建立起了他们自己的许可子公司来管理技术转让，不够先进的许可方则仍处于（被动）反应模式中，活动较为有限。

许可体系的范围

创新成果的商业化可能有一系列的方法，从单纯的许可到许可给合资企业和进行直接投资。最好的模式取决于许多因素的平衡。正如我们调查所显示的，支持许可的许多潜在的市场特征包括：需求市场可能太小而不宜直接投资；这个市场可能是公司原本不想参与竞争的；原有行业可能已存在很强劲的对手，他们会通过阻挠新进入者或通过进一步创新等活动来使后进者面临窘境；或者也可能有从成熟技术、不适宜的投资环境（可能是筹资困难，或者被征用的可能）、或对外国人所有权的限制中获取剩余价值的机会。反对许可的理由有：对这些技术的使用缺少战略控制、研发人员脱离客户（因此就无法确保产品高质量或不利于市场推广）、潜在的诉讼风险、知识产权泄露隐患。

在B公司，商业化的许可主要被分为三类：非战略性的（一般的技术和经验）、开发性的、商业性的。这是许可体系涵盖范围的一个简单化表述，它会随着创新过程的逐步深入，按照研究→开发→早期模型→建试验工厂→商业化的过程而发展。技术日益成熟，从实验室中一个单纯想法且主要由专利保护开始，逐渐变得复杂，在这个过程中能积累起大量的技术诀窍，它们是如何把单个想法投入实际生产的诀窍。对于一个生产方式的创新来说，最后的技术可能主要是关于如何建立和操作新生产车间的实际经验，而且最后可能只有一个核心专利。这个过程伴随着创新开支的增加，从最初实验室里的小数额，到它投入模型设备时的昂贵支出，到真正投入生产时更加巨额的车间设备投资。这个过程同这项创新的价值和战略重要性的增加是一致的。关键点是，这项新技术何时从研发耗资阶段转到生产盈利阶段，随着新技术投入生产变得越来越昂贵，它开始成为公司战略商业计划的一个组成部分。

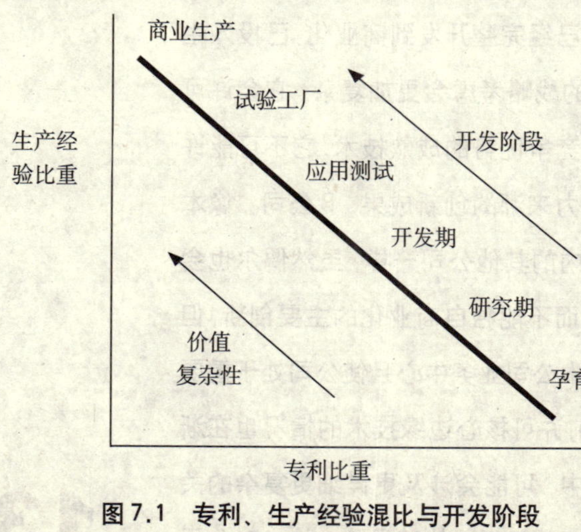

图7.1　专利、生产经验混比与开发阶段

资料来源：Peter Grindle,Jack Nickerson,1995。

图7.1显示了这个过程，它表明了在创新发展的不同阶段中，专利与技术诀窍的关系。在实验室研究阶段，早期技术主要由围绕它的专利来诠释。伴随着开发水平的上升，从研究、工艺开发、应用测试、试验工厂，到最后的商业产品，生产经验的比重逐渐增大，如图中粗线所示，它也同时变得更有价值、更复杂。最后，当工艺创新完全在生产中实现商业化时，则主要由累积起来的生产经验来诠释。从许可的观点来看，这种关系的重要性在于这项开发可以在任何时候中止。公司可能认为这项技术不可行，或者尽管技术上可行但是没有商业价值，任何原因都可能使开发中止。因此，公司就有了处于各个开发阶段的未被使用的技术，同样也有各种无用的专利和技术诀窍的组合。

B公司准备对外许可那些其不打算再进一步继续投入的未完成的技术。主要目的是从那些被遗弃的或者不管现在还是将来都没有太大战略重要性的创新成果上获得剩余价值。这种情况可能发生于各种开发阶段，有些可能尚未脱离实验室阶段，有些则可能已经开发到产品阶段了。

公司也可能许可那些已经完整开发到商业化，已投入生产阶段的技术，尽管这样的战略考虑会更加复杂。它会许可一些被广泛应用却不具备竞争优势的成熟技术。它不可能许可那些会成为其市场竞争力来源的创新成果。B公司，像本章中提到的包括A公司在内的其他公司一样，虽然偶尔也会许可那些对公司来说太大而不能独自商业化的主要创新，但一般不愿意许可那些位于本公司业务中心且使公司处于重要领导地位的成熟技术。目前许可核心边缘技术的情况也在渐渐变得平常。在这些情况中，可能会涉及更详细更复杂的关系，比如合资或合伙，这些都降低了战略风险。技术对公司战略越是核心，它被许可的几率就越低，而且一旦真的许可的话，那么许可条件中一定有关于技术如何使用的极其严格的限制。

许可协议的结构首先可能取决于技术所处的开发阶段。孕育期技术主要由专利权组成，此时只需一个仅包括专利的许可协议。这些一般都是简单的协议，有一个相对标准化的合同即可。尽管如此，这样的许可可能只有一个有限的市场，因为被许可方必须要有使用这项专利的技术能力，同时如果没有特殊的核心技术的话，其专利使用费可能也会相对较低。开发中技术的许可一般都是简单的专利许可的协议范本，尽管里面的条款往往都有更具体化的规定。

本行业中的许多许可将专利和各种水平的技术诀窍结合，使被许可方无需进一步开发就可以利用创新技术。加工技术一般不同公司都有不同特点，因此通常关键许可总要伴着生产经验的综合介绍，包含完成整个工艺所需的一切专利和经验指导。这种复合许可对许可方来说更加有价值，同样许可起来也更昂贵，因为他们不仅简单授予专利，而且还同意技术转让。转让技术诀窍耗时而且昂贵。许可方一般必须提供技术和管理上的协助、以及培训和工程支持。这种许可一般要求支付更高的许可费用和工程费用，管理好这种转让还需要其他很重要的资源。这类许可通常也有着比纯专利许可更大的战略意义。因为这类协议可能会培养竞争者，公司给他们提供了在市场上与自己竞争的所有必需条件。所有这些使对外许可变得不那么具有吸引力，除非能找到相关措施来减少这种负面影响。这种忧虑导致了许可中介的出现（下面将讨论），以及对那些作为更广泛协议一部分的转让的限制（如共同的产品开发或销售）。

协议使专利和商业秘密相结合。通过商业秘密对技术诀窍进行的保护可能比专利更复杂，也带来了风险和对资源的更大需求。专利虽然有时只涉及被转让技术的一小部分，但在有效保护创新成果上却非常重要。技术的价值可能主要在于技术诀窍，少了它专利就无法有效地得到应用，但是，专利保护可以使创新核心免于被模仿，并防止被许可方再次将技术许可给其他人。

许可不是从那些公司不再继续探索的技术中获得价值的惟一途径。正如前面所说，A 公司估计只有 3%～5% 的专利被用在当前产品中，但是其他更大的一部分专利对公司有战略价值。公司可能把技术储存起来以备将来所需，可能作为讨价还价的砝码，也可能作为以后创新的支持。因为很多知识产权其实是技术诀窍，所以储存就意味着把这些知识作为了公司内部的商业机密。

许可条款和条件

许可是授予他人使用自己所拥有的某些知识产权的权利。因此，双方都要对知识产权可使用的条件有所定义。条款和条件包括知识产权使用的限制、被转让物的界定、协议的有效期、费用、构成法律保证和担保等相关信息。哪怕最简单的许可，也有许多需要明确定义的条款，比如权利授予的地理和市场范围，费用是一次付清还是持续支付专利使用费。

这些限制至少有三个主要目的。首先，有助于保护知识产权，保证公司不会因对外许可而丧失对自己技术的控制权。其次，使许可方从技术中获得最大收益，并且保证许可不会负面影响公司的竞争地位。如果这些限定没有包含在许可证中，那么公司就可能无法许可其技术，而只能将技术内部商业化。许可者常用双重途径来实现商业化，内部使用技术来生产面向国内市场的产品，将技术对外许可，使其应用于外国或者其他产品领域，这时限制是相当重要的。在这些情况下，一个公司会特别关心许可对于竞争所产生的影响。再次，许可协议是法律性文件，可以尽量避免双方发生法律纠纷。

B公司认为单个协议必须磋商的关键条款和条件包含以下几点：许可的定义、排他性、应用领域、区域权、许可有效期、专利保护范围、支付方式与费用（专利使用费用、技术诀窍费、服务费）、技术指导、定义和改进／返授。还有一些更标准化的条款和条件，比如，专利义务问题、保证与担保以及其他技术条件。使用领域和区域限制划定了知识产权可以使用的市场。

许可协议的条件应该和这项技术能为公司带来的商业利益息息相关。因此许可方首先考虑的就是保证被许可方积极使该技术商业化。这和那些规定前期费用与资源责任的条款相关，这也是义务的有效保证。另一种专有性许可是针对区域市场或使用领域，如果这恰巧是商业化的战略核心的话，这种协议就可能最大化被许可方的义务并获得最大的回报。与此相类似，许可范围取决于全球商业化计划的性质。比如，如果目的是使商业活动最大化——即如果战略影响的目标之一是在市场上建立并尽可能推广新加工方法——那么非排他性的许可就可能更受到青睐。

在设计许可内容时，许可方总是想要限制为完成转让而付出的资源，否则这项许可就会变得不经济。这就要求对预期支出与回报的平衡进行详细预算，因此，许可费用被限定在一定范围内，这就影响了许可的内容和条款。

还有许多条件与技术保护相关。许可应该包含一项保留商业秘密的有效性的条款，一般做法是要求被许可方采取合理步骤来保证那些秘密的机密性，比如，要求与技术有接触的员工签订不泄密协定，将机密文件妥善保存，限定只有需要用到的人才可以看到商业机密。通常，一个许可不会再包含子许可，一部分原因是由于很难在转手几次后仍保持原有知识产权的控制水平。另外，保证和担保条款也是协议的重要组成部分，有助于限定许可方的潜在责任。

许多新技术的许可同样包含关于改进技术的交换或称为返授的条款，即许可方获得使用被许可方所作技术改进的权利，反之亦然。对于制造加工等实践性技术来说，在实际生产中会通过“干中学”对原技术作出很多改进。对于许可方来说，风险是被许可方在使用许可技术的过程中可能会作些改进，而这些改进也是许可方为保持竞争力所需要的。对于被许可方来说，风险则是随着时间推移，它可能无法获得最新的技术。在任何一种情况中，为了防止以后被阻隔在市场之外，可能就会加入一个许可反馈条款以保证一方有权利利用另一方的这种改进。这种协定是自选的、互惠的。讨论到主要工艺创新的对外许可时，BP公司的许可主管曾经解释说："值得注意的是不强迫被许可方交换改进技术是很重要的……，另一方面，所有的被许可方都希望有限制地分享许可方的改进。"Sohio坚持认为如果被许可方接受许可方的改进，那么他也必须就接受的范围在今后作出返授（Evans，1993，P.76）。特定案例中许可回馈的细节是个体谈判的结果。

合同签订后，合同的履行仍任重道远。许可方必须保证许可合约中的款项和条件都被执行，而且商业化的速度和质量都最大限度地节约时间和产生许可利润。这包含对条款和条件履行度的监控，对孕育期技术商业化的支持和鼓励以及对合同条款的履行。

许可中介

化工行业与石油精炼和石化产品等其他加工工业的显著区别是，化工行业有负责建造一家加工厂的专业工程公司（SEFs）。这些公司将化学公司的核心加工技术和其他建厂所需的技术储备起来，然后再给他们的客户提供可直接使用的工厂。这些专业工程公司参与许多工程并且成为他们所在的特定领域的专家（Landau和Rosenberg，1991）。

专业化工程公司提供一系列许可协议的模式。通常，专业工程公司是客户惟一的联系人，而化工许可者通过专业工程公司来提供技术。在典型的协议中，化工企业将其技术许可给专业工程公司，然后专业工程公司再把完整的技术包许可给客户，同时提供构建和安装服务。这正是B公司采取的形式：许可资源或者直接与客户接触，或者经由专业工程公司。化工企业确定客户，并作关于技术转让的最初谈判。随后它推荐一些合格的合作者来安装使用这些技术，让客户选择。这个化工企业提供一个范围十分明确的"技术包"，其中包括专利权、技术诀窍，或还可能有商标。这些都包含在详细的说明书里，可能是一个装有程序、工程绘图或者计算机文件的活页夹。

其他公司可能有多种方式来达到这个目标，这部分取决于协议的另一方是谁。在A公司，如果由一个专业工程公司带着许可的机会来联系A公司，那么正常情况下专业工程公司就成为A的惟一联系人。如果公司自己开发许可机会，他可能直接许可给客户，客户制定的单独协议中将牵涉到工程和建设承包人。在这个行业中，有许多其他形式的许可关系（Reilly，1994）。正如我们所看到的，其他公司已经建立了自己的许可子公司，来许可本公司的主要创新技术。这些子公司起了很多专业工程公司的作用。

这种情况中的协议结构是化工企业许可给专业工程公司，然后专业工程公司与客户之间再订立另一个单独的许可协议。第一个许可主要包含：何种技术，在哪里使用及如何使用。第二个许可中，专业工程公司作为二级许可者，提供使工厂正常运作的所有其他要件与服务。担保和保证是第二个许可的主要部分，是专业工程公司的主要责任。这种协议有很多功能，下面将作讨论。

和专业工程公司商定许可费用的分配是谈判过程和许可体系的重要内容。这主要根据双方对最后设备安装的贡献和所冒风险的大小来定。一个关键特征是专业工程公司是否独享地区许可权利。然而，专业工程公司拥有独立再许可权利的情况还是很少见的。

借助专业工程公司比直接许可有很多优势。首先，这样可以使客户与一个联系人打交道即可，通过在整个行业的不同情况中所积累的经验，专业工程公司成为项目管理中的专家。同样，通过使用一系列专业工程公司，这些中介之间将会产生竞争，这将使许可者和被许可者都受益。这同时也可能使关于许可费用的谈判更加迅速，因为专业工程公司有许多反复讨价还价的经验。

其次，他允许专业工程公司来处理那些太小而不值得公司自己交涉的许可。而且专业工程公司还自己发展了更广阔领域中的专业互补技术（首先经过石油工业转让而得），因此要比单个仅拥有特定技术的化工企业能更大程度地处理许可事务。这就提供了必需的许可技术资源来供应给那些化工企业中认为前景太小而不愿直接许可的公司。专业工程公司可以减少化工厂构建时的瓶颈，加快技术传播。

再次，这有助于保护公司知识产权。尽管专业工程公司有时为许多化工企业服务，总体上讲在特定市场上他们只和一个公司有业务往来。每个化工企业都有自己的专业工程公司清单，一般不会与竞争对手相重复。这保证机密信息不会经专业工程公司泄露给对手。BP 曾这样解释这件事："主要签约者都保证我们技术价值的安全……BP有非常周密的政策来控制我们的主要签约者及相关协议不被暴露给其他相似竞争技术者"（引用于 Rosyse，1993，P. 5）。这同样意味着专业工程公司通过减少泄露风险来提供有效的信息转让方法。专业工程公司控制着技术诀窍由化工公司向客户转移，而这些客户有可能恰巧是化工公司的竞争者。经由专业工程公司化工企业可能在转让一个工程所需的生产经验时更加开放，因为专业工程公司在化工企业和被许可者之间起到了缓冲器的作用。它减少信息的保留，因为专业工程公司不是直接的竞争者，可以对请求许可的真实性作出评估。

最后，专业工程公司的最重要作用之一就是为许可协议的履行提供许可保证和担保。这基本界定了化工企业的义务只是技术本身，而所剩下的与技术供应相关的其他担保则由中介负责。因此，化工企业与中介之间的许可内容相对简单，且集中于技术本身，而中介商和客户之间的许可则是更复杂详细的协议，包括保证新技术设备及时构建和运作。

当中介商实际上和技术发明者分离后，就不要求中介商一定是个独立公司。有时候，其只是创新公司的一个部门，但是执行中介商的职责。因此，Union Carbide 的许可子机构——ETS，就像一个专门的工程公司一样运转，虽然其只关注某项特别的技术。

许可和知识产权管理的趋势

大部分公司都想增加其许可活动。原因之一是可以通过增加收益来抵消保留知识产权所需的费用。然而，还有部分原因在于公司的长期目标是改进知识产权资产的管理，或者是使公司可以集中精力开发那些具有最大竞争力的技术。这可能需要在对外许可的同时引入许可。全球化竞争意味着哪怕是最大的化工企业都不再有能力独自开发他们的所有技术，因此许可将成为获得技术的必需途径。同时，公司更可能需要考虑通过也许包含在合资和联合中的对外许可来使技术商业化。

支持这一论点的部分推论依据是，过去十年里在某些行业中，知识产权在公司战略中的重要性日益增加。随着知识产权保护力度在美国的增加，20世纪80年代政策紧接着发生了变化（特别是1982年成立了联邦巡回上诉法庭，可以在一个法庭中受理所有专利上诉，这增加了专利权被判有效的可能）。在世界范围内，1994年关税及贸易总协定(GATT)乌拉圭协议后，国际知识产权保护开始协调发展，知识产权将成为更有价值、更重要的竞争工具。因此越来越有必要对知识产权进行保护，可以用其进行对外许可或形成战略性的优势。因此，专利的数量急剧增加——比如说，从1990～1994年，前十个顶尖公司所注册的美国专利数目增加了33%，从8800件增加到11 800件。这是在全球竞争激烈化的背景下发生的，在这种情况下，资金雄厚、技术强劲的竞争者可以参与全世界的市场竞争，使知识产权日益成为保护公司从创新中获得收益的重要手段。结果是公司有更多的机会在对外许可的专利中赚取租金，这些租金可以用于抵消部分因维持更多的专利的高额开支和引进许可技术所需的费用。

到现在为止，对外许可主要还是考虑那些为内部使用而开发出来的技术。对公司整体的智力资本管理来说，许可的作用在很多公司里是间接的，因为其主要目的是扩展现有技术的商业化。有些情况下，它可能起更直接的战略作用——例如洽谈交叉许可以得到开发领域的设计自由，帮助制定专利政策（包括专利内容、专利维护法则、专利监控），确保谈判优势。同不同公司的策略有别，知识产权的管理方式也有区别。申请专利仍然是许多研发部门的通常选择，而较少考虑到专利的维护费用和战略价值。某种程度上，这可以反映公司在其知识产权政策上的一贯区别。

特殊的许可隐忧

有很多忧虑使潜在的许可方无法像他们所希望的那样尽可能广泛地许可他们的技术。但很多情况下，许可方是有能力解决这些问题的，他们通过制定许可协议或者通过改善组织机构，如引入专业工程公司。

对生产经验的控制

许可方主要关心的或许就是控制好哪些性质的专有技术

诀窍可以转让给被许可方，以及不要失去这些技术诀窍，因为失去了这些技术诀窍就失去了在加工工业中的竞争优势。许可方必须确定被许可方不会再次转让许可技术——否则许可方就不会许可。这很大程度上取决于专利保护。大部分许可是专利和技术诀窍的结合，这既可以保证技术受保护，同时也可以获得足够价值去赚取利润。两者之间的矛盾是专利提供很强的保护，但是技术的很多价值都在于被作为商业机密保护的技术诀窍。专利可以保护技术不被模仿，即使另有人独立发明它们。而且如果被许可方在使用被许可技术过程中改进了生产工艺，从而产生了技术诀窍这些新技术诀窍在没有原始专利时仍无法使用，从而保护了原始技术诀窍。

另外，随专利转让的生产工艺对被许可方来说可能不只在许可规定的领域有用，随着双方紧密合作转让完成，可能会造成实际转让的内容比计划的多的状况；或者许可给非竞争客户的生产技术可能会泄露给竞争者。这些问题没有简单的解决方法，可能可以通过仔细起草许可协议来使可对外许可的技术诀窍和许可的应用领域具体化，还可以通过对转让过程进行密切管理来减少这样的风险。或许可以制定公司内部政策限制对外许可技术诀窍，引入专业工程公司作许可中介可以减少机密外泄，然而这时也可能出现只对对外许可专利或成熟的技术诀窍问题。在前面提到的情况中，A公司决定不把一项原本很诱人的跟涂料有关的技术交由许可中介来处理，因为他无法保证被许可方不会许可给他的竞争者，或者无法保证他的技术诀窍不会流向竞争者。

转让所需要的资源

对被许可方有用的技术，转让的同时可能需要重要的人力资源来参与技术诀窍的转让和专利应用的实现。许可方必须抽调出自己的开发人员和制造所需人员，还应该承担计算许可价值时的机会成本。如果这种需要不算很大，那么就应该及早考虑技术转让需要哪些条件。提供这些资源的一个选择是借助专业工程公司或者公司可能发展出转让技术需要的特殊能力。

同理，被许可方通常要求专利和技术诀窍的完整结合，因此对于开发中的技术，许可方可能需要再进一步开发到可许可的程度。这需要额外的资源，可能是公司不愿支付的，但是专业工程公司可以帮忙做到。另一个解决方案是选择取得许可的候选者，如果这些候选者有使用那些雏形技术的互补能力，那么许可便是可行的。确认这样的候选人是许可管理者或顾问的职责。

法律风险

进一步的忧虑是法律问题，比如技术完全投入生产所涉及的各种形式的专利责任(包括专利侵权、补偿和许可保证)和履约担保。这部分是合理起草许可合同所必须完成的任务之一。借助具备相关专业能力的许可中介可以降低风险，他们可以担保他们提供的那些要素不直接和技术联系。

结论

在公司的主要目标仍然是生产和销售产品的情况下化工行业中的许可活动是广泛的，而且正日益增加。许可行为的不同种类表示着不同的许可目标和体系的战略构架。许可部门的活动愈发频繁，规模愈发庞大，同时，由对外许可所能产生的利润也越来越丰厚。这一趋势暗示着许可的使用越来越多。从长远看，引进许可的意愿也同样日益增加。虽然许可收入与公司的总体运作利润相比可能是很小的，但是许可仍被认为对公司收入有重要贡献。或许更重要的是，许可被看作是与知识产权战略联系在一起的日益重要的组成部分，在这里许可是一个整体，而且从某种程度上说，也是实现更完善的智力资本管理的促进因素。

第八章

技术许可的中央控制

知识产权管理应该由公司层面的高层部门来执行，还是应该由其创建的业务单元来执行？此问题的答案取决于组织管理的特点，也取决于组织所处行业的性质，不同的回答会反映出不同的公司文化，所以要准确回答这个问题比较困难。尽管如此，在本章中，我们将观察两家重组知识产权管理方式的公司，从他们的经验中我们可以得到一些比较深刻的启示。

美国联合信号公司（ALLIEDSIGNAL, INC.）

美国联合信号公司在1995年底的总收入大约为143亿美元，净盈利8.75亿美元。资产负债表上的资产总共超过120亿美元。该公司主要经营三项业务：汽车、航空航天和工程材料。这三大领域有16个主要业务单元，他们面向许多不同的市场生产各种各样的产品：

汽车

刹车系统

发动机组件

安全制动装置

航空航天

飞机引擎

环境控制系统

防撞雷达

黑匣子（驾驶员座舱数据记录盒）（Cockpit Data Recorders）

航天器控制系统

反潜艇作战系统（Antisubmarine Warfare Systems）

工程材料

尼龙

氟化产品（Fluorine Products）

肟

树脂

特殊薄膜（Specialty Films）

电路板薄片（Circuit Board Laminates）

联合信号公司有87 500名员工，在40多个国家拥有经营业务。公司在全世界都有直接的运作或间接的商业利益，包括英国、中国、日本、法国、荷兰、意大利、美国和西班牙。该公司的客户有福特公司、通用汽车、克莱斯勒公司、菲亚特集团、波音、麦道、空中客车、美国国防部（the Department of Defense）、美国国家航空航天局（the National Aeronautics and Space Administration）以及许多其他行业中的制造商。

1991年末，联合信号公司着手进行机构重组。公司出售了业绩不佳的非战略性资产和不再使用的不动产。合并了多项管理职能，并减少了职员人数。调整了制造能力以适应当前的生产水平。通过全面质量管理小组把注意力集中到非价值增值业务上，一些业务被取消了，其他业务则结合到价值增值活动中，这样利润率有显著提高。营运资本管理的改进腾出了大量的现金，公司上下都引入了根本性的变革，于是联合信号公司转变成一家首屈一指的公司，能够满足顾客个性化的要求，而且年度财政收入保持连续两位数的增长。

联合信号技术公司（AlliedSignal Technologies，Inc.）

在知识产权管理方面，联合信号公司成立了新的组织来负责。这是一家全资的子公司，命名为联合信号技术公司(AlliedSignal Technologies，Inc.，AST)。该团队拥有每个业务单元的商标、专利、著作权和技术，以对知识产权进行专业化的和行政的中央管理为目的。联合信号公司的首要关注焦点是扩大专利使用费收入、提高市场对新技术的接受程度、把闲置技术转化为现金以及提倡新的战略计划选项。

重组知识产权活动是直接从最高层率先发起的。联合信号公司的董事会主席——劳伦斯·A.博西迪（Lawrence A.Bossidy）作出决定，认定公司的所有资产都应该为其收入作出贡献。这要求对保留业务的运作作出改进，同时处置那些不重要的资产。来自通用电器的博西迪有着同杰克·韦尔奇（Jack Welsh）相似的工作理念，后者一贯坚持着使通用电器开创的每一项业务都在所在各自领域内要首屈一指的政策。在通用电器公司里，没有达到这一等级的业务单元就会被抛弃。像通用电器的韦尔奇一样，劳伦斯·博西迪想要优化公司的每项资产，他的计划包括积极部署联合信号公司所有的知识产权（使所有的知识产权都能盈利）。

联合信号公司意识到在最大化专利使用费的收入和优化专利使用费收入之间存在着重大的区别。最大化专利使用费的收入包括许可给所有的需求者，而不考虑该许可是否会给这项业务的其他方面带来不利影响，并且有可能最终会为了追求专利使用费收入最大化而导致企业大混战。优化专利使用费收入则不同，它要求考虑特定许可可能对公司的现营业务带来什么样的影响。必须以优化的方式来考虑能够服务于新许可的资源，并且考虑许可对许可产品及其市场的长期战略性影响。某些情况下，可能会为了其他选择而放弃增加专利使用费收入的机会，尽管前者可能带来的收入较少。优化要求在努力最大化专利权使用费收入和规避产生一个竞争者的风险以及直接面向某一市场获得的价值之间取得平衡。

团队方法

在联合信号公司，进行交易的人员主要来自公司的三个部分。联合信号公司将进行技术交易的组织结构看成如图8.1所示的“三腿凳”。为了使生成的许可协议毫不含糊，这个凳子的每一条腿都必须足够强壮。美国系统技术公司(ASTI)同那些业务单元的执行官商讨，他们带来了从他们自己行业的企业第一线获得的见解。他们懂得客户的需求和竞争者的能力。他们了解什么是（客户）正在追寻的下一代技术，并且他们从第一线的经验中得出了对行业环境的理解。

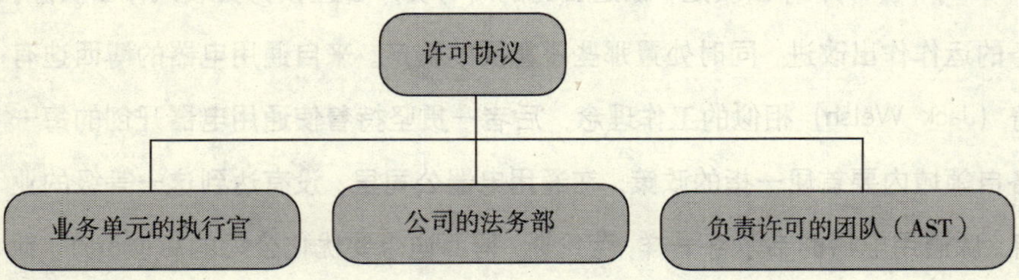

图8.1　许可组织的结构

公司的法律和专利顾问则将他们的专业知识带进这个组织。他们在国际法上的专业知识对于实现决策制定者的愿望非常重要。许可专业人员把独特的背景知识带入集体，包括进行技术交易的技巧。只有从这三个团队中分别获得人员参与才能打造出可靠的许可协议。

收入和市场认可

通过技术许可，除了可以获得专利使用费收入外，公司还可以就其新设计获得市场认可。这在汽车行业里尤其重要。大部分美国汽车制造商都想在全世界范围内获得他们想要的部件的可替换来源（alternate sources）。他们不想依赖于某一地区的某个来源。因此，联合信号公司经常对外许可其技术，所以该公司的顾客——汽车制造商——就可以从其他地方获得联合信号公司正在出售的新设计。相似地，日本汽车制造商同样的需求也导致了无数在日本的许可协议。

汽车行业总是集中管理其知识产权的，行业的成熟特性允许这种集中管理。汽车制造商所处的环境变化缓慢，这个行业也许是周期性的，原始设备制造商（original equipment manufactures）和他们的供应商不会快速地改变。该行业中的不变因素允许公司采用集中和标准的方式来实施新的设计。航空航天业是另一个参与企业不会经常引进变化，产品需求提前几年就被设计好的行业。

对航空航天方面的知识产权同样采取集中的管理方式。在其工程材料部门，公司引入了其从许可汽车和航空航天技术中学到的方法。

对外许可是联合信号公司的聚焦点。公司寻求达成以10~15年为期限的许可协议，而且他们几乎所有的交易都包含技术诀窍。交易通常由设计和制造性诀窍驱动，并同时伴随着将获得许可公司的技术人员带入位于美国的公司接受教育和实际操作的培训。

发展中国家不明确的市场和未经证实的合作者是进行许可的最佳候选人。在某些新兴的经济中，与其拿着自有资本冒险在新兴经济体系或过渡期的政府结构下进行股份投资，联合信号公司更青睐于许可。然而，在迅速发展的新兴经济体系下，如在中国、印度、韩国等国家里，参股已经成为首要的焦点，许可也可成为合资企业的股本。

联合信号公司不从事其专利组合的交叉许可。只有当公司在寻求特定发明时，涉及到极少数专利的特别技术，才会进行交叉许可。

另外，将闲置技术转化为现金是联合信号技术公司的另一个目标。他们出售未充分利用的业务或不动产的相同的哲学观也应用到了技术上。联合信号公司有强大的研发能力，但并不是公司所有的发明都被整合到了公司运营中。

这些闲置的发明就是被美国系统技术公司视为能为联合信号产生新收入的，未充分利用的资产。

战略性规划

在管理方面联合信号技术公司也在挖掘潜力，使自己成为各业务单元所服从的战略性规划过程的一个部分。美国系统技术公司使用的核心规划方法之一就是战略性规划。这个方法被用于识别机会并评估公司相对于竞争者的市场地位。就像业务单元考虑其战略选择问题一样，美国系统技术公司的许可经理们准备根据各种战略来最大程度地利用公司的技术。这是一个为许可职能扩大了的行为范围，应该被更多公司所效仿。公司的关键资产一直都是战略性规划的焦点。随着对知识产权是未来成功的关键的意识日益增长，这些资产将被直接带入规划过程。

有一则老笑话烦扰了不少许可经理。"如果你救了一只濒临饿死的狗，将它喂养得健康强壮，它就不会咬你。但是被许可方同狗之间的原则性不同。"许多许可经理担心会创造出新的竞争者。美国系统技术公司却不担心这则老笑话。它相信进行许可就是要小心谨慎地实践。首先，第三方即被许可方不会通过协议在对美国系统技术公司很重要的领域里获得使用许可技术的权利。其次，被许可方变得依赖于许可方来进行下一代的改进。当定价合适时，专利使用费率会诱使被许可方决定从原许可方那里继续购买下一代的技术许可。通过引进许可，被许可方可以节省自己进行研发需要花费的大量资金。被许可方节省下来的研发费用对于计算专利使用费率是非常有用的。如果构造得合理和公正，许可交易就会给双方提供长期伙伴关系并带来好处；事实上，在联合信号公司，同一些公司达成的协议关系大约40年前就开始了，有些甚至始于二战前。联合信号公司的许可部门并不十分担忧会创造出新的对手，因为对联合信号公司来说，被许可方是被视作长期伙伴的。

伊士曼柯达公司

伊士曼柯达公司（以下简称柯达公司）1994年末的收入是136亿美元，从持续经营中获得的净收入是5.54亿美元。该公司被分为七个主要业务部门：消费性影像(Consumer Imaging)、商业影像系统（Business Imaging Systems)、数字化与应用影像（Digital and Applied Imaging)；医疗科学（Health Sciences)；电影艺术（Motion Picture)；电视影像（Television Imaging)；办公室影像（Office Imaging)；专业摄影和冲印影像（Professional and Printing Imaging)。

和联合信号公司一样，柯达也正在进行重大的重组。1994年，柯达出售了其临床诊断业务、施德龄温莎（Sterling Winthrop）制药和非处方（over－the—counter）药业务，以及家居产品和L&F Products的"自己动手做"（do－it－yourself，DIY）业务。公司重新将注意力集中在成像上。

柯达是全世界成像技术的领导者。其在研发上花费了巨额的金钱。1992～1994年，柯达在研发上投入超过27亿美元。公司是世界级成像技术的领导者——特别是在传统摄影方面。

柯达的专利组合主要是为了保护公司的市场地位。柯达在摄影方面的知识产权的中央管理一直很好地为这方面进行着服务。其产品市场建立得很好，而且竞争环境的变化也不快。因此，柯达在其摄影业务上较多进行对外许可，对外技术许可是为了整个行业的利益。柯达在传统摄影领域的领导地位意味着：采取任何行为帮助扩展传统摄影行业，都会使柯达公司直接获益。通常，公司会考虑许可给任何申请者，但是那些来自竞争对手的申请会经过仔细地分析。当一个直接对手要求许可时，机会成本和其他竞争性问题如市场份额，会被仔细审查，随后会在合理的市场价值标准下进行专利使用费谈判。在其他情况下，当许可要求来自非竞争者时，专利使用费率是通过考虑行业标准比率来决定的。基于工业标准的专利使用费率不反映竞争对手对柯达业务的影响。而同竞争者进行专利使用费率谈判时，则必须经过分析以反映柯达与要求许可的竞争者之间的独特情况。

柯达的技术管理要求在不同业务单元之间保持动态的平衡。柯达的许多不同业务单元共享同一种技术，因此可能会出现在一些情况下，一项许可协议带给某一业务单元许多收益而损害另一业务单元的利益。结果是柯达的技术管理要求，必须同时有第一线的和公司层面的人员参与技术管理。柯达的技术管理是以团队努力的方式进行的，有公司集团和各业务单元的共同参与。当作出许可决定时，不同业务单元和公司技术之间的共生关系是首先要关心的。

加速的市场认可

驱使柯达在其传统商业线上作出许可活动的，是那些能够促进新技术在市场上被广泛采用的力量。柯达的许可集中在摄影行业的系统发明上，包括照相机、胶卷、冲印纸以及制造胶卷和显影的化学配方。1963 年柯达推出了傻瓜照相机（Instamatic），1972 年推出口袋式傻瓜照相机（Pocket Instamatic），1982 年则是转盘式相机（Disk Camera）。在每一种情况下，柯达都会将技术许可给很多公司来共同参与生产新产品。外部公司被许可为柯达和他们自己制造照相机。柯达通常遵循这样一种战略观点：他们相信市场上照相机越多，公司能在其他相关产品，如胶卷到提供冲印服务上获得销售额的潜能就越大。

柯达相信，一个更大的整体市场，伴随着各种各样获得许可的参与者，将会比垄断技术更能最大化其销售和利润。虽然不得不承认邀请他人一起开发技术带有风险，但柯达相信自己竞争性的产品和在市场上的领导地位可以在有所扩大的市场上很好地服务。在柯达以化学成像为基础的传统业务中，该行业市场求大于供的性质允许柯达直接进行对外许可。当成像技术不断向数字化基础发展时，新的挑战和复杂事物正等待着柯达正面迎击。

Photo CD 技术。最近当柯达为其 Photo CD 产品发展许可战略时，遇到了与新的数字化技术相关的复杂问题。这个产品是一种全新的概念，它的市场还不明确。公司也不清楚其潜在竞争者的身份。影响柯达传统业务的因素没有任何一个是可以参考借用的。柯达那时正进入一个新的领域，而非在成熟市场中运营。

Photo CD 从 1992 年开始投放市场，将照相影像储存在压缩磁盘里。这种影像可以用许多不同方法来展示。从本质上说，该产品是一种数字式的照片底片。这种影像可以在数字彩色打印机上打印、在个人电脑显示器里欣赏、用电视接收器播放、以电子形式传送甚至可以在标准电视机上播放。柯达这个发明的专利组合包括创建、捕捉、处理，储存以及播放影像。该发明涉及用数字处理方式而不是化学方式来创建图像。它同样涉及将捕捉照片的传统方法——胶卷转变为数字图像。

公司最初希望将精力集中在家庭市场上，使消费者可以从他们的电视机或家庭计算机上看到静态照片。这就是柯达商业化努力的焦点，它把其他大多数应用都作为次要考虑。柯达在次要市场上进行许可的谈判，是渴望通过他人对技术的使用，以专利使用费的收入形式直接获利。

第一种战略

正如刚才描述过的，最初的商业化计划有两个部分：(1) 柯达会为自己开发其家庭应用（home-use）领域产品；(2)从家庭应用领域市场以外的所有其他使用者那里获得专利使用费收入。Photo CD技术的商业化类目包括对每一组采取不同的专利组合许可方式：

1. 软件开发商，包括微软、苹果、Adobe，将会获得许可，以期这些技术被整合进他们的处理和应用软件中。

2. Photo CD播放器的制造商也会获得许可，来为家庭市场制造设备。

3. 娱乐和教育的软件发行商将会获得许可，来开发使用Photo CD技术的新产品。

4. 系统集成商(System integrator)将获得许可，他们提供便于编辑游戏软件、应用软件和其他类型软件产品的系统。

在一定期限内，每一类目中的参与者都被提供了所需的专利组合，来参与他们各自所在的产品领域，同时使柯达可以直接从专利使用费收入中获益。公司策划了一个合理的计划并开始执行。

事实可能是残酷的

最初市场接受Photo CD产品的过程很缓慢。消费者似乎并不接受在他们的电视屏幕上欣赏静态图片的想法。但是好消息并不遥远了，柯达曾经认为对它的战略来说是次等重要的市场让人很感兴趣，其低估了家庭市场外桌面电脑应用方面的需求，这项技术的其他用途变成了主导性的商业化动力。

新的机会带来了新的挑战。软件公司很不情愿支付专利使用费。传统上，他们习惯于支付已获得著作权的知识产权使用费。他们也不情愿支付开发资金将Photo CD技术整合进自己的产品，特别是对这种技术的需求还未形成。考虑到所需的开发费用以及相关需求的不确定性，软件公司拒绝支付专利使用费。处于家庭市场之外其他行业的公司在支付连续专利使用费时也退缩了，因为这项技术在他们的市场上尚未被完全认可。

柯达意识到它对专利使用费收入的期望是不成熟的。其首先必须面对市场认可，并且建立行业标准。对于柯达来说，这是新的领域。在其那些基于化学的业务中，市场认可和行业标准是既有的。而在数字化领域中，这些根本法则必须先创建起来。通过建立一支由业务单元和公司人员组成的小组，他们迅速完成了对于变化中的环境的反应。

修订战略

面对着有了新的机会但是不情愿的被许可方，柯达决定开放许可。在新的战略下，柯达向感兴趣的公司提供使用技术的全部权利。柯达决定采取一种这样的战略：这种战略能够提高新技术的认可程度，然后允许公司通过提供互补产品和服务来获得间接收益。柯达现在期望在扩大的市场中，从对下列产品和服务的需求中获得收益：

数码相机

胶片扫描器

数字式彩色打印机

用于数字彩色打印机的纸张

光盘刻录机（CD 刻录机）(compact disk recorders)

可刻录的光盘（recordable compact disks）

编写软件程序的集成系统（intergrated systems for creating software programs）

将 Photo CD 转化为印刷图片的零售系统（retailer systems for coverting Photo CDs into printed pictures）

将胶卷转换成 Photo CD 的照相洗印加工服务（Photofinishing services to convert film into a Photo CD）

随着业务环境的变化，许可政策也在迅速地发展。通过改变许可政策来对不断变化的市场环境作出反应是很正常的。尽管如此，这些变化发生的速度实在太快了，使柯达在知识产权管理方面不得不作出根本性的变革。

拓展 Photo CD 技术的许可政策给柯达带来了大量的机会。最近，在《许可经济评论》，一份发表在美国新泽纳州莫尔斯敦技术期刊上的近期报导，显示了其他公司在适当的许可政策下对采用新技术的渴望。

下面的文字来自 1995 年 3 月一期的《许可经济评论》：

全电子化照相机是柯达公司即将推出的新产品。这种照相机的定价将是200～300美元。它不需要经过照相洗印加工来将照相机中捕捉到的图形转化为打印出的文件，这些图在打印机上打印成图像预计将花费300美元左右，柯达估计可以在5年内推广这种技术的使用。公司已经制作出以专业摄影者为对象的数码相机，但正在计划使之首先服务于消费大众。公司甚至已经在出售数码打印站软件，使消费者可以扫描照片、调整图像、并打印出修改过的照片。柯达计划全力参与下一代桌面出版系统的开发[1]，使彩色照片可以被扫描进文档，在个人计算机上编辑，然后在低容量的打印机上打印出来。在这个过程中保持色彩的真实性是最大的挑战，因此公司已经和微软、摩托罗拉和苹果公司协力合作来应对这项挑战。柯达将把它的色彩管理系统带到团队中，而其他伙伴将提供软件、电子和计算机方面的专门技术。

来自1995年4月一期的《许可经济评论》:

柯达公司一直追求推动数字技术发展，这次它开放其享有专利权的Photo CD系统，与其他顶尖技术开发商结成联盟。公司还不能通过其在图像领域的专门技术在数字领域获得营销优势，但是其最近采用了一项新的战略推进发展。在最近的公告中提到，公司正计划与微软共同建立零售影像服务部（retail kiosks），使消费者可以巧妙地处理、打印照片，并将这些照片存在Photo CD碟上。柯达还称IBM公司也会销售Photo CD产品。

柯达曾经很小心翼翼地保护着Photo CD，一种在光盘上储存和编辑图像的方法。公司宣布它将同意把Photo CD技术许可给软件开发商，并免除专利使用费。Adobe系统公司将在其最畅销的软件photoshop的未来版本中包含这个技术，使消费者可以把他们自己的图像存在Photo CD上，而不用依赖于胶卷冲洗或者依赖打印商来为他们制作。

---

[1] 指利用文字处理机、小型个人计算机、打字机、传真机、电话等，从图像的输入到输出，在办公室或工作台大小的面积上完成编辑出版工作，并兼有储存图像或整理的功能——译者注。

柯达结盟的行动被认为可能是迫于计算机行业的巨大压力，该行业中的企业怨恨柯达不开放其成像技术的做法。新战略反映出许多人已经意识到，复杂的技术不可能由一家公司进行彻底的开发。柯达公司的首席执行官（CEO）乔治·费舍尔（George Fisher）告诉记者："我们曾经试着自己干。但是我们很快就明白，在这个数字世界里，机会是如此之多，没有哪家公司可以独自实现这些机会。"

随着柯达形成了其伙伴关系，其计划大肆宣传自己的技术，通过将新的"柯达数字科学"标识做成黄色、红色和蓝色印制在产品上。作为新战略性联盟的一部分，柯达称其目前正在和斯普林特公司（Sprint Corp.）合作，以建立一个可以在电话线上储存和分发图像的系统。目前，通过电话线传递数字化的图像总是要花很长时间而且显像效果较差。

柯达通过其色彩管理技术及图像搜索和检索平台，希望能解决上述问题，并且在收取传送图像费用的同时使这一技术成为行业标准。与此同时，借助IBM的网络和数据管理能力，柯达将帮助开发一种在互联网上分销和出售图像及文档的方法。公司同样也和IBM一起工作来开发可以在信用卡磁条上储存照片的系统，到时一个商店职员就可以将卡放入IBM读卡机中来确认里面的照片是否与持卡顾客相一致。花旗集团（Citicorp）已经同意测试这个系统。柯达还称将会和惠普公司（Hewlett-Packard Co.）合作来开发可以打印出高质量图像的喷墨打印机。

到目前为止，在另一份协议中，Kinko的复印中心将开始替顾客把照片放到Photo CD磁盘中，以此来和那些可能会觉得被柯达轻视了的照相冲洗商竞争。

新技术的可信度

柯达采取这样的Photo CD技术许可政策主要有三个理由：首先，这样可以使其新技术在新领域中尽快得到市场认可；其次，可以获得新技术的可信度；再次，可以帮助建立数字成像业务的行业标准。

柯达相信如果许多其他公司制造与之兼容的产品，那么它的Photo CD产品将会极其成功。建立一个巨大市场的最快方法就是使一个产品有许多用途，而实现的最快方法就是使很多公司出售他们各自的以这种技术为基础开发的产品。当这项技术的家庭用途都被预计到了时，额外的市场参与者对于公司成功的影响就不大了。当次要市场成为主要时，柯达就需要有人来帮助其拓展需求，以及解决不同形式的需求和以不同的方式来满足需求。

广泛对外许可这项技术的另一个好处就是能帮助建立可信度。随着在消费电子、无线电通信、软件和计算机领域有名望的其他公司都采用这项技术，柯达Photo CD技术的声誉逐渐上升了。柯达在传统摄影领域不需要那样的协助，但是其管理者明智地看到，在不同领域中，其他公司的商标和商誉可以为其新技术做许多柯达无法单独做到的事。

中央控制但分享权力

在典型情况下，许多大公司的公司领导层和执行经理决定他们业务单元的知识产权管理问题。这在变化缓慢的成熟行业里是行得通的。但是，随着业务单元的环境发生变化，迅速执行新创意和政策变得至关重要。这种快速的行动通常不会来自公司层面。通常首先由业务单元层面认识到传统商业模式的环境正在变化；领导层和执行经理会被告知，然后新的议题会被加入到公司庞大的议程里；最后公司领导层决定新的政策，然后交由业务单元执行。然而，在知识产权管理方面正在进行着根本性的变革。知识产权是业务单元成功的关键，而且其管理职责正在业务单元层面被共享。然而，公司层面作出的决定仍然是极其重要的。

在像柯达这样的大公司里，大量技术广泛分布在不同业务单元，这就有必要保持自上而下的结构。技术管理的新结构是一种团队方法，它要求来自第一线的指令必须和具有前瞻性的公司战略平衡。

开发新技术需要花费令人难以置信的庞大开支，同时技术过时的速度也相当快，因而不允许公司对变化着的市场环境反应有所迟疑。因为业务单元是首先感受并了解到变化着的市场环境的，所以现在比以前任何时候都要更依赖于他们来作出技术管理的决策。

关键决策和政策的控制权会不断地交给业务单元经理。稍后我们会看到更多由业务单元来决定有关如何管理知识产权的例子。这种趋势一部分是因为雇员被授予更大的权力，一部分是因为雇员规模缩小且事实上很少有公司领导层能够扮演这种角色。这似乎是一种好的趋势，负责产品创新的经理通常是最适合管理相关知识产权的。

公司文化

根据公司文化的开放程度，许可可以变得十分成功。在联合信号公司的案例中，我们问过他们许可交易的想法是从何而来的。他们的回答是：任何地方和所有地方。答案中包括：

该领域的销售人员

公司的法律人员

公司的许可人员

业务单元的研究和工程设计经理

设计新战略的专门小组

业务单元的商业（发展）区(Business Development)主管

董事会主席

外部的要求

要使从如此多样化团队里产生的创意成为现实，必须要有一个开放的文化氛围，在这个氛围里所有层次的雇员的创意都能得到认真对待。随着授权给雇员的情况越来越多，在组织的低层进行决策得到鼓励，这是支持产生新的许可机会的理想环境。由于公司努力激发其雇员尽情地自我发挥，因此在促进产生新创意的会议应该能使雇员留意确认许可机会。并不是说授权给雇员就应该允许当地工厂经理来进行许可谈判，但是鼓励所有层次的经理对许可机会的注意，对许可计划的成功是相当重要的。当组织中的所有成员都感觉到他们的创意很受欢迎时，创意的闸门就被打开了。

为了教育公司的研究人员用适当方式来确认保护他们的发明，大多数大型公司付出了巨大的努力。他们出版书籍和内部手册来讨论通过专利保护发明的各方面问题。有时，公司会通过讨论来教育新进研究人员。假如他们从许可的观点出发继续前进，相似的战略也能很好地为公司服务，包含授权给雇员的公司文化是一种增长的趋势，对从这种文化中得到的好处已经有十分全面的文献描述。公司会尽力确保将技术许可的意识作为授权给雇员的过程的一部分。

行业环境

管理等级和行业环境也同样会影响知识产权管理的实施方式。在成熟行业的大公司里，对公司的知识产权的管理以及采取高层控制的方式开展得很好。这种管理方式的好处之一是能够维持一个许可专业部门——由深谙许可的专家组成。

由业务单元发起的许可战略对于新技术出现得很快的行业来说是最好的。对年轻的行业来说市场认可是非常重要的，而业务单元层次的经理们总是最先感受到快速变化的环境的影响。同时他们也是最了解特定市场和竞争威胁的人。在动态的行业中游戏规则变化得很快。对于这些行业来说，业务单元必须集中在许可战略上，实行中央控制是不太明智的。在成熟行业里，环境变化得比较缓慢，可以牢固地建立许可战略，因为很少需要对变化着的环境作出快速反应。这样的行业不怎么需要业务单元经理对环境变化刻意关注，来自公司控制层更多的中央关注可以进展得很好。

未来技术管理将包含更多来自业务单元管理，因为所有行业里不同技术的增值和使用意味着以后很少有行业可以自认为是成熟的行业了。

在公司层面上出于保护市场这一单一目标的被动的知识产权管理是行不通了。知识产权管理的新范式是伴随着各种目标和收益的积极管理，它只能通过包括业务单元经理在内的整体的努力来实现。

第九章

差距分析

在过去的十年里，杜邦公司完成了对其多元的商业资产的大规模重组。作为公司重组的一部分，公司削减了许多层级、部门和职能。公司将其雇员人数从 18 万裁减到 10.7 万。作为重组的一部分，公司还改变了其管理商业资产的方式。现在，杜邦的战略业务单元经理在检查一项投资组合时，他们可根据自己的意愿作出决定。每一单元的大部分运作和战略活动都可以在业务单元内部完成，中央集权化的公司部门和日常职能得到了精简。由于杜邦公司没有供养人们以为会有的大量的公司员工，因此，大多数技术管理的职能都在业务单元内部解决了。

这种知识产权管理责任的新转移可归因于以下几个因素：因素之一与实施减小规模后公司保留的员工人数有关。公司员工人数的减少意味着，对每项活动来说业务单元以外很少有可用的员工。裁员还导致另一种趋势，即过去由公司总部承担的责任被更多地下放到各个组织中，并且知识产权管理是业务单元经理正在收回的工作之一。另一个原因是因为我们逐渐发现在业务单元里的知识产权管理跟时效有关。行业环境变化的速度不会放慢，公司必须对市场作出迅速反应，这些反应也必须能够反映出业务单元管理层拥有的第一线的洞察力。业务单元管理层和公司管理层之间往往需要耗费好几个月的时间，才能就采取何种措施以应对变化达成一致意见。失去的时间永远也追不回来，同样，由于耽误行动所造成的市场份额、销售额、产品发布机会以及许多其他对业务的损失也是无法弥补的。业务单元管理者负责知识产权管理的另一个原因与能力有关。无论公司的领导层多么勤奋地研究各个不同业务单元的情况，他们永远也无法像各个第一线的经理们那样有能力觉察出各自行业之间微妙的细微变化。

杜邦公司是一家大型的多元化经营的企业。公司1994年全年的收入接近400亿美元，同年利润超过27亿美元。其主要的业务部门包括化工、纤维、聚合物和石油。在这些主要的类别中，不同的业务部门还包括制造以下几类产品：

- 工程聚合物，如人造橡胶、氟化物、乙烯高聚物等；
- 特殊化学品，如二氧化钛；
- 氟化物；
- 聚合物中间体；
- 纸张、塑料和纺织用的涂料；
- 特殊纤维；
- 农业化学品。

上述业务分类中有许多战略业务单元，每一个战略业务单元都专注于不同的产品，而这些产品均是杜邦公司针对不同行业生产的。此外，杜邦公司下属的康纳和公司（Conoco）还经营石油开采和提炼以及天然气生产和运输等业务。

如此多元化的业务使杜邦面临着极其不同的挑战，而这些挑战必须逐一应对。每一个业务单元对自己负责。杜邦公司总部的领导层仍然可以为业务单元提供指导，但通常只有在业务单元的请求下才会这么做。来自杜邦公司总部的高级执行官只为业务单元管理层提供咨询和指导，而这些咨询和指导关注的是每个业务单元拥有的核心竞争力，并识别出每个业务单元应该致力于解决哪些弱点。虽然总部提供的指导针对许多不同领域的业务活动，对技术管理和许可仍然具有重要意义。杜邦公司用于指导其业务单元的分析方法之一被称为差距分析法。

杜邦－默克

杜邦公司几年前开始采用差距分析法，这种方法指出，公司要想在未来成为制药领域的赢家，就必须了解，核心的差距——根本的弱点——存在于公司与药物相关的业务领域。虽然杜邦公司拥有几乎完整的研发体系，公司还是意识到其缺乏一些重要知识，为了确保他们的产品在上市之前顺利通过食品及药品管理局（Food & Drug Administration，FDA）的审批，这些知识是必不可少的。公司还意识到他们在制药行业的营销诀窍和网络非常有限，而且几乎没有海外市场。考虑到其制药部门所面临的未来前景，杜邦公司意识到，与默克公司结成战略联盟将可以弥补这些弱点。

与此同时，默克公司只有一条缺乏活力的研发线。但默克公司拥有一种相当重要的专门技术，他们非常熟悉食品及药物管理局对新药物应用的审批程序。默克公司还拥有另一大优势，能够解决杜邦的另一个弱点——默克在美国及海外拥有一个完善的、令人起敬的营销网络。谈判的结果产生了一家合资公司，即杜邦－默克公司。杜邦为联盟公司带来新药物产品的开发能力，而默克公司则带来了产品商业化所需的如何通过 RDA 审批和营销方面的专家。

差距分析

差距分析是一种前瞻性的分析方法，它就是试图去识别公司为了应对未来而不得不弥补的一些弱点。差距分析方法也称为未来－历史分析法，这随后将作进一步的解释。目前，只要把这种方法看作一种通过假设未来已经发生来研究未来的方法。在研究可能出现技术差距时，差距分析法尤其有效，并且在选择应该开发何种类型的单个专利许可或者专利组合许可时，差距分析是种能有力地帮助许可部门的方法。尽管这种分析方法描述起来似乎非常简单，但实施起来却非常有挑战性。最重要的是，深思熟虑地运用将可以带来巨大的收益。

差距分析需要完成四个主要步骤：

1.描述未来游戏——即描绘出从现在开始10～15年后未来行业和经济的情形。

2.勾勒未来赢家——即描绘出在第一步描述的情境下能够主导行业的假想公司应该具备哪些商业特性。

3.评估当前——即评估你的公司当前的能力和商业特性。

4.识别差距——即将本公司与未来赢家作比较，从而发现本公司在哪些领域缺乏参与未来竞争的重要能力。

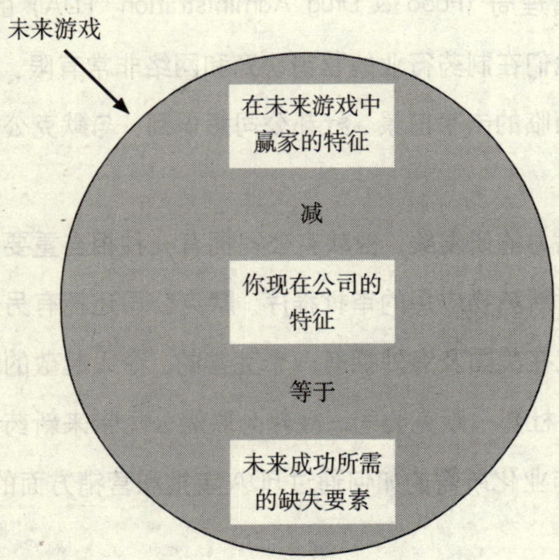

图9.1　差距分析的主要组成

未来游戏

该过程中的第一步就是来阐述未来游戏，这一步定义的是公司将参与竞争的经济和行业环境，这既包括对未来产品、客户、竞争对手、技术和制造工艺的描述，也包括对参与未来游戏中一些必须的生产因素的分析。必须将商业环境描绘为从现在起未来10～15年后的模样。从刚经历过那种未来的某个人的超然地位出发来描绘。它需要仔细地描述未来，就好像未来已经成为了历史——因此，差距分析通常也被称为未来－历史分析法。

必须承认我们是在猜测未来，但不能因此而不敢去自信地描述未来。认识到对未来游戏的描述是根据广博见识所做的推测，能够将你从潜意识里抑制想象的束缚中释放出来。商业预报和预测经常会受到他人的挑剔和批评，这些批评通常来自更高的管理层。这种经历会令人留下心灵上的疤痕，使他们不敢完全表达出他们的想象。在描述未来游戏时在言论范围上应该不受限制。惟一需要告诫的是记住描述的目的既不是创作科幻小说，也不是根据普遍的环境估计未来三年的销售量。有待于描述的未来应该介于两者之间，并更多地偏向科幻小说这一边。

继而发生的未来游戏应包括下列描述：预期开发的市场、预期提供给市场的产品、用在产品上的技术、竞争环境、经济状况、为预期市场生产产品或提供服务的人、必需的设备、所需的资金以及提供给预期未来的商标、技术等形式的知识产权。下述关键领域需要更详细的描述：

- 客户
- 市场
- 竞争对手
- 产品
- 服务

■ 生产设施

■ 营销网络

■ 分销渠道

■ 商标

■ 技术

完成这样一个任务表面上看来令人沮丧，但是将现在的情形与十年前的情形相比较将会有很大的启发。因为列出的每一个领域都详细地描述了各个不同因素的特性，就好像它们是十年前发生过的那样[1]。将过去的事物与现在同种事物的情形相比较，应该认识到十年前和今天之间变化的趋势和惊人的差异会持续下去。将过去与现在相比不仅可以为描绘未来提供练习的机会，而且也可以让我们更加深刻地认识过去十年来所发生的细微和不那么细微的变化。过去发生变化最大的一些领域在未来仍然可能发生变化，这是未来游戏里应该关注的焦点。惟一不变的就是变化，所以你惟一能够依靠的就是，未来的商业特征相对于今天而言将会不同。行动起来吧，开始想像吧！从想像能够跟用户谈话的计算机系统对你们公司的意义开始吧。华盛顿 Coastes ＆ Jarratt 咨询公司的主席，自称为未来学家的约瑟夫·F．科斯特思（Joseph F．Coastes）说，他期望"未来将带来不仅能够看见、而且能够听懂话语、会回答的人工智能的广泛应用，而这些技术几乎就要驾临我们中间"。

[1] 对于某些行业，十年或更少的时间可能就已经足够，但其他一些行业可能需要回溯到更早才能发现根本性的行业转变（shift）。目标历史时期应该足够久远，来说明关于某个行业或特定的业务的基本因素和假设都发生了多大的变化。

时间长河

爱因斯坦曾经把时间描绘成一条长河。这种描述的内在想法就是在时间中可以返回到过去——就好比走到河的上游去一样。进行差距分析不需要时间旅行，但是让你自己沉浸在过去的每一个细节里显然有助于改进你将现在与过去比较的能力，从而反过来有助于你勾勒出未来游戏的一些细节。有两本小说可以帮助你在脑海里形成适当的框架：

在杰克·芬尼（Jack Finney）的两本小说——《从时间到时间》(From Time to Time) 和《时间再来》(Time and Again) 里——主角同意参与政府的一项试验，把他送回 1890 年的纽约城。令人惊讶的是，政府设施里没有时光机器。主人公并不是通过驾驶旋转的机器在时空中旅行，而仅仅通过意愿把自己送到那个时代。

Finney 假定，不同的时期是同时存在的。在一个特定地点，存在于过去哪个时期取决于时间旅行者的预期。为了到达 1890 年，主人公置身于那个时代的想法和一些实物中。他只阅读 1890 年的报纸，听那个时期的音乐，穿那个时期的衣服，并住在一个用 1890 年家具装饰的公寓里。当他离开住宅时，他想着城内旅行只能是徒步或乘坐马车。他期望看到的街灯都是油灯，他还知道自由女神像的胳膊还在麦迪逊广场展览——因为女神像的树立者正在努力凑集足够的钱以便把女神像永久地树立在纽约港口的某个地方。当故事中的主人公最终离开了他的住宅时，他迈上了纽约城的街道，但是他所迈入的时间在时间长河里是 1890 年。

为了将你公司的现状与过去相比较，你就必须使自己沉浸于过去。从一个宏观视角开始比考虑一些具体变化的意义更为有效。列举出公司十年前和二十年前的竞争对手。有多少家企业从视野中消失了呢？有哪些新的公司变成了竞争对手？它参与竞争是个意外吗？他们为什么要进入这个领域？他们与那些退出的竞争者有哪些区别？产品比较起来怎么样？你和你的竞争对手各申请了哪些技术专利？哪些专利组合最终对所有者来说起到了最大的作用？以下是一些需要关注的关键领域：

■ 产品是不同的。为了观察这些区别，收集和阅读过去的产品目录。更好的办法是，用老产品来装饰你的办公室，并使用这些产品。

■ 客户需求发生了变化。了解客户用什么方式使用你的产品以及他们从你的产品中获得了哪些效果。

■ 制造产品的机器不同了。实际上，整个流程都有可能发生了变化。

■ 原材料和部件不同了。为了理解变化的程度，可以拿一份产品零部件清单（production parts lists）、订单信息和装配草图等。过去所采用的一些原材料有可能在现在的产品里完全不采用了——这种情况可能会再次发生。

■ 浏览老客户的名单。你可能会发现许多名字不再销售你当前的产品了。谁取代了他们的位置？为什么？

■ 描述分销渠道。十年前可能是通过专业商店来销售你的产品，然而今天，送达顾客手中的最方便途径就是通过邮寄产品目录。

■ 寻找华尔街分析师的研究报告，研究当他们推荐你的公司的股票或你的竞争对手的股票时所引述的关键因素。

■ 从图书馆档案室收集报纸和商业期刊上所有关于你的公司、行业、产品的报道。了解过去的一些问题，并判断它们是否最终成为了问题。

■ 与十年前退休的员工交谈，了解公司的各个方面，并了解公司业务曾经是如何运转的。在退休人员的聚会上，仔细的倾听者可以了解到关于过去的许多细节。应该对退休人员进行采访，因为他们对过去的记忆是独立的，没有受到随后发生的变化的影响。而对于那些目前仍在公司，在公司工作长达十年甚至更长时间的在职员工而言，他们对于过去的记忆不会有那么清晰了，因为他们经历了公司的变化，这些变化导致了今天，已经影响了他们过去记忆的纯度。

■ 比较现在和过去的专利清单，并注意被保护的技术在类型方面有哪些重大的区别，分析哪些类型目前比较普遍。

当你研究过去时，其他调查途径毫无疑问也将出现。观察过去，并将其与现在比较也是一种训练大脑将两个时期联系起来的方式。这种训练在你最终努力想象关于现在的未来时是值得的。

变化缓慢地发生

本质上，产品市场不会发生根本性的变化。顾客们渴望安全、保险、免于饥饿，庇护、吸引力、财富和产品特定的功用。无论是在过去还是将来，这一点总是正确的。这些年来伴随着他们的产品仍然是由某种形式的材料或部件组成。产品固有的物理体现是其根本，而产品的形状、大小以及使用的材料类型则在不断地变化，并还将再次发生变化。无论过去还是将来，员工都需要去经营不同的商业资产，只是员工的技能和数目将会不同。未来游戏里的许多元素都是给定的，并可以假定将维持不变。通过认真地选择一些不变的领域，我们就能够集中精力关注那些最可能变化的一些关键要素。在你运用这种方法的时候，最重要的是你必须意识到技术是变化的根本原因，而且还将继续如此。这看起来似乎很明显，但只有细心地不断调查才能发现技术变化已经以微妙的方式改变了你的公司。微妙的变化就像重大项目中的细节问题，稍不留意，细节就会导致你的失败。

未来的赢家

差距分析的第二步是描述未来游戏中可能的赢家。对于先前定义的每一个特征，我们都应详细地描述未来游戏中赢家所具备的一些能力。有了未来游戏的定义，并将其分解成市场、产品和生产设施等便于管理的几大块以后，可根据这些特征描绘出理论上的赢家的特点。值得一提的是，应对挑战的方式有许多，因此未来也可能呈现出许多不同的形态，因而也有许多方式来赢得竞争。

定义理论上的赢家的一种方法是研究一个受人尊敬的竞争对手，或一组竞争对手，正如标杆战略中通常所做的那样。寻找标杆的一种有趣的方法是观察竞争性战略联盟的行动和竞争对手的许可政策。如果你看到了竞争对手在技术方面（主要是关于正在许可的技术以及战略联盟着手的技术）的做法，你将看到一个非常清楚的关于其对于未来的计划、目的、目标和自身定位的表征。这种分析可以有助于你将定义集中在未来游戏的范围内，并对未来游戏中竞争对手在技术诀窍、联盟优势和核心能力等方面所具备的素质有大致的了解。之所以关注技术许可（尤其是具有排他性的许可），是因为排他性的许可人本身就和获得许可方组成了联盟，因而技术转移代表了战略联盟的一种形式。然而，不能由标杆分析来主导差距分析。你必须小心不要模仿那些已注意到的正在设立标准的公司。在定义"未来游戏"和"未来赢家"的过程中，尚未存在一般标准。你的第一步和第二步分析就是要确立这些标准。标杆分析允许他人来建立标准，但这不是"差距分析"的目标。标杆分析是帮助你定义未来赢家的一个工具，但并不是指导你公司的"罗盘"。

目前的评估

第三步是批判性地分析你当前的形势，仔细观察所有对赢得未来游戏有重要意义的特征。将理论上赢家所具有的核心能力与你公司当前所具备的能力相比较，可以清楚地识别出两者之间的差距，并强调需要做什么或获取什么才能够填补这些差距，从而成为理论上未来游戏的赢家。

填补差距

尽管有许多方法可以填补这些差距，但获得这些技术的许可是一种关键的选择。本书中的主题就是许可战略，但也可以通过其他一些方法来填补差距。这些途径包括兼并与收购(M&A)、组建合资公司、在第三方公司的少数持股、战略联盟、交叉许可、对人员方面进行调整等等。通常包括雇佣以顾问形式或签约形式引进的技术人员，需要他们来开发缺失的技术，或通过教育或培训的方式提高现有雇员的能力。

超越许可——填补差距

以下是一些可供选择的填补差距的方式：

- 以支付专利权使用费的形式，直接获得你所需的技术的许可；
- 通过专利组合的交叉许可来获得你所需的技术；
- 收购公司，而这些公司现在拥有或很可能拥有你未来所需的技术；
- 组成战略联盟；
- 获取研究资助，与研究机构和大学建立联盟；
- 与私人公司签订技术开发协议；
- 与私人顾问签订技术开发协议；
- 增加拥有填补差距所需的专门技术的员工；
- 在那些拥有所需专门技术的公司中持少数股权。

战略联盟中的特殊问题

技术许可有助于填补差距，但要想开发出能够赢得未来的技术，仅仅拥有使用专利的权力是不够的。因此，许多公司选择结成联盟。结盟的原因包括可以与合作伙伴共同承担资金风险，获得联盟伙伴的不同的核心能力，同时由于专门技术的共享，联盟还可以缩短技术开发的时间。

当两个公司为共同开展某个项目走到一起时，就形成了联盟。联盟不像合资公司那样正式，后者是两家公司共同组建的另一家公司，而新公司将会一直存在下去。要想参加战略联盟并不容易，它们可能是能创造出来的最复杂的一种商业联合体了。迄今为止很少有联盟能够真正实现它们预期的目的。而且就像婚姻一样，一旦关系破裂后，合作伙伴之间可能会反目成仇。在1995年6月27日召开的罗格斯大学战略联盟会议(Rutgers University Strategic Alliance Conference)，即“管理战略联盟”会议上，强生公司（Johnson & Johnson）的鲍伯·嘉辛（Bob Gussin）博士描述了建立成功的战略联盟所需具备的一些关键特征：

1.对达到什么目标有一个清楚的理解；

2.对如何达成已定义的目标有一个清晰的战略；

3.用里程碑来判断联盟的进程；

4.大量的预先计划；

5.定义清楚的角色职责；

6.合作伙伴之间在业务运营管理层次的频繁交流；

7.高管层的热情和持续的支持。

嘉辛博士指出，以上所列举的特征看起来似乎显而易见，但失败往往都起源于对这些重要的细节缺乏关注。在强生公司与其合资伙伴最初的讨论中，这家未来的合资伙伴看起来似乎有200种有待上市的产品，强生公司同意与其组成一个联盟主要是因为这样有可能在短时间内推出新产品。强生公司自己拥有足够多的长期研究项目，但希望得到"马上就能派上用场"的技术。该联盟的实际情况是有200项现成的研究成果有待在科学杂志上发表；而这些产品真正投入市场是在组建联盟的20年以后了，绊脚石就是缺乏沟通。"马上就能派上用场"对于双方的谈判代表来说所指的意思并不同，双方对此没有一个明确的理解——虽然事后看起来这似乎是很基本和明显的事情，但仍然是阿基里斯之踵（来自希腊神话，指的是要害）。

在另外一次联盟中，强生公司意识到联盟中的科学家们没有共同的背景。合伙企业中，一方的科学家会认为对方的科学家非常愚蠢；而另一方的科学家则认为他们的新伙伴都是疯子。要想保证一个联盟的运转，就需要具有连贯性和共同理解的基础，这就与现实发生了冲突。因为你参加联盟只是为了获取新的技术能力，要理解那些技术能力需要一定的时间。技术转移的动力就是为了获得不同领域里广泛的技术，这需要每一方都必须有理解对方的能力。Gussin博士指出选择合作伙伴必须相当谨慎，并且公司之间互相尊重是很重要的。与其他任何商业联合的类型或运作结构相比，联盟中的个性和文化显得尤为重要。

在这次会议上，罗格斯大学的吉恩·斯诺文斯基（Gene Slowinski）博士报告了他最新完成的一项研究，该项研究主要关注联盟管理者的一些反应。他研究了涉及50家企业的战略联盟。他发现只有50%的联盟在三年后依然能够存活下来。他同样发现在存活下来的联盟中，只有一半能满足组建时的期望。

斯诺文斯基博士指出，当合作伙伴共同采取较小的措施时，联盟往往都能运转。他把这称作"分阶段关系"（Phased Relationships），定义为一个成功的联盟采取的一系列连续行动，涉及到完成一里程碑所需的管理活动。联盟能否持续前进取决于对合作伙伴进行下一步的能力评价。“分阶段关系”包括有限的早期投资，直到成功地实现一个阶段以后才进行另外的投资。一旦建立和维持了合乎逻辑的决策标准来评估进程，“分阶段关系”方法就可以帮助形成通向成功的战略联盟。

成功的战略联盟表现为联盟的双方均在各自母公司内建立起内部网络，从而可以开拓双方公司的资源来支持战略联盟的活动。战略联盟必须争夺合作对方越来越有限的资源，并且使联盟双方各自的内部项目更容易得到管理层的关注。与战略联盟没有直接关系的母公司管理层不大可能会去支持战略联盟，除非战略联盟已经开拓和培养了一些行政上的网络；且母公司得到提醒，知道支持战略联盟将获得一些共同的收益。除非战略联盟双方建立起内部网络，以便提供所需的资源，否则该联盟注定要毁灭。联盟需要合作双方共同构建沟通网络。

斯诺文斯基博士进行的研究为吉恩博士的职业经历和观察提供了支持，并指出了联盟失败的一个最重要的原因就是联盟伙伴的战略意图同战术意图不匹配。除非联盟同时包含了双方公司的核心业务，否则很可能会失败。当联盟代表了一方公司的核心利益，而同时仅仅代表另一方的外围利益时，仅涉及外围利益的那一方将不会坚持其承诺，从而导致联盟从一开始就注定要失败。一个成功的联盟强调双方的核心商业利益。

未来需要战略联盟

虽然战略联盟很难组织、控制和成功，但是它们将变得更加重要。将来，以许可和交叉许可的形式获得专利权将不足以提供参加未来游戏所需的广泛的专门技术。为了帮助被许可方实现被许可使用的专利权利，需要形成战略联盟。未来需要广泛、多样的技术能力，对新技术的许可只是个开始。被许可方需要经过培训才能够成功地应用这些技术。那些需要新技术能力的公司还必须学会商业化，以将新技术转变为出售的产品。因此，未来纯粹的许可将会越来越少，更多的是采取先于许可之前组成联盟的这种方式。

战略联盟成功最重要的一个方面是合作双方有互补的需求和共同的目标。这两个特征是动态和不停变化的。如果合作双方足够幸运，双方的需求和目标一起发生变化，这种联盟就能够维系下去。

撇开如何弥补缺陷不谈，差距分析是可以用于发现未来所需的知识产权的方法。并不需要完成整个过程才能实现收益，仅仅阐述“未来游戏”就能产生关于企业未来的重要信息。IBM很晚才意识到大型计算机在未来用途不大，西联公司（Western Union）也是很晚才发现未来竟然会出现Email。所以千万不要延误，赶快去阐述未来，那样你也将成为未来的一员。

第十章

划时代的战略：运用知识产权提升公司的赢利能力

许多美国公司长期以来一直满足于用“发明”战略来建立他们的专利组合。这类战略在公司与公司间就观念而言相当接近：组织中专门的人——发明者——创造发明，而组织中的另一些人——专利代理人——取得发明相关的专利。企业不断地重复这些活动直到开发出一大批发明并获得一大批相关的专利。经理们觉得采用这种方法比较自在，因为自始以来，这一直都是大多数行业普遍的标准运营程序。

可想而知，发明战略导致大多数公司的专利组合在性质上是一致的。不论公司是大是小，不论其产品被描述为高科技还是非高科技的，不论公司运作于工业或消费者市场，甚至不必特别考虑在地理位置上的差别，都存在上述的一致性。现在看来，能发现其实完全可以预料到这种结果。

源于发明的专利组合是乏味的

当审计美国主要的工业企业家拥有的专利时，可以发现多数专利组合在组成上的共性。这类审计总是显示专利可归为两大分类，每一分类又能划分出两个子类。

第一类专利包括那些对公司没有很大帮助，实质上无价值的专利。该情形下是适合将两个子类形容为与“垃圾”技术或“促进生产力”的技术有关。

“垃圾”一词尽管给人潜在的感觉过于武断而使人产生不快，用在这里却是经过深思熟虑的，这样人们就不会指望这类专利能带给企业任何期望的价值。价值在这里指的是从战略眼光看的资产价值。

专利应该被视为公司资产。其能保护技术或公司的其他能力，以期能够支持公司获得竞争性优势的新来源，或者为其保持已有的竞争优势来源。是的，某些竞争性优势的来源对于公司的生机活力（即便不是生存能力）来说是不可或缺的，这至今已成为公理[1]。缺乏某种形式的竞争优势，任何企业都不可能安全度过遍布于每个主要市场所有部门的激烈的现代化竞争的“大沸锅”。即使是那些目前沉醉于其市场上强竞争优势的企业也不能沾沾自喜。所有企业，不管身处何地，也不论市场机制如何，不可避免地面对着“价值转移”[2]。这就是冲击所有公司的战略和影响它们为企业创造价值的能力的现实情形。

尽管在许多案例中价值转移最初是有利于组织的，但那个阶段通常相对比较短暂。因为事实上，每家企业在其整个生存期间，阻止价值外流都是场硬仗。价值外流，即（econoporesis），可以是不断变化、进化和成熟着的顾客需要和需求的结果。这种形式的公司衰退是需求从特定企业的产品[3]转向同行竞争者，或从一个行业彻底转向另一个行业的结果。后果是相同的：损失的不仅是该项业务，而且还包括作为公司经济力量基础的竞争优势。

“垃圾”专利完全缺乏改变市场演进或动态的能力。如果一条产品线（或服务线）失去了市场，这种技术和保护它的专利就几乎没有什么实在价值了。

因此，“垃圾”专利变得跟无法保护企业的商业设计和

[1] 对这些概念最好和最容易理解的分析之一可以在M.E.Porter，Competitive Advantage——Creating and Sustaining Suprior Performance, Free Press（之后，书名为“Competitive Advantage”）中看到。也可见，Seeking and Securing Competitive Advantage, C.Montgomery&M.Porter (ed.)，HBS Press（1991），关于该综合主题有深刻见解的文章的合集。

[2] A.Slywotzky，Value Migration，HBS Press（1995）。斯莱沃斯基（Slywotzky）以编年史的方式记录了许多公司和一些行业的悲哀，随着他证实了关于在同时代市场上具有令人羡慕的地位的公司或领导者将公司价值转移出去的过程常常过于迅速的论题。一个例外的例子就是计算机行业的变形。在十年中，因为市场面貌永久地发生了改变，一些企业损失了超过1 000亿美元的市场价值，同时被其他企业所购。

[3] 我们将不会在产品和服务之间作严格的区分。本章中基本的假定和介绍没有在本质上区分产品和服务战略，尽管他们在应用中有显著的战术上的差别。

无法庇护为促进商业计划所作的投资的专利同义。但是，“垃圾”专利并非天生就是“垃圾”；专利组合是公司的动态资产。就像你我藏在地下室或车库中的财产一样，这些专利或许对公司来说曾经有着相当的价值——在它们还是企业核心的竞争优势来源之时。现在的问题是它们已失去那种价值，它们已变得同公司的业务无关。

我们中的大多数人通常都能看清这些“垃圾”的本质，并且许多人能够就此采取行动。作为进化着的资产，专利组合需要定期检视并且进行删减以去除不起作用的资产。即使从这项删减中没有得到其他收益，去除这些资产也节省了为维持它们有效所需的费用成本，如果专利组合大量涉及外国，这项费用还会增加数倍。因此，处理这一子类的目标至少可以分为两个方面：如果不能完全去除起初获得的“垃圾”专利，也要将它最小化，但此后要尽快发现这些“漏网之鱼”并及早将它们从专利组合中去除。[1]

上面提及的第二类子类也可能引起一些争论，但这些争论或许仅仅停留在语义上。在这里，促进生产力技术是指那些从解决工业家所面临问题的过程中产生的发明。因为有待解决的问题存在于相对独特的环境中，这些解决方案常常也具有相对独特性。例如，如果试图解决企业在制造特定产品的过程中有关原材料生产量问题，必须将厂房、设备、劳动力（或许还有其他变量）计算在内，这些决定了该问题的根源并限制了可接受的解决

---

[1] “车库中的垃圾”的比喻也适用于那些继续这种技术，一心一意地相信它必有一些价值，不是对他们自己就必定是对于他们的竞争者而言。尽管会有人争辩说任何东西都有相对的价值，这种主张近似于旧货大甩卖是一种好的处理陈年垃圾并获利的方式的观点。不论垃圾处理代表潜在价值的信念多么有根据，不能当真主张垃圾已上升到市场或公司替代价值的层次。

相关的寻求技术上的专利来简单地阻止竞争者取得专利或开发的“战略”也值得疑问。多少次一家公司想出的方法相比首选方法是如此之差，以至于他拒绝采用该技术，而与此同时，就是这种技术对于竞争者是如此的举足轻重以至于离不开它？当然，就如我们将看到的，通过抢占竞争者的先机来保护自己专利的价值。但也将如我们所见，那种战略是市场地位驱动而不是产品或工艺特征驱动。不能做出这种区分将把大量“垃圾”组分带进专利组合。

方案。[1] 关于如何提高生产率问题的最终答案或许非常有创造性并对该企业的盈利有显著的影响。然而，解决这类问题的专利在大多数情况下不会有什么价值；在许多情况下，它可能恰恰对公司有害。

竞争者所拥有的厂房、设备和劳动力变量不同，不太可能采用解决不同环境下问题的方案。当然，也可能存在着调整解决方案的余地，但全盘接受一般就不在考虑之列了。一方面，当那些最可能使用该技术的人实际上早已被排除时，一项专利的授予，也就是排斥他人使用的合法权力就几乎没有什么价值了。换句话说，在他人无论如何不可能采取行动的情况下，阻止他们采取该行动的权力实际上就没什么用了。另一方面，为这一类技术申请专利暴露了实业家和专利权人之所以能够在市场上竞争的学问，这种情况在技术无法监督的情形下更易出现。再者，这些策略带来的好处几乎乏善可陈。因此，通常情况下，这一类专利一般对公司的贡献十分微小，而从资产管理的角度来看，这些专利几乎就像"垃圾"一样毫无价值。

这种立场同普遍的看法相抵触，然而实践证实它是正确的。这一类促进生产力的技术通常不是普遍可以获得专利的。因为这些促进生产力的创新虽然起到领先将对手排除在市场外的作用，却更易落入我们下面将会讨论的第二类技术中。此外，任何一位实业家在实际中会面对多少伤脑筋的生产问题？根据公司经常面临的一个接一个的生产力困境的程度，其问题不完全在于专利或技术战略保护不够；面对的是个多少有些产业的竞争的问题，而要生存下去必须解决这个问题。

没有哪家企业能够在促进生产力技术基础上建立一个强

[1] 见 R.L.Ackoff, The Art of Problem Solving, John Wiley & Sons（1978），关于对一般解决问题概念的持续研究。

大到能够改变他们每天所面对的市场因素的强大专利组合。越早面对现实，企业就能越快着手建立具有市场影响力的专利组合。

上述现实促使我们开始考虑另一类得到专利保护的技术，该类技术同样由两个子类构成。在这种情况下，我们针对的是战略性技术，其可以更具体地分为公司战略性技术（corporate strategic technology）和市场战略性技术（market strategic technology）。尽管这两者有一些共同特性，但它们的取得方式和配置完全不同。

在战略性技术的概念中，可以找到这些分类的共同因素。从这种意义上说，当一项技术支持已有的或新兴的竞争性优势（伴随着一些战略性优势）来源时，就具有战略性。竞争性优势这一主题超出了本文的范畴。[❶] 我们只需要知道虽然企业可以通过一系列方式保证其在市场上的竞争优势，但只有三种主导战略，即分别是差别化战略、成本领先战略以及利基营利(niheor fows maikting)。

公司战略技术是公司享有的特定竞争性优势来源的基础。它可能是定义产品或服务差别化来源的技术，也可能提供一个行业或部门中显而易见的成本领先来源的技术，或是阻碍竞争者进入细分（niche）市场的技术。无论如何，这些技术被认为是技术上的“公司珍宝”，是那些使企业有别于所有其他企业的技术，后者十分嫉妒此技术及其市场地位。然而，竞争者对公司拥有和有效使用公司战略性技术的嫉妒程度是衡量技术价值的更重要的标杆之一，同时，也意味着保护技术的知识产权的力度。

市场战略性技术与公司战略性技术是唇齿相依的，它同样也能够影响市场动态。这是一种相关市场上每个参与者都乐于拥有的技术，因为公司可以在生产或提供其自有的产品和服

---

❶ 见那些在本书178页注释1中引用的文献来获得关于这个主题有价值的背景知识。

务过程中采用或修改这种技术以增加自身的优势。涵盖这类技术的专利有能力来保护投资，这些投资是由更广泛的为相关产品提供销售或服务的方面作出的，在这个范围内，任何一个新进入市场者，都可以推广其自身的或不同的产品或服务来满足市场需要，同时享受相关产品法律保护的优势。

市场战略性技术同公司战略性技术在一个重要的方面有所不同——它的专利权人可以同他人分享使用该类目下的技术，同时不使其独有的竞争性优势来源受到影响，除非后者也出现在竞争性市场上的地位非常接近。换句话说，公司战略性技术的权力如果拿来分享，会立即并显著地侵蚀专利权人享有的竞争性优势来源，而那些市场战略性技术则可以被分享，并且不用承受这种被侵蚀的结果。

上面总结的"发明战略"产生的结果相对比较容易预见，观察几乎所有主要企业（其中一些企业资金并不十分充裕）的专利组合就可证实这点。在这些不同企业中四类技术的相对比例几乎普遍相同。那些没什么帮助的专利及包含"垃圾"和简单促进生产力的技术专利占据了主导地位，这些专利占到大多数专利组合的大约80%或更多，公司战略性技术累加占到另外的15%～20%。这种关系反应出一个现实：大多数企业从很少几项专利中获得其大部分有效的专利保护。简单的算术计算告诉我们市场战略性技术实质上是不存在的。[1]然而在现代，这是最能够为其所有者贡献高杠杆价值的一类技术，市场战略性技术有能力像其他任何公司资产，像技术资产或其他资产一样起到作用，甚至更能够影响公司的财富。

在大多数专利组合的整体组成上，反应性战略导致了市场战略性技术对专利组合所做的贡献相当可怜。发明战略仅出于偶然培养了市场战略性技术，而市场战略性技术的强势

[1] 存在一些非常大的企业，每个人都会赞同其作为高科技形象的例证，他们理论上包括数千条专利的专利组合只有少数覆盖着市场战略性技术。不可置信的是，表示公司战略性技术的比例只有大约10%。或许是专利巨大的绝对数字在百分比基础上稀释了这种显著性，但即使是未经处理的数字也是惊人的小。

地位却能释放出巨大的潜力，如果实业家想依靠这些潜力来获利的话，应该采取“创新战略”。但是要实现从发明始动战略到创新驱动战略的飞跃，仅仅指望用先发性来代替反应性是不够的；仅有愿望显得太被动了。如果企业要兴旺[1]，就得采取完全不同的观点，关注什么是消费者看重的，什么是对消费者有价值的东西，使消费者愿意花掉他们辛苦赚来的钱来购买企业的产品。那将是本章下一部分的主题。

创新驱动的专利组合的结构是丰富的

发明战略足以满足工业时代的需求。创造一项发明，然后为它申请专利，积累一大批发明和专利，那么一切都会变好。尽管在逻辑上过于简单，这种方式多年来对大多数企业都有效。但是，在新技术时代，这种战略已经过时。

工业时代中最能被算做资产的是私有不动产，及其所代表的或作为支撑的资金。最初征服这些工业新领域的个人或企业获得了最大的财富和权势。那些落后者不论如何勤奋努力，常常也难以赶超，并且极少能取得同样的市场地位。而今，我们已经见识过新兴的知识产权因素的力量，它能够转移财富、权势，或更大程度上说，其过去获得或失去其他类型资产一样（造成不可逆转的结果）。这是创新战略的新前景，那些最快、最透彻地掌握其变幻莫测的规律者将聚集到最为可观的财富。就此历史可以提供教训，在懒散者畏首畏尾之时，机敏者将抓住这些新机会。

---

[1] Imparato and Harari，Jumping the Curve:Innovation and Strategic Choice in An Age of Transition，Jossey-Bass(1996)（此后，称为“Jumping The Curve”）。作者通过建议“围绕软件建设组织和围绕客户建设软件”表达了他们的忠告。在他们的行话中，“软件”广泛地相当于知识——关于商业和商业组织的知识。客户的重要性是这些努力的中心焦点。

创新战略几乎在每一层面上都和发明战略有根本的区别。发明战略集中在产品或工艺的特征上，因为其关注的目标是最终获取专利或其他形式的知识产权保护。相反地，创新战略以产品，工艺或其他表现技术的迫切要求为形式是因为要围绕其机会空间。❶ 从某种不同的观点看来，发明战略集中在产品上而创新战略关注围绕在产品的市场机会上。我们需要研究这些机会来发现创新战略为何总能优于发明战略。❷

一项充分的公司商业设计或者为某一产品制定的市场计划要考虑一大批变量因素。那种“如果你制造这样东西，人们就会上门购买”（If-you-build-it-they-will-come）的设计在当今市场上不再奏效。同样，一项充分的创新战略必须预见到产品的特征以及他人试图抄袭和仿效此产品的显见方式。❸ 任何一种战略——商业设计战略或创新战略——的首要关注焦点必须开始、结束存在于代表公司收入的商品市场上。无论是该技术的应用性、维持性还是核心技术，只有市场才是产品及其技术成功或失败的竞技场。该市场或许是目标导向的，但它的商业潜力是由一批有影响力的参与者各自的决策所控制的。

每个市场都充斥着许多扮演了独特和明确定位的角色的参与者。除了公司之外，还有其供应商及其客户。交织在这些关系中，公司还面对着替代者和互补者。需要全面分析这些错综复杂的关系，并且将之整合到每一项创新战略中以使其对公司的价值最大化。

在大多数发明战略中，公司往往能认识到其供应商和客户充当着完全不同的角色，但随后很快就忘掉；当构建知识产权组合时，几乎没有人关注到供应商和客户的重要性和影

❶ R.Simmons，Level of Control，HBS Press（1995），描述了机会空间(opportunity space)的概念和公司战略可以扩展或限制它的方式。大多数“成功”的执行官由于他们有能力解决问题或把握首次由情形约束的机会而获得这种地位。他们所期望的选择由于种种原因常事先就不可取。因此，为了使业务能完成和可执行不得不折衷，放弃付诸行动的理想计划。本章所体现出的这种折衷之一便是确立一种能使“机会空间”扩张的战略地位，尽管种种客观原因仍不如意。

❷ 这完全不是呼吁忽略可以从传统的研发阶段中将技术申请专利所带来的好处。那种教条式的近视观点同在采取任何行动保证保护之前等待这些发明的最终开发一样疯狂。“发明战略”在现代公司中占有一席之地，但是一定要谨慎地去寻找那种地位。更多地根据本章的要点，那种途径——发明战略——确实需要由“创新战略”思想来主导而不仅仅是补充它。

❸ 寻求新产品的专利保护常见的发明战略之一是评估特征取代作用：在产品可选择的特征或属性周围建立保护来预防并减弱竞争者相似产品的取代作用。一项创新战略审视更为复杂的大规模产品取代的问题：如何在结合的问题/解决方案集周围构建保护，在限制中考虑变革性地取代受保护产品，而不单单是任其演进。这是我们稍候将联系排斥性技术现象来探究的主题的核心。

响力。供应商被认为主要的作用是提供公司所需原材料以从事更重要的事务——将原材料转化为对公司客户有物质价值的东西。公司同样感知到客户扮演着特别重要的角色——认同那种物质价值并且支付购买。[1] 可是当策划一项商业设计时，发明战略认为这些关系是他人的领域。若这样思考的话，真实的价值将无法体现。

每家企业都有一条价值链，[2] 它由从投入物资最终转变成的公司在其市场上所提供的商品或服务所组成。一方面是企业及其供应商之间，另一方面是企业及其下游客户之间，他们之间的价值链间存在着特殊的、截然不同的联系。供应商的产品作为原材料连入公司的价值链以便生产具有附加价值的商品，然后公司生产的商品以同样的方式通过增加依稀可辨的价值来连接客户的价值链。以此类推，企业的每一家供应商和客户也都有他们各自的一批供应商和客户，同样也有着他们自己的价值链来决定什么是最重要的。密切审视同这些下游客户的关系总是有好处的。根据客户使用其产品的方式来确定公司的定位，这样可以使公司在该业务的竞争中脱颖而出。考虑公司同上游供应商关系的价值时，在某种次要的程度上或许也是这样。[3]

创新战略能识别出这些联系并且围绕它们为公司建立起市场战略性技术地位。当公司的价值链联接处于交互点或交叉点时，这类战略巧妙地使企业从其同供应商和客户关系中赢利。这样做，企业可以改变从供应商那里获得重要原材料的方式，并且改进它对客

---

[1] 在 Schonberger，World Class Manufacturing：The Next Decade，Free Press（1996）和Grant，"Realize Your Customers'Full Profit Potential，" Harvard Business Review Sep-Oct 1995.中陈述了一个更好的观点。

[2] 见 Competitive Advantage，见 174 页注释 1。

[3] 总体说来，这可以如考虑产品作为连续统一体那样简单，从最初辨识组成其结构的原材料到最后整合到最终用户的商业环境中，访问每一步涉及从部件到最终生产工具的转变中价值的增值。

户的重要性或影响力。在这两种情况下，企业的市场战略性技术地位都能使它有权要求这种市场价值——一种通过合理设计其创新战略来为自身创造的价值。这种形式的商业差别能够将公司同那些缺乏丰富专利组合的竞争者区别开来。

实业家同样必须全面地审视同替代者间的关系。替代者包括对于公司来说始终存在的竞争者，但请不要限于该概念。替代者就是消费者可以用他的商品或服务来代替公司的产品的一类生产者，即传统意义上的竞争者。但是，在众多角色云集的市场中，替代者也可能存在于供应商或市场的上游端，同公司争夺资源，而以往公司是从供应网络中获得这些资源的。在这种情况下，这两个竞争稀缺资源的对手就他们的成品市场而言毫不相关，但是在会限制公司成功的关键物资所进行的竞争方面，这两者会像争取共同客户一样针锋相对。[1]这场竞争中的输家因为用于生产的原材料受到限制，所以同拥有一切所需的供给但无法将所转化的商品出售给客户的企业一样，面临着经济上的挫败。一项周密的创新战略会考虑这种更广层面的替代者，不受传统的、狭隘的替代者观点所限。

[1] 一个易于作为上游替代者的例子——原材料输入的竞争者——是可口可乐和泰森食品有限公司（Tyson Foods），双方都消费大量的二氧化碳，缺了二氧化碳任何一家都没法将产品推向市场。

在知识产权组合的历史发展过程中，当发明战略尚未完全重视全范围的替代者时，互补者和他们的基本市场角色也普遍被忽视。不久之前流行的知识产权模型大致分析了将产品区别于“竞争性产品”的特征，然后寻求在这些重要特征周围施加保护。他们设想或期望以这种方式阻止竞争者利用相同的优势从一般顾客那里赢得业务。通常互补者在此根本没有被纳入考虑范围。

市场上的互补者是那些在销售自己产品的同时，通过自己的市场或者促进或者阻碍另一家公司的产品销售。以一家销售计算机鼠标的公司为例，其同设计在产品上使用鼠标的计算机制造商间存在互补关系，并且同出售鼠标程序的软件公司间存在另一种互补关系。在这种环境下，有着类似共生的感觉。如果电脑制造商出售更多使用鼠标的电脑，鼠标制造商就能销售更多的鼠标，反之软件公司利用这两家互补者共同提供的增长机会也应该有不错的市场表现。通过这些市场利益的相互依存关系能产生有利于鼠标公司的潜在收益。

结合所有四类参与者，再加上处于参与者中心的企业，其全体定义了一个强大的变幻莫测的竞技场。在那里，所有的参赛者竞相发掘他们在共同市场上有待发现的价值。这就像一个许多嗓音组成的合唱队，他们竞赛谁的和声可以被客户挑中，而客户用资金来指挥这支合唱团，影响这些企业的市场行为。一项创新战略可以深刻地影响这个市场上的那些声音。对于投资时间精力来保持主导地位的企业来说，在此基础上建立的知识产权地位可以使其大举获利。创新战略的更新必须和市场同步，因为如上所述，价值几乎总是从公司转移出去的，并且总是可能会出现与之竞争的技术，将曾经好不容易赢得的优势扫荡一空。就是在这种环境下，我们必须为实现价值最大化而发展、部署和精力充沛地开发市场战略性技术。

创新战略将为企业财富增添无可估量的价值

在许多情形下创新战略有潜力回报实际价值。我们将简要地查看其中一些情形来理解上面所概括的观点。

决不能低估排斥性技术的作用

任何工业市场，不论高科技或低科技，最终都将被排斥性技术所扫荡。[1] 排斥性技术是废弃当前市场的主导设计的革命性技术，表现为昨天尚能满足客户需求的主导产品同他们今天的需求不相关。学者们已经着手长期研究追踪这种贯穿整个产品部门的现象，如打字机[2]——从本世纪初雷明顿(Remingtons)手动打字机到下世纪初可能仍然占统治地位的基于个人计算机的文字处理器，同时，学者们还简短分析了某一部门比如光盘驱动器市场。

从对排斥性技术的研究中我们得出了共同的历史教训，有心人可从中受益。有两点不容质疑：排斥性技术将席卷每个市场，问题不在于"是否"而是"何时"；这种排斥将毫无疑问地来自外部的力量，几乎可以肯定的是来自那些不论在商业或技术方面，目前没有享受到主导设计地位的公司。[3]

这些分析，提示着存在另一种趋势。由于缺乏远见，拥有主导地位的公司面临着相应的挫折，有时这些挫折是不能逆转的；大部分公司不是由于没有能力觉察到排斥性技术的逼近，而是缺乏远见来对排斥性技术的来临作好合适的准备。平等变革形成是无法有效作出企划使公司保持竞争地位的。

当一项排斥性技术明显地就要出现在市场上时，要有效还击它已经太迟了。一旦已发现有这种趋势，采取行动来抵销其市场作用的机会就已被错过了。并且，一旦排斥性技术开始占领市场，那些被取代的公司就几乎不能提供什么技术价值了。如果所有被排斥的［(例如，被取代的或用更通用的说法，"脱位"(dislocated)］公司能提供的只有"垃圾"，

[1] J.L.Bower&C.M.Christensen，"Disruptive Technologies：Catching the Wave，" Harvard Business Review，Jan. Feb.1995（今后，称为"Disruptive Technologies"）. 鲍尔和克里斯坦森探索出排斥性技术(disruptive technology)的概念，特别是它同美国硬盘驱动器市场的联系以及有使得Connor Peripherals在19世纪80年代从希捷技术公司(Seagate Technology)夺取了尺寸变小的驱动器爆炸性增长的市场的作用。鲍尔和克里斯坦森于1995年1月发表了他们的文章之后，希捷在1995年9月用大约10亿美元来收购Connor。不知如果希捷的专利组合中有市场战略性技术，那么这将如何首先影响两者间的市场竞争并且随后影响他们在收购价格上的谈判。也可看，Profiting from Innovation，Howard and Guile eds., Free Press（1992）；Hamel and Prahalad，Competing for the Future，Harvard Business School Press（1994）；Leonard-Barton，"Wellsprings of Knowledge，" Harvard Business School Press（1995）；"Jumping the Curve，" 脚注8。

[2] J.M.Utterback，Mastering the Dynamics of Innovation，HBS Press（1994）. 厄特拜克追踪了许多行业的参与者的情况，随着他们从市场幼年经过活跃的中间阶段进化到转变时期，那时主导企业和主导设计被新进入者用更好的产品淘汰出市场。他所报道的一些行业除了打字机外，还包括浮法玻璃、人造丝和电脑组件。他的观点非常有趣，特别是同斯莱沃斯基在《价值转移》中的观点相比和对照来看，后者在其提出市场进化的三个截然不同阶段：转移进入，稳定化和转移出去。

[3] 当测定最先进入者保持市场领导力直至该市场完全成熟的能力时，注意到支持市场先驱成功的比例只稍稍大于10%，该命题的统计结果让人清醒，接近50%彻底失败，而剩下那些被市场后进入者所超越。G.J.Tellis和P.N.Golder，"First to Market，First to Fail? Real Causes of Enduring Market Leadership，" Sloan Management Review，Winter 1996. 从营销观点来看，"等待和观望"方式或许是值得表扬的。然而，从知识产权的观点看，那种方式将来一定会灭亡。

只有促进生产力技术或者如今在市场上已经失败、过时的公司战略性技术，那么这些还有什么价值？被排斥的技术者是否该提供资金给新对手来换取对方的恩典以分享进化的市场中正在萌生的财富？如果排斥性技术的所有者的商业设计能使他最终获得瓦解竞争的市场份额，那么为何他会想要接受，至少是直接接受竞争者的资金？总的说来，旧的市场领导者除非有深谋远虑，开发了市场战略性技术作为新市场及其拓展商机的赌注，否则不会拥有任何实际价值和利益。[1]

因而，在新的领域，不论是否经历着排斥性技术所有者引起的改革或突破性变革，市场战略性技术及保护它的知识产权权利都会为公司在其旧有市场上的持续竞争铺路。但这不是说当预见到市场将分崩离析时，任何渴望用一项创新战略来规避威胁的企业都必须在情况固化前采取行动。这促进了一种观点，认为创新规划必须是企业中一项持之以恒的职能，通过一些其他商业部门用来预测趋势相类似的市场情报来获得有关创新信息。事实上，如果企业一直静候不动可能导致企业居于其次，而如果企业静候不动等其竞争对手也能轻易发觉这个趋势，那么情况可能更糟。因而，“风尚分析”（fad analysis）成为一种重要的补充工具。

然而，不论致力于预测风尚还是趋势，要看清楚最有价值的一点是催动市场变革的改变

---

[1] 一些人主张IBM已经加快了这种趋势并且可作为最显著的即使不是惟一的在遭受被颠覆企业命运后重新取得领导者地位的企业案例。我不能同意这种主张。IBM的重新崭露头角在个人电脑为基础的文字处理市场上主要是其规模和多样化的结果。当电动打字机的市场坎坷不平时，IBM在其中的地位也像其他人一样陡然没落。曾经主导产品和市场设计的“电动打字机”商标也像所有其他进入者所提供的产品一样死亡了。与Xerox不同，那时IBM已经处于计算机市场，并且那时个人电脑基础上的文字处理机成为发展的形式，是一种规模和多样化好处的礼物。反对先前为获得目标市场战略性资产，圈住不可避免的当排斥性技术根本地改变一个市场时发生的价值转移而提出的构造或计划。

现状的因素。转型预测(shift prediction)是对创新战略所做的最有力的调整之一,设计成为阻止价值转移出组织而向预测不可知挑战。当然,预测要靠企业设计一些规划来使自己参与超越当前情况的思考,并且还得有些"运气"才行,但实际上这"运气"是大量准备和机会结合的产物。但真正的好处是取得一个知识产权上的有利地位,使其定位尽可能接近转型,从而获得最终成熟的趋势或风尚及其商业化中产生的报酬。

市场战略性技术可以缓和技术攻击

人们不可避免地越来越注意到排斥性技术会引发背离企业商业设计的价值转移,不仅如此,从为开发市场战略性技术而制定的创新战略中发现价值还有其他的原因。

在某些工业领域,企业在购买专利组合时挑挑捡捡变得很平常,这种行为伴随着威胁(隐藏着的或不那么隐藏的),以此从不占市场主导地位的公司手里取得他们所需的许可,以免遭遇旷日持久的昂贵的诉讼。这种战略在一小撮企业中被证实是成功的。他们的成功进一步顺着工业食物链向下大量繁殖了相类似的效用。[1]

凭心而论,这些战略从资产分析家的利益出发看来是很有意义的。这些专利组合是通过企业投资创建的资产(不论是发明战略还是创新战略),并且应该像公司其他任何资产一样从投资收益(ROI)或资产利润(ROA)的观点来看待。如果它有能力就其资产价值获得回报,不论是内在的还是外在的,就不但要符合股东追求资产回报最大化的最佳利益,同时而且代表股东利益的管理层也必须采取这样的行动。那些被动接受的人们或许会发现这个动机不是那么高尚,但如

[1] 这将不会同管辖自己的专利或在面临侵犯时主张权利的习惯做法相混淆。本文特别提到声称一大批根据针对什么企业而主张命题的专利必须处理好由专利组合或其主要部分形成的更广阔前景问题的"战略"。有时这伴随着相关的公司如果不是使用某些形式的受保护技术就不可能在市场上竞争的主张;因而表现为一个有效的竞争者就是侵犯的充足证据。不论途径或其动机,指定的矫正方法是同样的——计算市场战略性技术权利自有品牌的收费。

果他们有足够的远见，就不会这么无助了。

某个由一群只关注高额投资回报的人组成的谈判小组去访问一家公司，后者通常发现自身处在非常类似于先前说过的被排斥技术者的地位。他们除了金钱以外还能提供什么呢？“垃圾”和促进生产力技术通常鲜有价值，同时，当侵蚀本公司竞争性优势来源的价值的技术现在有利于主要的竞争者时，剔除公司的战略性技术显得特别令人痛心。这些企业迫切需要拥有市场战略性技术作为基础来进行交叉许可，保留公司至关重要的技术，这样就会立刻拥有一类任何该市场的参与者都能看到和愿意支付的价值。

以排斥性技术为例，一项用来使市场战略性技术赢利的创新战略无法单个运作，需要采取计划在预计的商业或法律问题出现之前开发这些资产。同样地，拥有对手市场上的技术资产战略或在其中占有一席之地，这种结果可以深刻地影响谈判的性质。综合考虑开发市场战略性技术和相关的知识产权权利的策略是一项能提高竞争优势的战略。

市场战略性技术可以转移诉讼威胁

前述的主旋律中有另一个有趣的变奏。一家企业并不需要处于实践交叉许可形式的一小撮行业之中。专利诉讼的上升趋势不太可能消退。如果技术没有完全占据优势，那么它将继续经历竞争性生存，同时法庭颁布禁令来保护市场份额，判决大量损害赔偿来补偿经济损失。这对许多公司来说是富有意义的解脱，但这也招致了对损害赔偿的刻意追求。出售包含或基于新技术的产品的任何一家企业都承担着成为专利侵权诉讼案件中被告的风险。

尽管许多被告持有不同的观点，但是大多数专利侵权诉讼是因为原告真的认为自己受到损害，并且能够为之提供证据。除了动机之外，今天仍像过去那样，即通常只有原被告双方在法律上具有差不多的支持时，案件才有可能审判或实际被审判。当情况很清楚地有利于一方或另一方时，因为现实可行，那些事件通常将很快得到解决，剩下一方或另一方为他们缺乏讨价还价的杠杆而失望。[1]然而大多数案件仍然在昂贵的专利诉讼过程中走得太远，这不仅要承担显见的法律费用，而且机会成本的损失或无法制定和执行商业计划的损失通常会远远超过实际诉讼成本。

避开或迅速解决酝酿中或发生实际争执的能力有着巨大的价值，远远大于诉讼双方和解的价值。[2] 当被控告侵权的组织持有对手感兴趣的市场战略性技术专利时，协商快速解决方案的能力几乎总是很有帮助。就像上面探讨过的被排斥的技术者那样，在某些情况下光靠钱不足以解决问题，比如那些由市场份额而不是收入导致诉讼的情况。也有可能出现下列情况：如果专利权人，比如排斥性技术所有者，算计着由于市场份额将最终产生大量的收入，那么只要继续其现行战略，其无论如何都将获得那笔收入。

进入本章的中心观点，解决基于转移权利（transfer of rights）的争论的动机由于出现可以加入谈判的市场战略性技术而明显得以增强。否则，除了金钱，被控告侵犯的企业除了自身的公司战略性技术外几乎不能提供什么了，而如果转移后者的结果导致同时失去了所代表的独特竞争优势，那么企业转移其战略性技术将会导致悲惨的结果。

市场战略性技术将充实新兴企业的手头资金

迄今为止，我们已经从处于排斥性技术背景下的大型企业、处于交叉许可谈判典型非平衡状态下的小一些的企业、以及任何面临着被诉侵权的企业的观点出发，了解了持有市场战略性技术权利的优势，和未能拥有这类技术的问题。现在让我们收缩视线，去观察那些处于创始或发展初始阶段的

[1] 该讨论假设一直在执行惯例的商业评价。通常，通过诉讼获得的首要商业目标是保存市场份额或创造关于专利技术的收入流。诉讼通常只是一种战略或多半只是一种实现目标的策略。有时，或许经常地，其他商业目标可能会上升来对抗辩护公司法律权利的重要性。在商业判断的传统实践中，本章中考虑到市场战略性技术发展的建议恰到好处，它们在试图控制对手的行动方面有独到的地位。

[2] 这些成本应该在完成远景的残值情境下估计。即使是一个“得胜的”被告（在谈判中看似矛盾的一种情况），也没有什么可显示成功的。证明自身正确的成本可能非常高，并且结果苦乐参半。几乎普遍地，沉重的诉讼费用往往让人得不偿失。但是，当情形因获得和配置市场战略性技术而发生改变后，公司即使在诉讼是通过许可解决后，公司仍然有价值资产——它继续持有保留回报额外价值的能力的权利。

企业，以及资源上太贫乏最后眼睁睁地放弃近在咫尺的机会的企业。在这里，发展或开发市场战略性技术和相关的权利同样创造着重要的收益。

市场战略性技术作为战略性合作的催化剂

已经没有人对我们的社会已进入技术时代存在任何质疑——工业时代像农业时代和更早之前的狩猎/养殖时代一样逝去了。[1] 如同工业时代的资本家寻求获取建立在实物或个人财产上的财力（financial strength）一样，技术家弹奏着相同的基于创新中发现的知识产权价值的旋律。就像早些时候，物理的边界似乎是无穷的，而现在能有效运用的知识的边界似乎也是无限的。有时人们会因为毫不费力就有太多的好机会可供继续发展而陶醉，也会因为那些被忽略的机会容易被别人掌握而发狂。

根据这样的背景，有些企业拥有基础牢固但尚未成熟的技术有待于开发，并且一旦该技术成长到市场阶段，则需要为它提供一个显而易见的市场。在这种意义上，他们是等待中的排斥性技术所有者。他们中的许多人缺乏资源，有时是财务上的，但也有许多其他原因，使之未能足够迅速地实现潜在的排斥性技术，从而具备市场冲击力。好创意本身仍然多得很。从创意领域转向它们的实现需要进行某些附加的工作。

根据公司关注发展市场战略性技术资产的程度看，一项集中在开发控制这些排斥性技术的计划很可能会取得丰硕的成果。没有人会不认可那种类型的控制，只要这种控制在日后转化成对于市场的主导控制。但不一定非要成为主导——情况往往是不论如何衡量，只要能够影响市场就可以实现高水平的回报。

---

[1] 特别注意，“Jumping the Curve”。

在随后的案例学习部分，我们将探讨成功应用这些原则的一个例子。对于这篇评述来说，中心观点在于理解这一点：依靠市场战略性知识产权的翅膀，初生的企业或方案也可以高飞。这点无可否认地促进了它们吸引资金的能力。作者的经验表明，吸引战略伙伴的能力常比仅仅引入充足的资本有优势得多。条件就是如果你同样能吸引其他必不可少的资源，包括共同开发技术的能力和把它推向市场、为分销或销售使用该技术的产品提供有效平台的能力。

在必要的市场战略性技术上拥有一席之地就能走向下列结果。对机会的评价可以进行得更频繁些，至少在大多数人会要求进行风险评估时要进行。投资受到现有技术地位庇护的观念有助于慰藉大多数人，以此避免他们对进展中的项目能否提供预期回报率进行胡乱猜测。因而市场战略性技术是成功所必须的，这种技术地位对战略性伙伴关系的基本原理起到了支撑作用。

在这种情境下，技术所有者的利益来自于评价技术从实验室转移到市场上能提供多少贡献的能力。就像上面形容过的处于交叉许可环境中的组织，其常常依赖于定性而不是严格的定量评价，所以处于战略性伙伴关系中的组织也可以对其定性价值有适当的认识。尽管这种方法可能有些不严密，但仍然可以明确地提出精确的价值概念，其准确度不亚于常见的每天作商业决策、规模相似的财务项目。在这种情况下，向合资企业提供从其市场战略性技术地位发掘出的价值的一方，可以期望他的合作伙伴贡献出相当价值的人力和资本。这些通常是技术家所寻求的投入，如今他利用其市场战略性技术通过接受伙伴的捐助得到了，否则他不可能购买得起。我们将在案例学习部分看到某行业领域中的一家企业是如何玩转这项技术战略的。

初创公司寻求股权融资

当我们继续查看那些更小并处于发展更早期阶段的企业时，新兴的公司或初创公司提供了另一种视角来看待市场战略性技术资产从何处以及如何能获得远超出它们创建成本的价值。初创企业的经典例子想来就是某个或一小群关系密切的企业家执着于一项好奇的创意，产生了共同愿景的结果。这类企业将创意发展到超越概念层次以外，并通常拥有工业样本或至少可以充分展示其原理的试验。企业不约而同地拥有保护或正处于为其通常归为公司战略类的技术申请保护的过程中——通常是专利保护。这些公司只要能商业化和适当地分销产品或产品系列就很有可能实现财务上的成功，而现在他们只能干着急。由于这个原因，这些企业求助于资金源。

在各种因素结合得很好的情况下，仍然可以找到第一流的投资者，如风险资本家或老练的个人投资者为新兴的业务提供资金。当技术或科技产品不断地捕获这些投资来源的关注时，通常只有那些至少拥有工业样本的企业值得一试。在这一投资层面上，商业创始人通常必须出让40%～70%不等的公司股权给那些资金提供者。一旦企业已经长成，最初投入的资金换来的股权可能在企业壮大后会被稀释。但许多企业如果没有最初注入的资金的话可能永远也达不到那种阶段。

不考虑绝对的股权损失，大多数新生企业忍受着引进风险资金带来的让渡控制权以及大多数股东权益（equity interest）的痛苦。老练的投资者会确保投资协议包含公司所有的资产，这将包括技术权利和相似的无形资产。在这样的环境中，所有的观点都认为开发市场战略性技术的初始地位取决于一项风险投资的成功与否。

一般融资谈判以风险和报酬的形式表达，谈判桌上的不同方关注该关联概念的不同方面。在其他所有因素相同的情况下，投资者会因为假设存在高风险而要求高回报。两项无可否认的事实支持着投资者的逻辑：要求较多的股权是无可非议的——未来并不确定而许多这类新生企业在尚未回报分文前就失败了。❶ 经验表明反对这种立场是徒劳无益的。不论争论如何有说服力，它并不能有效地消除不确定性这个陈词滥调，并且失败的历史就像咒语一般对着投资者吟唱。古典博弈论中有一种更好的方法——改变游戏本身（changing the game itself）。❷

扩大创新的范围至少能以若干种可能方式中的一种使新生企业实质性地获益。典型的新生企业最初开发的一般专利组合在其公司战略组成中，即便不是很强势，也足够胜任了。以市场战略性技术作为补充，谈判合同比大大不同。如果他们有能力通过为专利组合开发市场战略性因素来获取更好的技术地位，公司创立者就能把额外的价值带到谈判桌上。增加的价值不仅可以导致传统的风险或回报、而且还可以导致成功或失败的意见发生倾斜，因为在这种环境下，潜在的投资者必须也考虑到出现超越企业新业务焦点的技术资产。

谈判可以沿着某种相关线进行，相关线什么样取决于投资者如何将价值归结给专利组合中的市场战略组分。如果重要的价值能归结给公司的这些资产，那么由于投资中可估价部分在这些公司资产中已经有所表现了，所以风险和回报的计算都可以朝着在一定范围内更少的股权的方向调整。另一方面，如果投资者不愿给予技术所代表的市场战略性资产足够的价值，那么可以从另一角度重新审视商业计划，将这些技术资产从商业核心中分离出去，而在作为这项业务许可方

❶ 当测定最先进入者保持市场领导力直至该市场完全成熟的能力时，注意到支持市场先驱成功的比例只稍稍大于10%，该命题的统计结果让人清醒。接近50%彻底失败了而剩下那些被市场后进入者所超越。G.J.Tellis 和 P.N. Golder，"First to Market，First to Fail? Real Causes of Enduring Market Leadership，" Sloan Management Review，Winter 1996. 从营销观点来看，"等待和观望"方式或许是值得表扬的。然而，从知识产权的观点看，那种方式将来一定会死亡。

❷ Brandenburger et al.，"The Right Game: Use Game Theory to Shape Strategy，" Harvard Business Review，July 1995.

的控股公司处保留它们。如果潜在的投资者只愿意把最低限度的价值归结给这些技术资产，他们对企业的基本价值也就值得商榷了。

当然，实际中从来无法实际得如此简单，并且对于是否需要通过将所有相关资产置于其直接控制下来保证公司尽可能强大的观点，总是存在着针锋相对、引人注目的争辩。然而，着手在新兴的运营公司同控股公司许可方间建立适当的关系，这种能力总是比在公司只有使命陈述但鲜有客户的环境下白白争论无形价值要容易和有效得多。同样，给投资者机会来直接或有选择地投资于控股公司被证实是可行的。下面的案例学习中将对部分上述论点进行更详细的考察。

市场战略性技术作为举债筹资(dabt finaning)的基础

如今大多数新企业可接触到的资本市场几乎无一例外地都是基于股权的，意味着有意提供资本的投资者对企业的部分股权及其所代表的潜在的未来成功感兴趣而参与投资。目前，还没有实际的市场来进行举债筹资，因为举债筹资容许的回报看来尚不足以弥补风险。然而，对于少数已经遵循他们的商业计划，在争取更稳固的市场立足点上进展更大的新企业，债务资本或许是种现实的目标。

贷方被说服在评价资产负债率时也考虑资产负债表以外的资产，以便评估是否足够充分——即，符合审核人员的要求，使其批准借贷安排。知识产权可通过增加企业资产的价值以使借方具备举债筹资的资格。银行和其他贷方已变得更为机敏，要求至少对这些资产有个起始价，就像他们对其他资产需要例行公事地进行估价一样。通过发展市场战略性技术地位来补充其目前专利组合中的公司战略组成，这使得公司有机会增加符合技术和技术权利的价值。这些技术资产能为相对更高的估价作担保，或至少能支持高估价，增加说服贷方将这些资产算作担保的可能性。

案例学习

我们从一系列优势点出发，审视了市场战略性技术这个概念，并显示了获得这种技术是如何能一贯地改善持有者的地位。❶本章剩余部分将更关注用来转移技术的许可战略，以及审视提供给那些倾向交易者的有用或可用于获取或处置市场战略性技术的许可工具。接下来的案例学习以实例展示了通常如何应用其中的某些原则。❷

案例1——多方面的途径

阿珂姆公司（Acme）是一家在其主要竞争对手捷安特公司（Giant）主导的行业市场上具有显著市场影响力的实力型企业。他们二者所在的市场份额相加几乎覆盖了整个市场，其余份额则由其他几家企业均分。在这个行业中通常将超过15%的毛利投入到研发上，但捷安特公司的规模远比阿珂姆公司大，在实际花费的数目上，捷安特公司的研发预算使阿珂姆公司相形见绌，事实上捷安特公司的研发预算大到几乎在阿珂姆公司所有收入中占相当大百分比。

这两家公司所涉及的市场是消费者驱动的，这是根据由消费者制定对成功的新产品特征的总体期望的程度得出的，但捷安特公司能够通过引导消费者需求朝向或背离特定产品特征来影响市场。捷安特公司靠其市场主导权和快速将新特征，通常是小改进，引入市场的能力来影响市场，捷安特公司施加这种影响力以引导产品需求朝向其在新产品中嵌入的

❶ 企业可以能过许多方式来开发市场战略性技术，但那一类讨论超出了本章的范围。

❷ 这些案例学习基于作者进行知识产权法律的个人实践时的经验和观察并且作为Innovatech有限公司的一项原则。在每个案例中，真实的计划和规划设计和执行都是高度机密的。因而，这些案例学习用一种掩盖公司身份及其战略精确细节情况的方式进行报导，这些企业也是从他们运作的市场和行业中抽取出来的。

应该对遵循上面形容的原则的这些案例用一种极其简化的版本呈现出来而心存感激，这些案例被设计来传达价值而不是战术。采用这些案例的规划通常需要几个星期，有时超过一个月，来集合有关的背景信息和运用合适的战略，而全面发展后者动辄要就花费一年或更多的时间。

特征。尽管公司不能实际操纵消费者的花费，但以这种方式捷安特公司在市场扩张中成功地捕捉到的份额比阿珂姆公司能支配的市场份额更大，尽管阿珂姆公司自身也拥有非常有竞争力的新产品。

阿珂姆公司担心永远也不能赶上捷安特公司的步伐，更担心一旦自身的研发努力不能继续产生满足消费者产品特征期望的产品并保持类似捷安特公司的成本，他们的市场份额就会落后。捷安特公司有一个巨大的并不断增长的专利组合，阿珂姆公司害怕只要任何时候捷安特公司某项新产品有了突破性的改进，就会夺走阿珂姆公司的市场地位。阿珂姆公司相对自信的是只要新产品改进经历目前的进化阶段，就能够赶上捷安特公司。然而，因为捷安特公司事实上有能力满足几乎所有的市场需求，所以阿珂姆公司认为自己很有可能在下一阶段的产品革命时被挤压出市场。市场上已有许多份额较小的小型竞争者由于继续竞争对他们来说无利可图而逃离了这个市场。

阿珂姆公司委任了一个计划小组来设计一项规划，使公司在其新产品市场的竞争性斗争中不需要更卖力，而是更敏捷地运作。公司设计了多项采取战略主动的活动来应对这项挑战。

因为他们的产品掌握在顾客的手中，顾客是主要的系统集成者。如果人们期望获得超额报酬的话，必须响应其市场需求。因此，计划小组第一时间关注的是同后者的接触界面。

计划小组设立了发展技术地位的目标，同时强调使用新产品作为顾客决定的最终系统的组成部分，并且研究使用这些组分系统的应用范围。这些应用随着整合在不同新产品模型中的产品特征而改变，计划小组也对市场就这方面进行了审视。小组从下游用户占优势的角度评估了产品功能和在功能上的需求范围，这些功能需求可能在短期和中期内显现，因此阿珂姆公司开始将自身定位于采取不同的立场来对待客户，通过影响同其客户的联系来与客户进行交易。阿珂姆公司通过获得市场战略性技术地位来寻求这种优势，该地位能够影响阿珂姆公司的客户之间对新产品的交易以及客户在自己出售给市场的系统中使用新产品的方式。

成功的技术战略是多方面的。不论插足到客户与客户间的界面或许会多么有帮助，阿珂姆都必须准备好同捷安特公司正面交锋。这绝对会更为艰难。

在技术战略方面，第一步从对捷安特公司进行趋势分析开始。这一战略阶段是补充从捷安特公司在全世界范围内递交的专利申请书中获取的有关捷安特公司的公开信息，然后阿珂姆公司自身相当有能力的技术人员以他们对捷安特产品的理解进行解释。利用可靠的可预测趋势的技术，计划小组能够发现捷安特公司已建立优先权的特定领域。其他信息，例如最近的雇佣趋势，向小组传递了许多关于捷安特公司在何处配置资源的信息，并且这可以用来结合其他信息，如新产品发布和散布给股东的信息。在自身对目前技术边界情况和技术过去的变化率的理解帮助下，根据捷安特公司部署资源的情况，阿珂姆公司能够预测出捷安特公司将会采取的几种可能的技术途径。通过推测捷安特公司的走向，计划小组将阿珂姆公司领入发展最接近可预测的变革碰撞的市场战略性地位之路。

认识到排斥性技术的冲击力以及该技术很可能会由目前主导设计所有者以外的企业带入市场后，计划小组精心策划了一项计划，打算投资于行业中其他企业。这项程序始于检查各种可能性，结合一些超出现有范围的思考，考虑在这些可能性中什么最有可能发生。在这类长期市场观察中，有关排斥性技术的最大问题就是，猜测错误的可能性很高。然而不论此种前景的可能性有多大，计划小组相信阿珂姆公司的员工不会在每项对行业未来趋势的猜测上都完全猜错。

考虑到未来发展的许多可能性，阿珂姆公司也决定了当市场上的这些竞争必须成功时将不得不采取的行动。如果阿珂姆公司的技术专家能比较接近地预测市场是如何开展的话，我们便可使用回归技术绘制技术发展需要遵循的轨迹。即使通过多种可能的情形来预测，轨迹并不一定会变得更清晰，但是我们能够更容易看出这些可能性的共性。阿珂姆公司全神贯注地在那些共性处开发市场战略性地位。在这种方式下，尽管公司或许会在对未来的最终预测上失误，但其也会因为处于目前市场通向下一阶段的最有可能的行进轨迹上，而获得通往未来的“把关人”（gatekeeper）的地位。

案例学习 2——一项先发制人的交叉许可战略

阿珂姆公司新产品业务开展的结果就如管理部门所期望的那样，并且同捷安特公司间的竞争似乎也处于控制之下。阿珂姆公司认识到他们需要多样化经营，因此收购了奇迹公司（Marvel），一家生产线陈旧的零配件业务制造商。

随后不久，阿珂姆公司突然收到了从亿宝公司（Rambo），零配件市场上的一个竞争者发出的通知。现在，阿珂姆公司被指称其某些产品的特征和制造方式侵犯了亿宝的专利权。亿宝公司威胁要关闭阿珂姆公司的业务，除非阿珂姆公司能达成一项广泛的交叉许可并且向亿宝公司支付可观的平衡性付款（balancing payment）。亿宝公司二十多年来一直在零配件市场上经营，并且在用自己的专利对抗行业中其他企业方面很有经验。从小道消息中可以看到亿宝公司有一段成功地通过这类谈判达成目的的历史，并且从大多数企业那里收到了可观的报酬。

除了同亿宝公司谈判，阿珂姆公司别无选择。管理层通过咨询得知亿宝公司可能有起诉阿珂姆公司的充分诉因，因为亿宝的专利和保护范围相当大。即使阿珂姆公司发现一条绕过亿宝公司专利的途径，公司也很有可能又陷入别的麻烦。在检查购入奇迹公司时获得的专利组合过程中，计划小组已得出结论：该公司严重倾向于用旧的产品和工艺进行制造。奇迹公司曾经放任其知识产权落后于市场地位，因而在其技术中找不出什么谈判的价值。

与其在这些情形下进行诉讼，阿珂姆公司决定屈服，并经磋商达成了能争取到的最好的交易。结果是达成一项五年的交叉许可并依惯例期满中止，连同一大笔在起初两年里分期支付的转让手续费。

就在谈判结束后，为避免在再次谈判时陷入同样的困境，阿珂姆公司的管理部门调查了所必须采取的措施。阿珂姆公司已经着手一项计划来为奇迹公司的生产线引入新技术。管理部门指示由计划小组开发一种战略，以便在下一回合中能保护这种技术，同时也尽可能做到无须向亿宝公司进行支付。

计划小组开始重新研究亿宝公司整个专利组合，探寻其持有的哪些技术可能会对阿珂姆公司有价值。这包括预测任何可能同阿珂姆公司的工艺和产品特征技术的演进轨迹相交的地方。计划小组识别出亿宝公司的几项专利至少在现有交叉许可存续期内很有意义，除此之外或许还有更长期的价值。尽管阿珂姆公司认为通过在这五年期间绕过它们进行设计，或许能够避开这些专利，但最初的观点认为，使用亿宝公司的专利现在着手于彻底重新设计或许能更好地利用资源。

计划小组总结认为，阿珂姆公司必须抓紧发展其在市场战略性技术上的地位。他们最终采纳了两种手段。

阿珂姆公司的第一步是发展能广泛直接用于零配件市场

的市场战略性技术。阿珂姆公司用这种方式来努力改进其技术高度，以期当公司间进行下一轮会谈时至少拥有平等的议价地位。有了先前缓和捷安特公司施加的市场冲击的经验，阿珂姆公司继续采用相似的计划来构建零配件市场上的市场战略地位。

但是设置屏障也很重要。为此，阿珂姆公司评估了亿宝公司除了零配件产品外的多样化业务，这项调查揭示了发展市场战略性技术地位的额外机会，这些机会瞄准亿宝公司价值链上的不同环节。调查还显示亿宝公司的制造设备相比同领域的其他企业已相当陈旧，尽管因为制造负担低，亿宝公司能够将其生产成本保持在控制下，但在计划小组看来，显然亿宝公司将很快被迫现代化其工厂和设备。

计划小组决定调查开发工艺技术方面的机会。尽管企图预测亿宝公司究竟可能选择采用何种技术被认为是过于野心勃勃，但阿珂姆公司相信存在着某种该领域里任何企业都会探索的路径。阿珂姆公司通过不懈地工作以期在将会成为最容易或执行起来最有效的制造技术上取得地位，并期望能迫使亿宝公司采用更复杂或成本更高的产品技术，或者向阿珂姆公司寻求许可来采用被公认为最有效率的工艺。采取这种做法，阿珂姆公司相信其能在同亿宝公司的下一轮谈判中获得更优越的议价地位，甚至或许能在目前的五年协议期满之前迫使亿宝公司进行谈判。

案例学习 3——创意丰富但投资不足的企业

詹尼特公司（Xenith）是一家中等规模但非常成功的轻工业设备制造商。该公司目前的销售额大约有 1 亿美元，并且可以维持对目前产品线持续的研发。这家企业拥有一群特别有创造力的工程师，他们的考虑比市场可能发生的变化方式更超前。詹尼特公司预言将会产生新的对产品特征和附加功能性的需求。詹尼特公司计划出这些未来产品的可能需求并且作出财务预测。公司得到的鼓励是，如果能引进即使半数的发展方案来实现这些创意，那么公司就能够在接下来的五年里将规模至少扩大到3倍。

詹尼特公司立刻被看到的机会所鼓舞，但又因为无法从现有项目中抽出资金来支持新一轮的产品开发而沮丧。詹尼特公司担心他人最终将看到同样的机会，一家资金充裕的企业，或愿意冒着失去目前地位的危险从现有产品中抽调资源的企业将攫取这些机会。

詹尼特公司寻找投资者来为其开发工作提供资金，但尚未吸引到董事会可接受的资金。詹尼特公司决定继续开展计划的最佳方式是寻找一位和其在共同市场上有共同利益的战略伙伴。然而，公司考虑到自己并非处于最佳的谈判地位，并担心面临着必须放弃太多成功开展计划的好处来保证从合作者那里获得必要的资金支持的前景。

计划小组看到一个初步发展一些基础的市场战略性技术机会，在接触潜在战略联盟伙伴前保证公司自身的地位。这样做的过程中，詹尼特公司从两个重要的方面改善了自身的地位。首先，由于詹尼特公司拥有为共同风险贡献价值的资产这一点变得更为显著，其将更有可能吸引一个认真的合作伙伴。这些市场战略性资产的价值能够用于在谈判中平衡合作者所提供的资金和其他资源。用这种方式，詹尼特公司利用其技术资产从合作者那里得到了大大超出创建无形资产成本的价值。其次，詹尼特公司控制了开发过程。在加入同他人的合作伙伴关系前，公司已经对其技术地位进行了保护，这样有待开发的技术就会处于詹尼特公司已有技术专利的保护伞下。詹尼特公司从而建立、保持和加强了其所控制的技术地位。

案例学习 4——一项新的风险策略

纽克公司（Newco）是为了利用其创始者之一，一名退役运动员的革命性创意，通过他来推销一种新的运动产品而成立的。这种产品毫无疑问有着广泛的消费者吸引力并能以较低的原始成本制造，预计的财务情况格外有利。纽克公司已有一个样品并且证实了其制造工序的有效性。然而，纽克公司已经将资本用尽因而需要筹措资金来继续生存。

纽克公司找遍了所有商业贷款者，即使他们以创建者小团队的个人资产作抵押，也没有任何一家银行有兴趣出借所需的资金。纽克公司后来求助于产权投资市场，而维易科公司（Veeco）表现出一点兴趣。维易科公司审视了其商业计划并认同其在理论上有较好的商业潜力，但也表示营销和分销限制可能导致企业无法执行其计划。

维易科公司称其愿意进行必要的投资，但坚持要获得纽克公司 2/3 的股份来平衡风险。维易科公司称其必须拥有控股权，因为尽管被纽克公司创建者的技术能力所打动，但他们确信企业尚无足够的商业经验来实现市场成功。

纽克公司从其他新企业那里听说过投资者可能会由于商业化成功的风险而试图谈判要求控股权。当纽克公司的成员们对他们集体缺乏商业经验这个显然的问题一筹莫展时，他们制定了一项计划来中和投资者施加的影响以保护控股权。

纽克公司看到了扩展其技术地位的重要性。尽管公司由于能够利用其创始人的受欢迎程度而大举赢利，但其仍然对运动市场感兴趣，他们发现了技术总体来说在医疗市场上，特别是物理治疗上的其他应用可能。纽克公司通过拓宽市场战略性技术，开始建立超过其直接商业计划的商业活动范围，从自身角度出发准备好应对同维易科公司谈判时面临的各种情况。

纽克公司重新开始同维易科公司的磋商，认同公司可以从更有经验的管理中获益，但拒绝维易科公司让创建者放弃公司控股权来换取那些好处的主张。纽克公司提供了几种基于其市场战略性地位强度的对策。最后，双方达成一项多重投资协议，外加建立另一个企业，领汇公司（Holdco），来持有纽克公司先前开发的知识产权。纽克公司重组为制造和营销公司，其中维易科公司获得微弱的控制股权优势。创建者团队获得可在数年内行使权利的保证，允许他们通过改变最初些微有利于维易科公司的平衡而重获控制权。领汇公司被授予在纽克公司进入市场过程中，变动许可使用费百分比的权利，该百分比根据公司执行的商业计划的不同阶段而变化。领汇公司同样也企图渗透入其他市场，在那里或许能为其产品发现一些利基市场（niche），并有可能将这些机会带入纽克公司。维易科公司在领汇公司那里有着虽然较弱但并非无足轻重的地位。

尽管这给纽克公司的创始人造成了一个复杂的税金计划问题，但他们发现合理掌握企业控制权的能力胜过了会计上的头痛。如果纽克公司获得成功，在过渡阶段后，一旦将新企业引入市场的管理技能不再是重点，那么向创始人团队返还控股权后，维易科公司将进入被动投资的地位。这一成功也将同时转化为领汇公司能获得更庞大的专利使用费收入，由于维易科公司也参股了，其也能享受这份收益。倘若纽克公司失败了，无法实现其运动产品市场的成功，基于持有基础更宽泛的战略性技术，领汇公司将仍然能产生收入。这是否能被证实是成功的财务屏障还有待于观察，但那种可能性给了维易科公司达成这项交易所需的安慰。

结论

市场战略性技术有能力为所有者产生极大的杠杆价值。

那种价值体现在很多地方。我们简要地审视了一些情形，例如当市场战略性技术构成竞争性优势来源的基础时如何获得价值，特别是在排斥性技术就快产生时新兴的市场战略性技术的价值在同对手谈判时会显现出来。案例学习提供了其他的例子。

人们可以想象其他的情境，在这些情境中涵盖市场战略性技术的知识产权将极大地影响公司的未来。但是这些知识产权的获取和最终价值不是轻易就能得来的。那需要一项缜密的创新战略，谨慎的设计以及精神饱满的执行，还有随时保持关注的焦点不涣散。[1] 但是，对于那些有着远见卓识和不屈不挠精神的人来说，回报必然是在即将到来的时代里的繁荣兴旺，而不是财富的流失。

---

[1] 像其他公司战略一样，这里建议的创新战略途径将不断经历董事会的详细审查。战略审计现在被推荐，董事会以非常类似的采取财务审计的方式实施定期监督。见 G.Donaldson，“The New Tool for Boards：The Strategic Audit，” Harvard Business Review，July-Aug.1995。

Donaldson并没有强调定期审计创新战略问题，因为作者对商业顾问更为熟悉的公司战略更感兴趣。对于那些有着先发制人的创新战略的公司，由于创新同一般经营战略的联系，可预计他们也将归入评论的范围。对于没有那种战略的公司，可预见对商业计划或设计的审计将突出那种带着试运转获得世界一流创新战略所必要的工作观点的冗长意见。在任何一种事件中，商业必须为新水平的公司监督作好自身的准备。

TECHNOLOGY LICENSING

第二部分

专利使用费率

第十一章

情境在得出专利使用费率中的重要性

引言

20世纪90年代，技术变革快速且持续不断。新闻媒介经常报道一些新技术，这些技术能使我们提高效率、降低成本。知识型企业承受着越来越大的压力，被逼迫着来跟上竞争者狂热的步伐。曾经因依靠内部开发而觉得自豪的企业现在发现，很难在如此快节奏和竞争越来越激烈的环境中继续把有一种“不是自主发明的”(notinventedhere)的心态。不断上升的开发成本和商业化成本以及拥挤的技术领域，正迫使企业搜索他人的市场和许可技术，以使其跳过竞争并保持市场主导地位。许可活动的增长已导致许多企业将对外许可看作一种可供选择和可获利的产生财富的来源，而不仅仅是收回沉没研究成本的途径。

许可是一家企业对另一家企业的许可或授权。在许可协定中，资产的所有者保留对资产的所有权，在一个具体时期内将特定权利指定给另一人，同时收取某种形式的报酬。在对外许可时，许可方允许被许可方从事一些只有得到许可承认才能进行的活动。因此，许可方有权向被许可方收取他获得的增量利润的公平份额——即被许可方将实现的超过没有得益于许可前的增量利润。

许可过程是一种在双方或更多方谈判中练就的艺术。这个过程通常很艰难，因为需要各方就开发知识产权的权利取得一致意见，谈判才能成功。这些知识产权经常是极有价值的，其中，双方都拥有、主张甚至想得到一份利益。利益的范围、知识产权权利以及开发安排的可能性是无限的，这些使得从无数可能性中得出一个皆大欢喜的协定的谈判过程，确实成为了一种艺术。[1]

尽管许可谈判会呈现出艺术的形式，谈判的结果却是一项对双方都有经济影响的协定。

在过去，许可作为一种主要的技术商业化活动，通常由企业中的一少部分人处理——往往是CEO或专利代理人，很少有指导方针和准则，成功依赖于指导商业化活动的个人的背景和经验。通常许可协定是在个别的基础上谈判的。只要许可对公司的重要性有限，这种无计划的方法是可以接受的。随着许可已经变得更为普遍，商业化活动已遍布整个公司，特别是在知识型公司中，并且尚未估价的专门技术的管理者也需要计算在各种不同许可情境下知识产权的价值。

在计算专利使用费率之前，有三个基本问题，回答这些问题，将能够使决策制定者投入适当的资源，并得到需要的精度。(1) 为什么要进行估价；(2) 资源约束是什么；(3) 谁是需要这个结果的人？本章将强调在估价中情境的重要性，以及情境是如何影响选择许可协定中计专利使用费率的方法。因为前几章已经提供了太多的信息，本章不再详细解释众多的估价方法，而是建立几种典型评估情形来帮助读者懂得如何在准确性和资源限制之间达成平衡。

是否对进行估价及如何估价的决策可以在三个不同时期作出：(1) 当某项技术第一次被识别为具有商业潜力时；(2) 当已经识别出某个潜在的被许可方时；(3) 当某个竞争者侵犯公司的知识产权，而公司希望通过诉讼来要求赔偿费时。我们或许可以将这三个决策中的 (1) 称为先期的或商

[1] Arnold, Tom, "Basic Considerations in Licensing," les Nouvelles, September 1980.

业化前的估价；将（2）称为谈判前的估价；将（3）称为诉讼决定。

我在此形成的综合观点依赖于从经济和技术文献中发现的许可研究、观察工业实践和访问许可管理者。作者将以此帮助管理者根据决策时的情境来选择专利使用费率的估价工具。

理解情境

对无形资产的估价是一门不确切的科学，通常主要依赖于对未来事件的设想。执行一次准确的估价需要使用适当的方法并结合合理的假设，因为不同的估价技术会给出不同的价值量值。为了尽可能准确地计算价值，选择合适的估价方法很重要。评价一项知识产权的第一步是决定估价的目的。如果以销售为目的，其假设或许就完全不同于许可协议的相关假设。结果，这将导致估价的价值与此大不相同。

对于许可来说，经常需要决定专利使用费率的三种情况是商业化前、谈判前和诉讼决定时。理解这些情况中的任何一种情境及相关的限制，将能够更为准确地选择出合适的专利使用费率评估方法。

商业化前

在许多知识型公司中，商业化过程是由一系列技术检查点或障碍组成的，公司为了技术发展和最终进行商业化必须克服这些障碍。第一步是决定一项技术究竟是应该开发比较可行还是商业化比较可行。技术本身的商业价值并不高。具有商业吸引力的是技术在产品或服务上的应用。一旦识别出可能的应用，下一步就是估计市场的大小和潜在的收益。在估价阶段，信息通常是不充分和稀缺的，资源有限，并且新投资的总体风险很高。通常情况下，成功不需要完全准确，但必须要有一个正确的最初价值估计。目标是大致地估计出市场的大小、开发费用及因此发生的收入流。在早期阶段，人们普遍都不知道该技术的最佳商业化途径是什么，因此记住许可只是可能的商业化选择之一很重要。

技术管理者认为，有限的资源特别是时间，是在这个阶段实施价值估计的最大限制。潜在被许可方经常主动接触公司，期望能得到专利持有者的知识产权的许可。作为回应，许可公司的执行官要求技术经理测定潜在的许可收益流的价值，这通常以初步估价的形式表达，周转时间较短。此外，被要求评价技术的人先前或许有，也或许没有估价经验。研发和营销经理常常被要求计算潜在的专利使用费率和收益。这些人和随后谈判许可协议的人并不总是同一人。由于时间紧迫，准确性的要求不高，并且对先前估价经验的要求或许也不高，在这个阶段需要使用几种不同的又快又简单的估价方法来估计潜在的收入流。

谈判前

一旦对商业化前的备选方案已经进行了估价，并选择了许可作为可取的商业化途径，那么就要开始寻找被许可方了。一旦锁定了某个潜在的被许可方，企业就进入谈判前阶段。从初步的估价那里，企业获得了对许可收益的初步评定，并且还需要在与潜在的被许可方谈判前用额外的信息来支持这些数字。尽管每个许可协定都是独一无二的，在确定专利使用费率时，双方都应该考虑到一些标准因素：

■ **许可条款。**许可协定是排他性的还是非排他性的？在一个排他性协定中，许可方承担了更多风险，同时很大程度上通过限制潜在的竞争，授予被许可方更多的机会，因而一项排他性协定的专利使用费率通常要高一些。

■ **竞争优势。**技术能提供给被许可方的有用程度或竞争优势的效力是最重要的。提供在竞争中具有显著领先地位的技术比只提供追赶机会的技术更有价值，能够充实被许可方的公司实力，并且使其提高战略性地位的技术能力是最有价值的。

■ **节约成本。**如果不进行许可，被许可方必须通过绕过许可方的专利进行开发的方式来建立自身的市场地位，或者必须以巨大的成本开发自身的技术，那么许可这项技术为被许可方节约了金钱，因而可以证明支付更高的专利使用费给许可方是合理的。

■ **法律保护。**作为许可协定的一部分，许可方提供给被许可方的保护性质和数量是主要的考虑因素。对于一项被证实为可实施的并且易于发觉侵权的专利，其专利使用费率将会更高一些。不仅被许可方必须被保障得到充分的法律保护，而且许可方已准备好并有能力对抗侵权者。

■ **技术成熟度。**技术是否经过彻底开发并且可以立即用于产品的设计或制造，它在商业化应用前是否需要进一步的改善或开发？比起需要额外开发的技术，完全开发的技术要求更高的费用。

■ **商业成功。**与那些尚未被市场认可或还未取得商业成功的技术相比，被证实具有市场吸引力并能显著提高销售额的技术要更有价值。

无论如何，在许可谈判中，量化所有上述因素并且把它们包含在专利使用费率的计算中对双方都有用处。负责谈判者在专利使用费率的计算中也扮演很重要的角色，且一般已具有许可的经验。这是种很难获得的专门技术，它对评估市场可比性、行业标准和潜在的竞争都有帮助。由于公司正打算达成一项财务合约，对精确性要求会更高，并且公司愿意花费更多的时间来得到更准确的价值估计，因而会不余遗力地投入资源。

诉讼

或许会有那么一天，某家公司在市场上出售的产品或服务未经许可就利用了另一家企业的知识产权。随着法庭认可发明公司的权利并判给他们数目可观的赔偿费，知识产权争端的数目一直在上升。在1982年之前，涉及争论知识产权权利的法律案件只在争议发生地的联邦地区法院内审理。知识产权案件通常涉及技术性的案件并且很复杂，多年来法庭将这类案件解释成消除竞争的一种方式。可想而知，许多法庭作出不利于知识产权所有者的判决。1982年10月1日，一个联邦上诉法庭单独为了审理知识产权案件这个目的而成立。自从这个知识产权法庭成立以来，司法上不再将知识产权理解成反竞争行为。大多数的司法裁决维护了知识产权所有者的权利。

这些变化意味着一项重大的逆转。自从1982年以来，裁决的重要国内和国际知识产权案例的数量，连同判决的金额数量一起，清楚地表明知识产权已经成为一项对企业有重要价值的资产。

知识产权争论中最重要的方面之一是决定"损害"，也就是公司由于他人非法使用其知识产权遭受了多少损失？计算经济损失要求高水平的精确性。任何专家关于侵权而导致损失大小的观点自然都会遭到相反方的驳斥，因而精确性至关重要。陷入知识产权争议的公司请非常有经验的专利代理人、经济学家或许可专家（或这三者同时）作为代表，目的是提供一个非常精确的损失计算。因为败诉的代价太高，在这种情况下会导致公司不遗余力地花费时间和金钱。

计算专利使用费率

没有一种计算专利使用费率的方法是绝对正确的。然而，围绕估价环境定义参数是非常重要的，那样反过来可以帮助明确估价所要求的精确性水平。可供选择的估价方法根据不同的精确性水平将提供不同的价值判定。从根本上说，涉及到精确性和资源成本（人力、时间和金钱）间的平衡。下面简单地描述了一些更常用的专利使用费率的开发方法。表11.1给出了专利使用费率评估方法的概要、它们的优势和劣势，以及每种方法适用于什么样的情形。

25%规则

这条规则称一个许可方至少应该收到占被许可方税前毛利25%的专利使用费。这类似于占被许可方销售价格大约5%的专利使用费率。尽管这种计算简单又花费不多，但它没有回答一个相当重要的问题："毛利"究竟意味着什么?是否应该将销售、管理和营业费用包括在分析中？用于制造只需少许营销努力的产品的知识产权，远比用来创造需要销售强度高度专业化的产品的知识产权要有价值得多。两种专利产品或许在制造成本上相同，并产生相同的毛利，但一种产品可能比另一种需要更多的售后支持。一种产品所需的额外销售支持使得那种产品对被许可方来说盈利性较低，因而这两种产品不太可能会要求一样的专利使用费。25%规则没有将那种因素考虑在内，因而企业可能无意识地在考虑时将它们忽略在外。

市场或工业标准方法

市场方法由获得市场对相似交易价值的一致意见——例如，行业的专利使用费率或相似知识产权的专利使用费率所组成。不必考虑市场规模、成长潜力、净利润、投资风险以及互补资源需求。对于经常协商许可协定的行业，或许比较容易找到行业费率。在如此情况下，这种方法提供了一种快速和简单的途径来估计平均专利使用费率。然而对于大多数行业来说，

表 11.1　可供选择的专利使用费率估价方法

方法	优势	劣势	情境
25% 规则	简单 花费不多 近似估计	没有考虑： 真实的可赢利性 投资的风险 / 回报 精确性较低	商业化前 提供最初对价值的近似估计
市场方法	如果可以获得数据，提供决定行业内或平均专利使用费率的可靠方式	假定目前的行业标准是正确的 获得准确数据的成本较高需要具备类似交易很活跃的市场	如果能不费力地获得数据，那么这对商业化前阶段来说再理想不过了； 如果数据尚未准备好，但有可能被找到，那么就在谈判前准备好
销售的回报	快速 简单 花费不多	精确水平较低 难以测定如何在双方间适当地分配利润 没有考虑： 互补资产的价值 投资的风险 / 回报	商业化前 提供最初对价值的近似估计
研发成本的回报	简单 花费不多 研发成本易于测定	研发成本很难等同于知识产权的价值 没有考虑： 精确性水平较低 互补资产的价值 投资的风险 / 回报	仅仅在商业化前阶段非不得已时使用的手段
收入方法	高度可靠的方法 考虑到： 互补资产的价值 投资的风险 / 回报 市场规模 竞争性估价 需要跨职能的投入	估价的精确程度取决于假设的准确性； 在合适的假设上达成一致需要花费相当长的时间； 获得准确的数据非常耗费时间 需要有关于市场和环境的详尽的知识	因为更为资源密集，适合于谈判前，并在诉讼情况下十分理想
损失的利润	高度可靠的方法 非常精确的估价过程 考虑到： 互补资产的价值 投资的风险 / 回报 市场规模 竞争性估价	需要非常准确的假设； 非常耗费时间和成本来获得精确的数据； 需要有关市场和环境的详尽的知识； 需要独立的专家； 耗费很长的时间； 经常依赖于侵权者生产的成本	诉讼

这些费率很难找到。可能需要访问各种各样的技术经理或专利代理人来得到专利使用费率的范围，例如净利润的2%～8%。这种估计需要进一步的改善来决定特定情形下合适的专利使用费率。这种方法主要的缺点之一是许可方假定这些先前的专利使用费率的谈判已经正确考虑和解释了多种多样的影响费率的不同因素。

销售的回报

销售回报方法根据净利润的一个收益百分比来计算专利使用费率。同样，这种方法是快速、简单和花费不多的，但是它同样有好几个内在的缺点。可能最大的缺点就在于划分净利润给许可方和被许可方上的精确性。这种方法也没能考虑到任何投入公司的互补资产或知识产权。最后，这种方法根本没有考虑投资风险。

研发成本的回报

另一种计算适当的专利使用费的可能方法是判断在开发知识产权时花费了多少资金，然后加上成本的公平报酬。同样，这种方法是简单和花费不多的，但这恐怕是各种方法中最容易使人产生误解的一种。花费在开发上的总额很难等同于资产价值。如果许可协议的目标是使知识产权的价值得到公平回报率，那么适合的专利使用费应该提供资产价值的公平回报而不考虑开发成本。

收入方法

收入方法聚焦在资产产生收入的能力上。其基本理论是知识产权的价值可以通过资产生命周期中获得的收入流的当前价值来衡量。对于未来收入流的假设的复杂水平，以及使用的资本估价或贴现率，可以提供不同精确程度的估价。收入法的好处之一是它确实考虑到互补资产的价值、市场信息和这项尝试的风险。然而，为获取这些信息，常常需要跨越职能部门投入到决策制定过程中，且需要花费一些时间在假设上达成一致。

损失的利润或合理的专利使用费

通过以往的利润和专利使用费来计算知识产权的损失时，通常包括因为受到侵权而损失的利润，和/或使用受到专利保护的发明的合理专利使用费。

为拿回失去的利润，专利持有者必须证明侵权导致了其销售额的下降。著名的美国专利案件"*Panduit v. Stahlin Bros.* (1978)"提供了有用的指导。[1] 这个案件大量引发了所谓的泛达考验（Panduit test），要求专利持有者证明下面几点来说明有利润的损失：

1. 受专利保护的产品确实存在着市场需求；
2. 没有非侵权的替代物；
3. 专利持有人有制造和营销能力来开发需求；
4. 损失的利润总额可以量化。

泛达考验以一种常识性的观点来看待专利侵权——那就是存在着对专利产品的需求，并且如果不是因为侵权的话，专利持有者就能满足这些需求。如果一个专利持有者不能证明上面列出的情况（例如，在市场上没有非侵权替代物），但侵权很清楚地成立，专利持有者有权利根据侵权者的销售获利而获得合理的专利使用费。合理的专利使用费补偿的选择反映，至少是部分地反映出了证明利润损失的难度。合理的专利使用费是建立在使用先前提及的任何一个或综合的方法上。

赔偿费专家的主要目标是决定在侵权发生时什么信息是

[1] Panduit Corp.v. Stahlin Bros. Fibre Works Inc.,575 F.2d 1152 (1978).

可知的。在诉讼案件中计算经济损失时高昂的成本很大程度上要归咎于计算中所需的高精确度水平。

总结

本章强调了在估价时情境的重要性以及它是如何影响选择合适的计算专利使用费率的方法的。无形资产的估价是一种不精确的科学，它严重依赖于对未来事件的假设。一次准确的估价需要结合合适的方法与合理的假设，二者都由围绕着将进行估价的环境来决定。三种典型的估价情境：商业化前、谈判前和诉讼，它们说明了精确性和资源限制（人力、时间、和金钱）的取舍。在商业化前估计阶段，信息是稀缺的，资源是有限的，而且商业化是一项高风险的尝试。在这种早期阶段，实施估价仅仅是为了决定大致正确的对市场规模、收益流和开发成本的估计。一旦锁定了潜在的被许可方，企业就进入了谈判前阶段。在这个阶段，企业正期待着根据商业化前阶段获得的最初收益估计进行扩展，并在达成许可协定前确认这些数字。最后，在诉讼阶段，企业努力主张或反驳涉及知识产权侵权的赔偿费。因为失败的代价是如此之高，在这种情境中精确性和准确性的要求需要高水平的资源承诺。

随着许可在商业世界里变得更为盛行，实施知识产权评估将日益成为技术经理的常事。一旦接下来的三个问题得到解答，便不难得出一个专利使用费率：（1）为什么要着手估价？（2）资源限制是什么？（3）谁需要这个结果？

本章要传递的基本信息是，不存在最恰当的专利使用费率计算方法。取而代之的是各种各样方法的选择，而且由于知识产权估价发生在各种各样的情形下，所有这些方法都可能是合适的。

参考文献

Boulton，Richard， and Mark Bezant. (1995). "The Calculation of Damages for Patent Infringement." *Managing Intellectual Property*，p. 32–38. Sussex: Euromoney Publications.

Kempner，Richard，and Ian Sampson. (1994). "Many a Slip." *Managing Intellectual Property*，p. 15–26.

Khour，I. A. (1994). "Valuing Intellectual Properties." Midland，Michigan: The Dow Chemical Company.

Schwab，Jeffrey A. (1995). "Licensing Overview and Guidelines For Royalty Rates." *Managing Intellectual Property*，p. 20–21.

Smith，Gordon，and Russell Parr. (1994). *Valuation of Intellectual Property and Intangible Assets*. New York: John Wiley & Sons.

Sullivan，Patrick H. (1993). "A Preliminary Survey of Royalty Rate Setting Practices in the US Computer Hardware Industry." Haas School of Business，UC Berkeley.

Sullivan，Suzanne P. (1993). "Insights Into Commercializing Technology." *les Nouvelles*，28.1，p. 30–35，March 1993.

第十二章

获取和分析外部许可协议的技巧

当任何行业的许可执行者或业务开发经理谈判一宗交易时，他们的目标都是相同的——获得最有利的条款。如果他们接触到先前其他合同方就同种产品或相似知识产权达成的许可协议的相关信息，那么他们就能获得更好的谈判地位。对于一家刚踏入许可领域的企业来说，这些背景信息能帮助其沿着学习曲线进步得更为迅速，从而避免初学者会犯的错误。本章稍后部分的案例学习将会显示，更好地理解先前的合同有助于企业学习如何进行交易。对于有经验的谈判者来说，这类信息提供了完成一项重要交易的额外优势。在谈判一项许可协议时，成功的关键是做好幕后工作并且有所准备。

讲到这里，问题就变成如何获得这些信息。在过去，这一方面包括三种途径：

1. **内部协议。**通常，公司在构造新的协议时依赖于以往的记录，修改以前的协议来顺应新的情形，这种方法已证明是成功的，但这并没有排除额外研究的必要性。当然，首次进行谈判时许可方或被许可方则无法应用内部协议方法。

2. **财务分析。**进行财务分析已经成为广泛应用于决定一项协议中付款条款的工具。尽管在许可协议中有许多重要的条款，但付款条款常常成为焦点。一项财务分析可以强调什么是被许可方愿意支付的或许可方需要索取多少才能追回投资。

3. **外部协议。**协议在内已有的协议包括那些涉及不同合同方的对评估行业的许可趋势是十分有用的。历史上，这些信息曾经是企业很难获得的。

下一节将会更详细地描述企业可以用什么方法来获得外部协议。本章的剩余部分就讨论这些协议中的信息如何能够用于开发谈判新协议的框架中。

研究协议

获得竞争者的许可协议副本经常被看作是值得渴望但在法律上并不可行。然而，事实是成千上万的许可协议可通过美国证券交易委员会(SEC)的个体公司档案而变得公开可取。企业被要求公开揭示其业务中实质性部分的许可协议。美国证券交易委员会规则规定"任何特许经营许可、许可或其他有关使用登记者的业务所实质性依赖的专利、处方、商业秘密、工艺或商标的协议"必须归并在公司的公开呈报(publicfiling)。[1]

[1] 1991 SEC GUIDELINES; Rules and Regulations, Warren, Gorham&Lamont, Boston, MA (1995), Section 299.610(b)(10)(ii)(B), p. Reg S-K.69.

尽管实际的许可协议只通过一种来源，即美国证券交易委员会来公开，但可以通过多种渠道来接触这些信息。评价使用哪种来源来施行对许可协议的搜索远不止比较价格那么简单。表12.1概括了主要的可利用来源，包括它们在使用中的一些优势和劣势。

如表12.1所示，搜索公开可取的许可协议是一个充满艰辛但不致于无法完成的过程。所列的第一种来源，信息披露服务 (Disclosure Information Services)，进行搜索的公司一方需要开展的工作总量最小。事实上，这个过程可以简单到拨打一个1-800免费电话并要求搜索特定的公司。按每小时计费后，披露信息服务将继续在公司档案的缩影胶片复件中搜寻所需信息；然后为任何定购的文件收取单独费用。当公司试图获得特定的许可协议或如果被调查的公司在许可上

表12.1　许可协议来源：优势和劣势

来源	优势	劣势
公开信息服务	对公司的资源要求较少 随处都可实现	可能会很昂贵 需要明白什么是可获得的
在线或光盘数据库 Dialog Nexis Lotus One Source	对公司的资源要求较少 随处都可实现	只有近期的10-K资料 “全文”并不包括陈列品
SEC的资料室	最全面和彻底的来源 真实协议的全文副本	只能在数目有限的区域内实现 时间更为密集

不太活跃时，这会是一项非常有用的服务。然而，如果被调查的企业有大量的公开的许可协议，且历时多年，不加界定地在披露信息服务中进行搜索将是昂贵和无效的。

为了获得更直接的研究过程，许多公司转向目前普遍可采用的众多在线或光盘数据库。公司能通过这些数据库研究一家特定的公司或研究整个行业以确定自己的许可行为。然而，必须注意的是所有的数据库都是不同的。公司对他们所选择的系统是否有彻底的了解是非常重要的，因为许多系统只授权使用最近的10–K报告。结果，只在这些系统之一进行搜索就会错过许多一两年前签署的但目前仍然有效的重要协议。此外，尽管许多这类数据库都声称提供全文文件，这通常指的是年报或10–K的全文。不包括许可协议在内的图示，这意味着从这些来源是得不到实际协议的副本的。

最彻底和广泛的研究包括检查美国证券交易委员会的公开呈报。这项研究过程应该包括搜索公司的10–K报告以及其他呈报，如登记声明。不幸的是，这也是一个非常耗费时间的过程，只能在个别的城市里施行。[1]

[1] 美国证券交易委员会资料室坐落在芝加哥，纽约和华盛顿市。

基于这些优势和劣势，这三种来源不该被看作是非此即彼的，而更应该尝试作为手段来共同使用，用于识别和获取公开可取的许可协议的副件。安永会计师事务所使用所有这三种资源来进行许可研究：首先始于在线和光盘数据库，然后在美国证券交易委员会执行实际对特定企业的研究，如果特定的文件目前在美国证券交易委员会的资料室还得不到的话，就用信息披露服务补充这项研究。

在线和光盘数据库被用于进一步研究特定企业或行业来决定许可行为的范围。这种初步的筛选对缩小有待于在美国证券交易委员会资料室里调查的公司范围非常有帮助。例如，在试图寻找某行业中任何公开的许可协议过程中，第一步或许是选择那些可根据相关标准行业分类（Standard Industrial Classification，SIC）编码加以归类的企业。然而，这样简单的步骤就可以区分上百家企业。由于在美国证券交易委员会资料室里进行研究是非常耗时的，所以先进行在线或光盘数据库搜索来将需要调查的企业名单缩小至那些参与许可的企业，这样更为有效。

图12.1显示了安永会计师事务所研究许可的流程。超

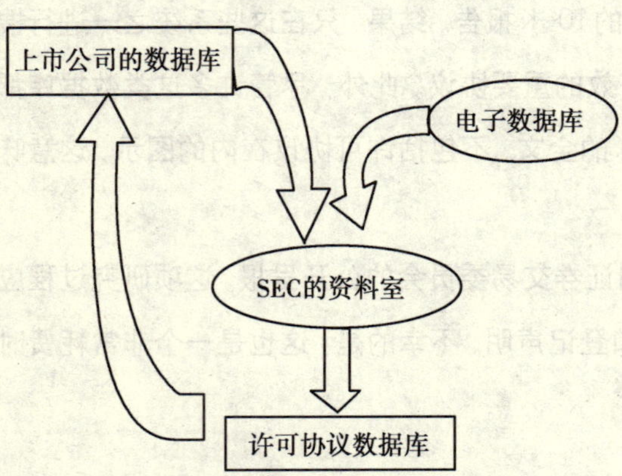

图12.1　许可的研究流程

过 50 种行业中大约 2500 家企业中通过这个流程获得超过 4000 份专利协议。在图 12.2～图 12.5 中给出了协议的类型以及有关支付额条款的信息。

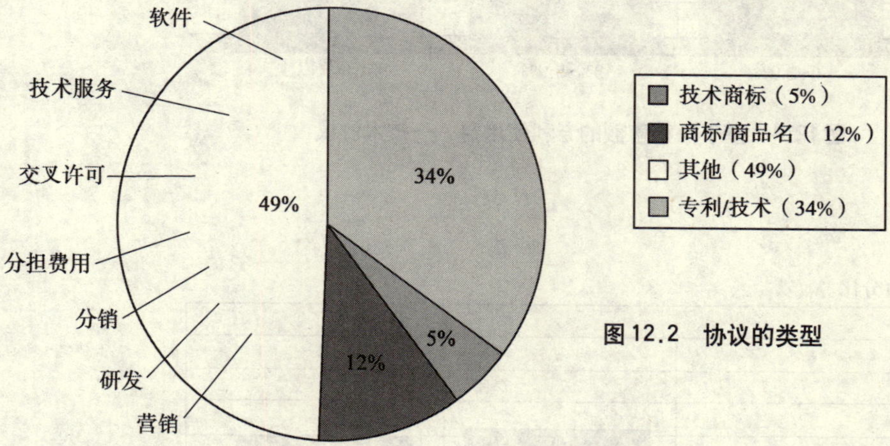

图 12.2　协议的类型

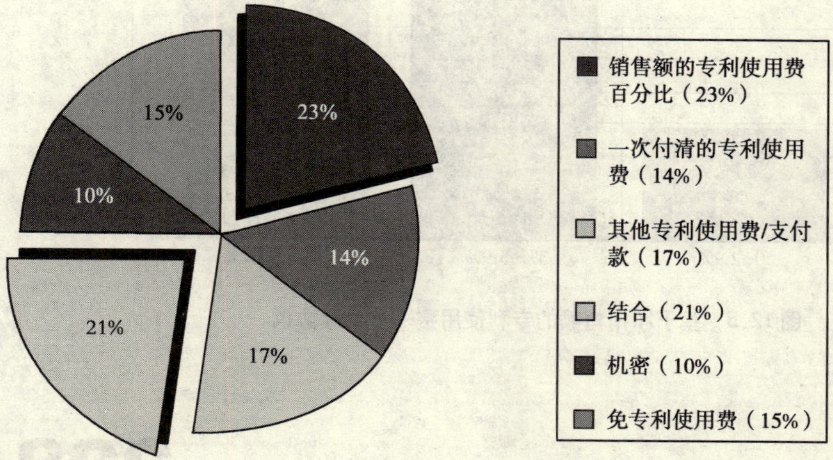

图 12.3　支付的形式

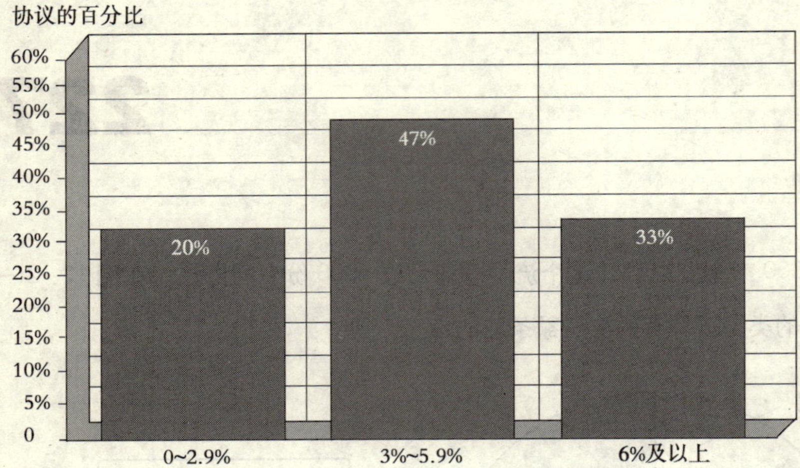

图 12.4　基于净销售额的专利使用费——技术协议

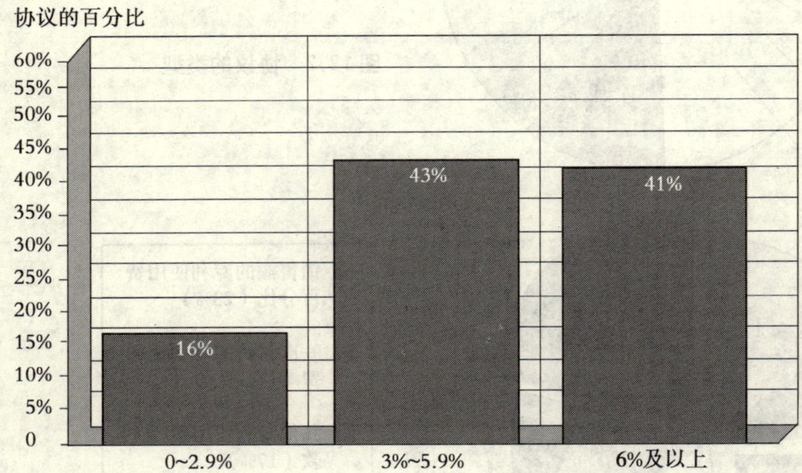

图 12.5　基于净销售额的专利使用费——商标协议

分析协议

当然，识别其他许可协议只是整个过程的第一步；开发一个框架来比较这些协议同样复杂。如果成功地完成这项研究，最终将获得很多的法律文书。该过程的下一步包括彻底分析每份许可协议来得出协议的相似性。为了便于这类分析，我们必须开发一个框架，识别出为了保证进行准确的比较而必须检查的关键因素。

为了使许可协议具有可比较性，应该根据内部和外部标准进行评估。内部标准通常涉及合同的条款，而外部标准涉及管理这些交易的经济环境。

本章剩余部分将介绍能够用于评估技术许可协议相似性的框架，集中关注内部标准。除了大体上讨论这些标准外，本部分还提供了从一个牵涉到主要的日本消费电子类制造商的两项协议里得到的例子。最后，本部分将会进行案例学习，展示如何将框架应用于评估商标许可。

分析许可协议的框架

这部分将给出比较许可协议需考虑的因素的概要，包括技术、期限、地域、排他性、再许可、终止条款、商标或商品名、技术协助、支付条款以及双方关系。表12.2逐一概括了涉及日本消费电子类制造商的两个例子中的这些因素。

技术。虽然被许可的技术不尽相同，但它们必须要有相似的应用——不能一份协议是关于部件的制造技术，而另一份协议许可的是用于整个系统的技术。开发涉及到的技术与所需的研发程度及竞争者复制该技术的难易程度都是有关的。例如，如果该技术或工艺受到专利保护，要绕过专利进行设计的困难程度如何？技术的寿命也是另一个影响其价值的因素。在某些行业里，技术变革的速度飞快，技术的价值经过一两年就发生了巨大的变化。因此，有待许可的技术应该从内在及外部标准的观点来一起看待。

在表12.2中概括的协议强调了评估有待许可的技术是否可比较的重要性。即使两种协议有着相同的被许可方并适用于相同的行业，有待许可的技术还是有相当的变化的。1号协议适用于旧一些的技术并更大程度上适用于零部件，而2号协议适用于更新一些的制造整个激光唱片机的技术。

期限。如上所提及的，在许可时技术的使用年限会影响价值。更进一步地，协议的年限对其他条款也有影响。一份十年期协议的谈判过程可能就同谈判两年期协议有所不同。

协议的时间长短在决定1号协议和2号协议的相似性时只是一个次要问题。两种协议同样都是五年期的；然而，在2号协议里被许可者有选择是否延续协议至接下来的五年期的权利。

地域。从技术上说，对市场的评估牵涉到作为外部标准的限定。然而，当评估内部标准时也应该注意到被授予专利的地域。例如，与一个潜在竞争者签订许可协议，可能包括不同条款来表达协议中许可在被限制的地理市场上的使用。表12.2中的两份协议是同不同国家的许可方达成的，但两者在地理上都不受限。

排他性。能够以各种各样的方法在排他的基础上授予许可。排他性可以是指被许可方在某一地理区域（在特定的国家或地区销售）、某一市场领域（出售给原始设备制造商）、某一行业领域（出售给汽车行业）或上述的结合领域里使用该技术的权利。在大多数案例中，一项允许被许可方排他性地使用技术的协议比非排他性许可更有价值。表12.2中的两份协议都没有提供给被许可方排他性地使用技术的权利。

再许可。允许被许可方不仅从制造和销售许可技术上产

表 12.2　两份协议的比较

标准	1号协议	2号协议
技术	在全世界使用专利技术来制造、使用和出售FM立体声接收器和调谐器以及FM收音机的权利	在全世界使用专利技术来制造和销售激光唱片机和其他某些产品的权利
期限	1988年1月1日生效 1993年1月1日失效	1988年1月1日生效 五年后失效——自动续约以五年为期限
地域	许可方是一家美国公司而被许可方是一家日本公司——没有给定特定的市场区域	许可方是一家法国公司而被许可方是一家日本公司——世界性的市场
排他性	非排他性	非排他性
再许可	不可转让并且不可再许可	不可转让，许可方可以分发许可证；被许可方不可未经同意分发许可证或再许可
终止条款	许可方可以因不履行责任、破产、重组、被许可方被接管或不可抗力而终止协议	被许可方可以在每个五年期满终止协议；任何一方都可以因不履行责任、破产、不可抗力而终止协议
商品名或商标	无	无
技术援助	无	无
支付条款		
一次性付清的款额	无	相当于11亿日元的法郎
专利使用费	以美元支付，净销售额的0.2%给以特定组合形式出售仪器的报酬	以法郎或其他许可方接受的现金形式支付，净销售价格的1.3%
最小支付额	无	无
关系	没有其他相关的协议	许可方放弃所有对许可方先前使用该产品的潜在主张权利

生收入，而且也可以通过颁发各项许可证来产生收入的许可协议，同禁止分项许可的协议有实质性的不同。1号协议和2号协议都限制了被许可方进行分项许可的权利。

终止条款。大多数协议都含有允许任何一方在存在毁约情况下撤销协议的条款。不太常见的是允许一方或双方无需任何理由地单方面终止协议的条款。如果只有一方拥有这种权利，则将会置另一方于相当不利的地位，这可能会反应出一方强势的议价地位。其他情况都相同的情况下，如果许可方拥有这种权利，被许可方通常就不会支付同样高的专利使用费。

表12.2中的两份协议在提供终止条款方面本质上相似。虽然1号协议只允许许可方因为毁约、破产等原因终止，但结果是一样的，因为许可方除了提供专利技术外没有其他的义务，因此减少了许可方违约的可能性。在2号协议中被许可方在每五年期结束后是否终止协议的选择权实际上是用可决定不续约的权力来对抗无条件终止权。

商标或商品名。许可技术以及相关的商标或商品名的协议能要求更高的专利使用费率。当然前提是商标或商品名在被许可方的市场上享有价值；如果商标或商品名没有价值，专利使用费率将不会受到影响。因为1号协议和2号协议都许可的是消费者产品类技术，在这个领域里品牌认可是非常重要的，因而把商标或商品名包含在内将最有可能导致专利使用费率的倾斜。

技术援助。许可协议中经常有被许可方可以藉以从许可方那里接受技术援助的条款。当对两份协议进行比较时，有必要检查援助的类型、援助的频率以及是否有根据所提供的援助相关的附加费用。表12.2中的协议都没有技术援助条款。

支付条款。许可费用可以用多种方式来计算；因此，必须仔细考虑付款结构。最常见的支付形式包括：一个固定的专利使用费率、一个根据销售量的可变的专利使用费率、一次性付清的支付额或者这三者的任意组合。除结构外，计算专利使用费的基础同样也可能会发生变化。专利使用费可以在每单位金额的基础上支付，例如销售额百分比，或者甚至是利润百分比（这是不太常见的）。

像先前提到过的，不同付款结构的结合常常被用在设定许可费用上。一次性付清的款项可能被用作一项最初的支付款或预付的专利使用费。其他因素也会影响总体报酬，例如最少支付款以及在跨国许可情况下存在着的外汇风险。

事实上，两份协议的结构和基础不同并不意味着二者无法进行比较。然而，这种情况的分析可能会更困难，并需要更多的数据来确定当把这些协议置于相同的基础上时，它们是否会产生相似的收入。例如，当在比较基于销售额的专利使用费和根据每单位总量支付的专利使用费时，必须采集额外的数据，这样才能在相同的基础上计算产生的收入。

1号协议和2号协议都直接使用销售额百分比计算专利使用费。然而，2号协议将它同最初的一次性付款结合，因而使得对两者的专利使用费率的比较变得复杂了。

关系。虽然它不是一个合同规定的条款，但想找到一个公平的可比对象时，双方的关系必须要考虑。一家企业为了实现更大的目标，如成为另一方的独家供应商，而达成非最佳条款的协议，这样的情况并不少见。

2号协议显示了这一点。不能说这份协议就代表了公平交易(arm′s length transaction)，因为协议中的一部分包括许可方放弃了所有可能拥有的对抗许可对象先前使用该产品的主张。

表12.2中的概括提供了一个机会来快速评估两份协议的相似性。然而，就如上所讨论过的，在技术和支付条款上的不同，以及2号协议中许可方和被许可方之间的关系，削弱了这两份协议的相似性。重要的是记住因为每种情况都是基于所涉及的特殊事实和环境，必须在一件件实例的基础上进行深入的分析。

案例学习

本次案例学习涉及到一家制造妇女和儿童运动装的墨西哥公司。在最近去美国的短期旅行中，公司的总裁注意到带有运动鞋公司商标的衣物很流行。他意识到这对他的业务来说将会是一个令人激动的新增长领域。由于在北美自由贸易协议（North American Free Trade Agreement，NAFTA）下降低了关税，美国的运动鞋品牌如耐克，LA Gear和锐步在墨西哥的销售额正开始增长。该总裁希望能利用这次流行和1996年奥运会将带来的额外曝光机会，他指派其业务开发经理来决定同一家美国运动鞋公司谈判商标许可协议的价格和条件。

该经理通过聘请一家在许可上有经验的营销公司开始着手。营销顾问提供了这项业务所有方面的信息，包括营销计划、许可安排的要素、法律上的考虑以及一个财务模型来帮助决定这项计划的可行性。

这个模型要求在目标销售量、制造费用及许可费用上进行估计。该经理能够提供销售额和公司成本的估计但对许可费用只能猜测。营销顾问建议对公开来源进行广泛的搜索以识别相似许可协议的条款。通过对这些协议进行分析，他们希望能够决定许可的专利使用费支付额和其他相关的费用。

对营销公司制定的潜在许可方的名单进一步扩展，该经理进行了在线数据库搜索来识别出可作进一步调查的公司。数据库搜索显示六份潜在相似的协议是公开可取的。他对美国证券交易委员会保存的公司档案进行的仔细检查显示出大量的许可活动——一家企业公开呈报了超过一打的许可协议。他利用协议的全文副本，实行了进一步的分析。

表12.3概括了所分析的14份协议，它列举了包含在许可范围内的产品和相关的作为净销售额百分比的专利使用费。因为协议导致了如此宽泛的百分比范围，从3.5%～

表 12.3　十四份协议以及它们以销售百分比表示的专利使用费

编号	产　　品	专利使用费率
1	袜子、护腿和护踝、头带和腕带	10% 盒包装袜子为 7%
2	太阳镜和光学框架	7%
3	凉鞋和沙滩皮带	10%
4	男式衬衫、短裤和运动服装	10%
5	滑板	10%
6	塑料头饰，包括儿童玩具市场	10%
7	成人运动器械	10%
8	鞋类、衣服和流行饰件	3.5%
9	妇女和儿童的鞋类、袜子、针织品、钱包和袋子	6%
10	流行玩偶、玩偶的服饰和饰品	10%
11	女孩的针织衫和活动服	5%
12	高级运动服，包括时尚活动服	6%
13	袜子和妇女的腿部保暖制品	10%
14	T 恤、运动衬衫、短裤以及活动型短裤	10%

表 12.4　纺织品和非纺织品协议的专利使用费率比较

编号	产品	专利使用费率
非纺织品协议		
2	太阳镜和光学框架	7%
3	凉鞋和沙滩皮带	10%
5	滑板	10%
6	塑料头饰，包括儿童玩具市场	10%
7	成人运动器械	10%
10	流行玩偶、玩偶的服饰和饰品	10%
纺织品协议		
1	袜子、护腿和护踝、头带和腕带	10% 盒包装袜子为 7%
4	男式衬衫、短裤和运动服装	10%
8	鞋类、衣服和流行饰件	3.5%
9	妇女和儿童的鞋类、袜子、针织品、钱包和袋子	6%
11	女孩的针织衫和活动服	5%
12	高级运动服，包括时尚活动服	6%
13	袜子和妇女的腿部保暖制品	10%
14	T 恤、运动衬衫、短裤以及活动型短裤	10%

10%，必须对协议进行更细致的分析来决定产生差别的原因。

经理注意到产品可粗略地被区分为纺织品和非纺织品。因此，协议可以根据带有商标的产品的类型归为两类。第一类由有关运动服和其他衣服的协议构成，而第二类包含配件和其他非服装物件如太阳镜、滑板和运动器械。如表12.4所示，这种划分有助于识别出为商标索取的金额比率上的一些不同。

尽管运动服的专利使用费率仍然从3.5%～10%不等，非纺织产品费率的范围要狭窄得多，专利使用费率在7%～10%之间，其中六份协议中有五份的专利使用费率为10%。这对于公司决定什么是配件产品行业代表性的专利使用费率提供了非常有用的分析。由于运动服的专利使用费率范围较为宽泛，有必要对合同规定的条款进行更细致的分析来决定产生不一致的原因。为了决定哪一项特性对专利使用费率有最大的影响，经理准备了一张表来显示他坚信的最显著因素。这些条款包括一次性支付总额、最小担保支付额、协议的日期、协议的期限或长度和地理上的市场。

为了识别出低费率和高费率协议间的区别，经理准备了一张表格来概括上面识别出的五种关键因素，并根据基于净销售额的专利使用费率升序排列了这些协议。经理的第一种猜测是支付款总额可能会造成专利使用费的不同。然而，检查表12.5中数据的结果并不符合他的预期。支付款总额变动很小，不足以解释近乎200%的专利使用费率的差别。

然而，这张表确实显示所有低专利使用费率的协议是许可给在美国以外使用商标的。看来在大多数案例中商号在美国以外的市场上的价值明显会比较小。在远东地区的比率是3.5%；而在加拿大，3/4的协议都有5%～6%的专利使用费

表 12.5　各种各样协议的五个关键因素

编号	专利使用费率	一次性支付总额	最小担保支付额	日期(月/日/年)	条款		市场
					期限(月/日/年)	可续约	
8	3.5%		第一年 $0 第二年 $17500 第三年 $26500 第四年 $35000 第五年 $43750	9/1/1983	10/1/1988 5年	自动 5年	印度尼西亚 中国香港 新加坡 马拉西亚 菲律宾
11	5%	$5000	最初的条款 $12500 第一次续约 $25000 第二次续约 $37500	1/1/1986	12/31/1986 1年	自动 1年	加拿大
9	6%		第一年 Can$60000 第二年 Can$90000 第三年 Can$120000 第四年 Can$150000 第五年 Can$180000 第六年 Can$210000	4/1/1984	1/1/1988 3年 9个月	自动 3年	加拿大
12	6%		第一年 $36000 第二年 $45000 第三年 $60000 第四年 $75000	12/1/1985	7/1/1988 2年 7个月	自动 2年	加拿大
1	10% 7%	$15000	最初的条款 $60000 第一次续约 $120000 下次续约 $160000	7/1/1987	9/30/1988 1年 3个月	两种选择 如果超过最低 净销售额1年	美国
4	10%	$12500	每年 $50000	11/15/1986	9/30/1988 1年 3个月	三种选择 如果超过最低 净销售额2或3年	加拿大
13	10%			4/1/1986	6/30/1987 1年 3个月	自动 如果超过最低 净销售额2或5年	美国
14	10%	$10000		6/1/1986	9/30/1987 1年 4个月	相互协议	美国

率及剩下一份的专利使用费率是10%。所有针对美国市场的许可协议都有一个10%的专利使用费率。

虽然经理确信数据显示在地理市场上的不同对最终的专利使用费率有显著的影响，但他尚不满意的是如果不是加拿大市场上有一个专利使用费率为10%的协议的话，所有的区别都可以解释了。更仔细地审视了那五份对外国市场的协议，他决定不必考虑远东的协议，因为那是一个在地理上极其不同的市场。他觉得商标在加拿大有更大的价值是由于其邻近美国市场这个结论是符合逻辑的。然而，这并没有解释为什么三份协议都在5%～6%的范围内而一份是在10%上。

决定这些专利使用费率差别的原因对该经理来说很重要，因为他的内部财务分析显示公司能够在5%～6%的专利使用费率上成功地销售带有运动商标的产品线，但很可能无法在10%的比率下实现可以接受的利润率。结果，他再一次根据表12.5中概括的合同规定的条款重新审视了四份加拿大协议。

完成这项分析后，该经理总结出协议中合同规定的条款解释不了专利使用费率的区别。例如，有着净销售额10%的专利使用费率的加拿大协议的首期支付款总额和最小担保支付额在所有协议中属于高的。通常，预计中这份协议很净销售额百分比计专利使用费率应该介于最低之间，而不是最高之间。

最后，该经理得出了这样的结论，专利使用费是同协议的期限相联系的。尽管协议的时间长度没有表现出对相应的专利使用费率有显著的影响，但时间框架确实显示出起到了某种作用。在表12.5中概括的八份协议都是在不到四年的一段时间内，1983年9月～1987年7月间有效的。然而，这四年又可以进一步被分割成两个时间框架，1983年9月～1986年1月以及1986年4月～1987年7月。该经理觉得较早的时期与较低的专利使用费率相符，而晚些的时期同较高的专利使用费率相一致决不是巧合。接下来的表12.6概括了他的观察结果。

表12.6 每份协议的专利使用费率、日期和市场

编 号	专利使用费率	日期(月/日/年)	市 场
第一个时间阶段			
8	3.5%	9/1/1983	印度尼西亚、中国香港、新加坡
		马拉西亚和菲律宾	
9	6%	4/1/1984	加拿大
12	6%	12/1/1985	加拿大
11	5%	1/1/1986	加拿大
第二个时间阶段			
13	10%	4/1/1986	美国
14	10%	6/1/1986	美国
4	10%	11/15/1986	加拿大
1	10%,7%	7/1/1987	美国

根据该分析，经理实施了进一步研究，调查许可方在这两个时间周期内的市场地位如何。这项研究突出了一个事实：运动鞋企业在19世纪80年代中期从事了非常积极的广告运动，在1986～1987年间大大增加了它的市场份额和财务回报。结果，该经理总结出在这两个时期内，许可商标的获利潜力存在着显著的差别，这点增强了许可方的谈判地位，从而也可以解释专利使用费索价上的不同。

虽然近期的商标许可协议大都要求净销售额10%的专利使用费，但该经理得出结论，由于地域差别，在他的未经开发的市场上商标的现值与1985～1986年间商标的价值相似。基于商标在其地理市场上还未被广泛认同的事实，该经理觉得他可以同运动鞋企业谈判，以达成一份包括不超过净销售额5%～6%范围的专利使用费的许可协议。

该经理为其处于谈判许可协议的支付条款的可靠地位而感到自信，他好奇的是他的企业能期待从许可方那里获得什么。为了替这方面的谈判作好准备，该经理决定进一步回顾早些时候的四份协议，确定许可方是否提供给这些被许可方任何辅助性的服务。表 12.7 概括了运动鞋公司所提供的服务和对被许可方的相应要求。

表 12.7　每份协议的许可方提供的服务和对被许可方的广告要求

编号	许可方服务	广告要求
8	诀窍 根据请求对营销和销售提供策划辅助 当有可用的技术或产品时，提供营销和销售策划建议 允许参与涉及产品的销售会议 有形资产 每种产品的样品 技术方针和商标方针的副本 许可方使用的广告和促销材料的副本 许可方使用的商业产品和预备产品的复制品	在第一个周期内每年净销售额的4% 在附加的周期内每年净销售额的2%
9	诀窍 当有可用的技术或产品时，提供营销和销售策划建议 允许参与涉及产品的销售会议 有形资产 以出厂成本出售样品，许可方使用的广告和促销材料的副本 许可方使用的商业产品和预备产品的复制品 运营 和卖主一样表现为采购代理	合同期每年 $25000
11	诀窍 / 有形资产 收藏的产品的草图和创意的副本	每年净销售额的 3% 最低的广告开销： 1986 年 $7500 1987 年 $15000 1988 年 $22000
12	秘诀 / 有形资产 收藏的样品产品线的副本 运营 批准项目	每年净销售额的 3% 最低的广告开销： 第一年 $15000 第二年 $20000 第三年 $25000 第四年 $30000

在表 12.7 中概括的四份协议为经理提供了一些更重要的关于运动鞋公司曾经愿意提供给被许可方的各式服务的信息。这些服务从提供广告副本、协助商品进行广告推销、以及提供样品到没有任何援助不等。然而，现在该经理也知道

在这些提供服务的案例中，被许可方必须承诺将一定金额花费在为产品打广告上。这种分析使该经理洞察到他能够通过谈判要求的服务类型，以及许可方对他企业的期望将会是什么。

在完成耗时数月的调查和分析后，该经理现在进入着手准备提交给公司总裁的报告的阶段。根据分析，该经理相信他的企业应该追求同运动鞋企业签订许可协议。为了推动这个过程，该经理准备了一份报告概括他对如何构造这份协议的建议：

● 因为墨西哥只有有限的美国媒体曝光，该经理觉得企业应该只同意支付销售额的5%～6%来使用运动鞋商标。

● 尽管许可方可能追求一次性付款，该经理建议公司通过谈判，将任何一次性付款作为基于净销售额的专利使用费的预付款。此外，许可方会要求最低保证支付款；然而，该经理建议企业协商一个宽限期或第一年较低的最低支付款。

● 公司应该期望签署一项持续1～3年有选择延续协议至接下来的2～6年许可权的协议。

● 公司有可能从许可方那里寻求到一定水平的营销援助和技术诀窍；然而，公司不得不准备好接受在广告费用上的附带要求。为此，应该在谈判合同之前根据预期的广告支付额和获得许可方的援助能得到的期望收益进行成本／收益分析。

结论

本章提供了使用不相干的许可协议来开发谈判新协议的框架的指南。它始于讨论可以获得许可协议信息的三种主要来源：信息披露服务；在线和光盘数据库；以及美国证券交易委员会资料室。我们为每种来源都提供了一张优势和劣势的清单，并得出最全面的调查战略应该结合利用三种来源这一最终结论。

本章剩余部分集中关注在应该如何分析这些外部许可协议中的信息，获得这些协议的可比性。这类分析的框架已经准备好，强调了一些影响协议可比性的显著性因素。该框架着重于内部因素，如合同规定条款，但同时也包括外部因素，如许可方和被许可方之间的关系。本章以一个使用外部许可协议来准备新许可协议的谈判的案例学习为总结，始于搜寻外部协议并以分析这些协议告终。

第十三章

确定专利使用费率的高级方法

本章将讨论能够洞察专利使用费率的不同方法。前面已经描述了定性的和严格的财务模型。这些方法中有两种是取自法庭决议。作为这些讨论的基础在于知识产权是一项投资资产。许可战略往往寻求获得最高的知识产权报酬率。决定专利使用费率的因素应该同得出所有其他商业资产的回报率要求的因素相同。

投资风险和专利使用费率

专利使用费率和经营风险是相关的——这两者间存在着一种基本关系。有关商业化一项技术的经营风险的大小将直接关系到被许可方所支付的专利使用费总额。不幸的是，这种信念无法得到证实。当决定专利使用费率时，很多不同的因素都在起作用，要证明单相关性很不容易。专利使用费率和经营风险相关的假设仍然有效，但许多其他同样影响专利使用费率的因素掩盖了其同风险间的关系。

重要的是当技术许可决定专利使用费率时，要强调风险这个重要的因素。因此，本章将提出几种模型，用于评估与风险和许多其他因素都有关的专利使用费率。

本章首先尝试将专利使用费率和经营风险相联系，探讨了在风险大小不同的商业环境下，如何对技术许可谈判进行分析。[1]分析的结果是：由于专利使用费率不能由行业风险的一般度量标准加以分类，所以技术许可的财务条款必须根据个案来决定，且应考虑到同具体技术转移有关的特定经营风险。

知识产权是一项投资资产

同所有投资类型有关的价值和报酬率是受三种基本因素驱动的：(1) 资产的经济收益；(2) 该收益的持续时间；(3) 获得该收益的风险。

高风险的投资通常提供更高的回报率来作为对投资者承受风险水平的补偿。能提供确定报酬率的投资，不论其风险还是投资回报量都很低。美国的政府债券就是这类投资的一个例子。风险高，投资回报率也应当高。图 13.1 显示了不同风险的投资及其所提供的相应回报率。

知识产权非常有价值。事实上，这是任何企业拥有的所有资产中最重要的。若没有知识产权，企业就无法实现自身

[1] 这项分析来自一次研讨会，由拉塞尔·L.派拉和帕拉里克·H.沙利文博士共同开发，并于1994年10月16日在夏威夷的希尔顿唯客乐度假村举行的国际技术许可主管协会（美国和加拿大）的年会上提出。

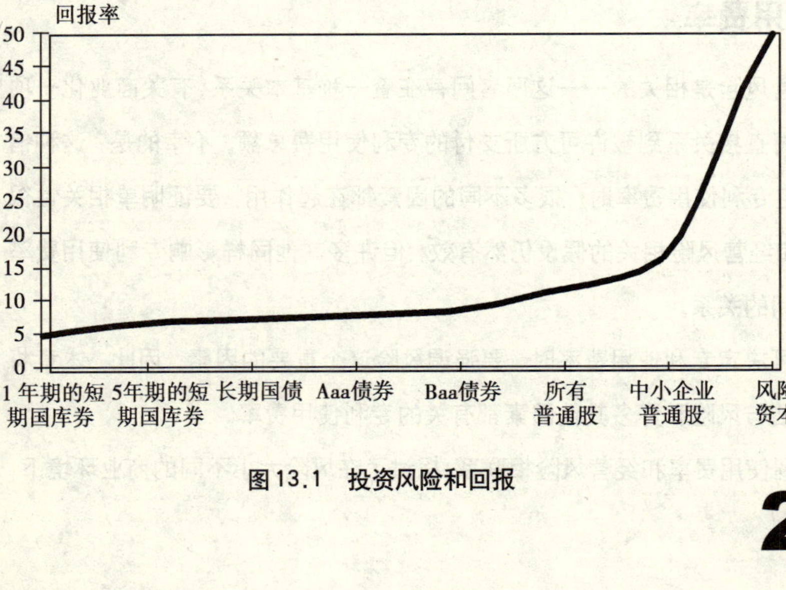

图 13.1　投资风险和回报

的差别化，因而不得不在竞争激烈及利润率微薄的制式化产品导向（commodity – oriented）的环境中战斗。知识产权可以制式化产品市场和知识产权的部分力量来自于其所有权标准的某些方面。许多企业都施行不同的计划来获得战略性优势，但只有知识产权才能真正为竞争设置障碍。

第一家实施准时制（Just–In–Time）存货管理（invertory management）的企业享受了利润优势，但仅仅持续到它们的竞争者也采取同样的程序为止。这种情况同样发生在全面质量管理运动（TQM）、顾客第一计划（Customer Is Number One programs）、常客里程祝学优惠计划、走动式技巧（Managementing Wandering Around techniques，MBWA）以及许多其他计划上。持续的改进令企业得以采用这些计划，但这些计划及其好处会被轻易地复制，在现实中也确实如此。只有知识产权才能不但增加公司的价值而且还设置竞争的障碍，这样的资产极其有价值。由于知识产权有如此不计其数的价值，以至于从逻辑上看，上面所列的驱动价值的基本因素也应该应用到知识产权上。

知识产权必须作为一项投资资产来看待，专利使用费就具有其投资回报。同样地，我们也期望专利使用费能够跟风险挂钩。为了检验这种假设，我们已经尝试着将41种技术许可的专利使用费率同投资风险的不同测度相联系。下一页有用于分析的许可的摘要。摘要被冠以“**技术许可的摘要表——专利使用费率与行业风险**”的标题。信息是从AUS咨询公司，Moorestown，NJ.出版的《许可经济评论》的过刊里收集来的。表格中每一项许可都显示了许可方、被许可方、所许可的技术、所许可的技术所处的行业、经协商化的专利使用费率以及同这桩交易相关的经营风险的定性测度。

定性的风险测度

各项交易都根据投资风险归为三种风险类别之一——低风险、中等风险和高风险。当被转移的技术经过市场认同，并且预计被许可方能够毫无困难地使用该技术时，这类交易被认为是低风险的。高风险的标签被贴在需要在商业化开发前进行额外开发和测试的技术的交易上。一桩高风险交易的例子是将处于开发早期的生物技术从一所大学的实验室转移给一家公司，后者必须符合（美国）食品及药品管理局（FDA）的规则并具有开发大批量生产的能力。低风险的一个例子是那种被转移的技术已经得到市场认同，并且由被许可方来成功开发是不太成问题的交易。中等风险的交易则是那些界于这两种极端之间的。

经察知，涉及**低**经营风险的许可包括10桩交易，其专利使用费率在1%～10%间变化。在该组中平均的专利使用费率是5.3%，而最常被通报的费率是3%。

经察知，涉及**中等**经营风险的许可包括15桩交易，专利使用费率在2.5%～10%之间。该组的平均专利使用费率是4.9%，同时通报的费率是5%。同低风险交易相比，中等风险交易的专利使用费率范围的底线高出低风险范围底线的2.5倍。中等风险交易的平均专利使用费率较低，但其最常被通报的专利使用费率是低风险交易的1.67倍。

经察知，涉及**高**经营风险的许可包括13桩交易，专利使用费率在3%～15%之间。该组的平均专利使用费率是6.5%，最常被通报的费率是4%，但值得注意的是较之其他两个类别，在这个类别下10%的专利使用费出现得更为频繁。高风险交易有着显著更高的底线和上限的专利使用费率。该组有被通报的平均专利使用费率也是在各类中最高的。最通常的专利使用费率并不支持总体的假设，但10%的专利使用费率出现的高频率支持了总体的假设。

这种定性分析（在这里经营风险以感知到的信息来排序）显示，高风险的商业环境一般同较高的专利使用费率相联系。每一类目展现出将专利使用费率同投资风险松散地联系起来的特征。分析的下一步骤将试图用统计手法来找出更精确的相关性。

用贝塔系数作为风险的测度

上市交易的企业股票的易变性通常用一个称为贝塔系数（beta）的统计因素来代表。它是一种公司股票价格相对于整个股票投资市场价格的变动程度的测度。全部股票组合的变化性被定义为贝塔系数等于1.0。贝塔系数大于1.0的单个股票比股票市场上涨和下跌得更厉害。这些股票比投资于股票的市场组合更有风险。贝塔系数小于1.0的股票上涨和下跌的程度都比股票市场要低。这类股票被认为比股票的市场组合拥有更低的投资风险。通常，技术还处于早期状态和尚未商业化的生物技术公司的股票有着高贝塔系数，反映其经营的风险。低贝塔系数常常与成熟的业务相联系，如食品公司，其产品和技术能带来稳定的销售量和利润。

使用贝塔系数作为风险的测度，是为了尝试弥补先前讨论过的对技术转移的定性风险分析中可能存在的判断误差。对于每一项技术许可，被许可方的贝塔系数都是从Media General Industriscope1994年9月的最后一周这期获得的。当被许可方不是一个上市企业时，则使用许可方的贝塔系数。当不论被许可方还是许可方的贝塔系数都得不到时就使用行业的贝塔系数，代表转移技术所进入的那个行业的风险。大部分情况下，被许可方的贝塔系数都是可获得的。图13.2的散点图并没有揭示出明显的相关性。

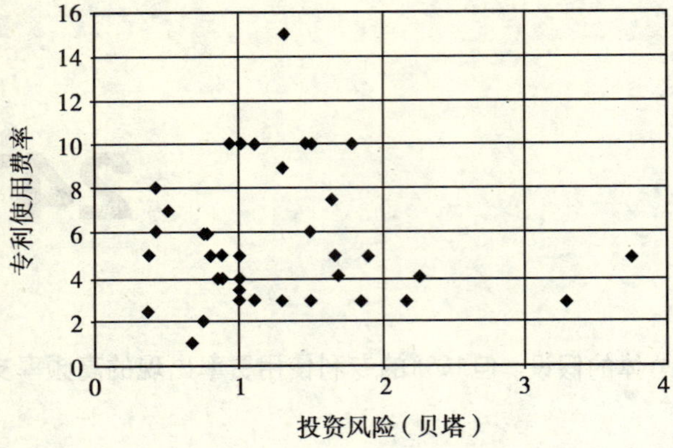

图 13.2　投资风险和专利使用费率

散点图当然显示了低专利使用费率联系着低贝塔系数的数据点。然而，在图表的右边，风险更高的一边，低费率也联系着非常高的贝塔系数水平。图表的中部显示随着贝塔系数在1.0～2.0之间变动，专利使用费率从3%变化到10.5%不等。就像使用定性测度分析风险一样，对于中等风险的交易，不论怎么看这个图表都很难发现什么相关性。

图 13.3 显示的一项回归分析，对于识别专利使用费率

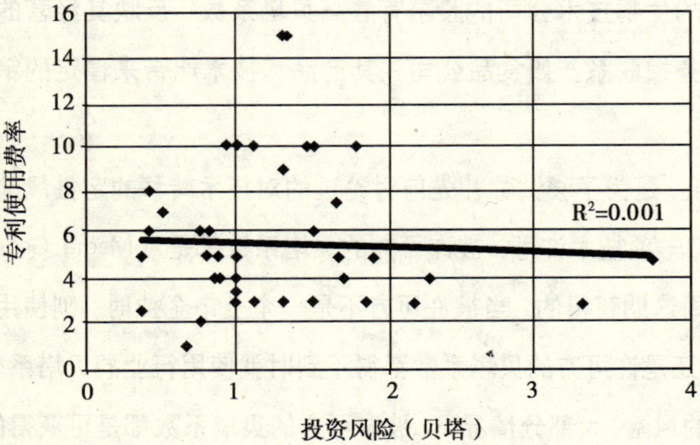

图 13.3　投资风险和专利使用费率

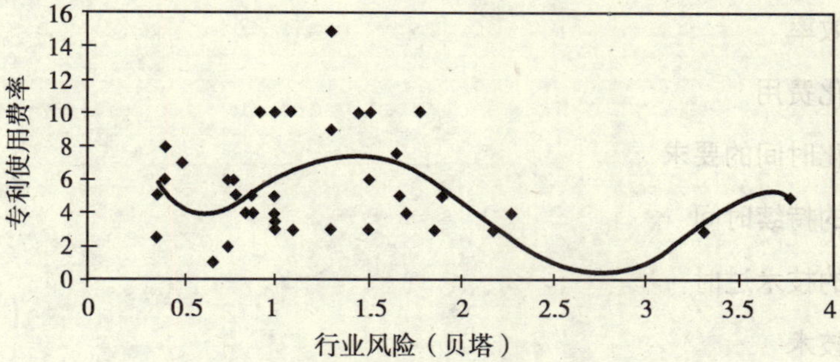

图 13.4　专利使用费率和行业风险

和风险的相关性几乎没有什么贡献。R^2 无法令人信服的只有区区的0.001。一个0.8的或甚至是0.7的 R^2 在证实这个假设上就有说服力得多了。

图13.4所示的多项式分析，揭示了风险和专利使用费率间的关系与直觉所判断的不一致。多项式曲线揭示低风险（低贝塔系数）的被许可方支付大约6%的专利使用费率。到了曲线的右侧，随着风险的增加，被许可方支付的专利使用费率开始下降，但随后由于预计到更高的风险，它们又增加到接近8%。更高的风险（继续移向x轴的右边）显示出被许可方的专利使用费率的显著下降，但在极其高的风险水平时又突然再次增加。

专利使用费率与许可公司股票市场风险间的联系无法令人满意。定性分析显示出更好的相关性，说明专利使用费率对特定技术转移的特殊情形敏感。此分析暗示专利使用费率同大约估算或行业规范无关。如果知道更多的有关特定转移风险的内部知识的话，该定性分析可以更加支持这种假设，给出更好的定性风险归类。

不能识别出单相关性的首要原因是由于前面列出的三种基本因素中任何一种都有许多驱动其的次级因素。罗列在这些基本因素间的，是单独从风险关系角度看可以歪曲专利使用费率的额外因素。

- 从技术上获得的经济收益

  从互补性资产上获得的收益

  竞争者的努力

  消费者的反应

  管理能力

  生产效率

  商业化费用

  商业化时间的要求

- 收益的持续时间

  快速的技术过时

  替代技术

  专利有效性的风险

  变化中的消费者反应

- 获得收益的风险

  经济风险

  制度风险

  政治风险

  通货膨胀风险

  意外的情况和事件

该分析得出结论，在得出专利使用费率时必须考虑到包括特定风险因素在内的影响商业化成功的特定商业因素。

一般市场交易

由他人从第三方市场的交易中获得的有关专利使用费率的信息可以看出某一行业典型的专利使用费率，但是，正如这部分的分析将会显示的，我们仍然需要一个更精确的模

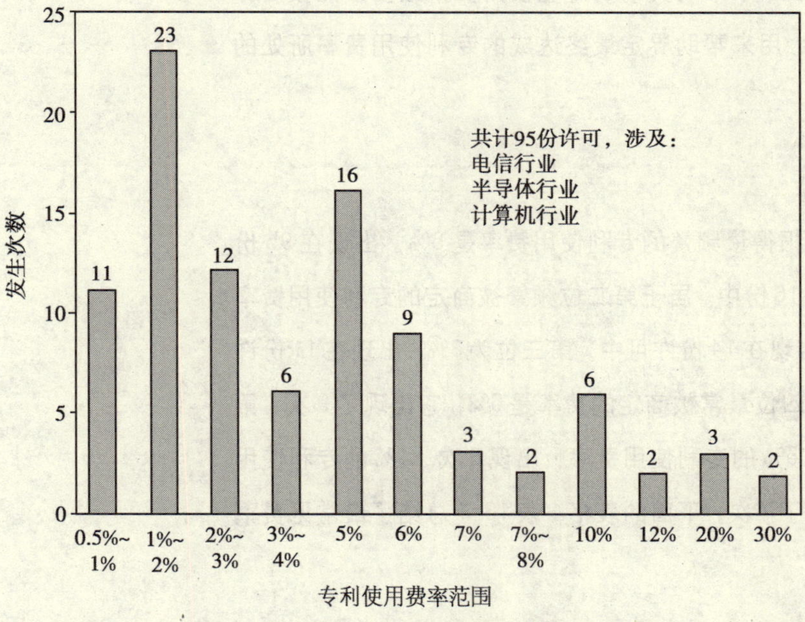

图 13.5　第三方技术转移的专利使用费率分布

型。图13.5给出的条形图总结了同技术许可有关的专利使用费率。[1] 以共计95份许可为代表，涉及了电信、半导体和计算机行业里的技术转移。什么是先进技术的典型专利使用费率？我们可以通过对数据绘图分析来寻找该问题的答案。

以专利使用费率在许可协议中出现的次数加权平均计算的结果是5.1%。在像20%或30%这样高端的专利使用费率因为太过反常而被排除后，加权后的平均专利使用费率是4%。基于

[1] 这项分析的信息是由位于伊利诺伊州，芝加哥的安永会计师事务所的麦克·马文，在 Licensing Economics Review，Moorestown，New Jersey 上慷慨提供的。

这种分析，一些谈判者很乐意以4%或5%的专利使用费率来最后达成他们的协议。使用该信息的前提是假设我们所试图量化的技术同分析过的95份许可中涉及的技术有相当的可比性。问题在于某项特定的技术不可能同所有95份许可协议中的所有技术都相似，它最多只是类似于其中一部分。因此，市场交易的专利使用费率最多只能被看作一般指导，用来帮助界定最终达成的专利使用费率所处的范围。

更多指导

被通报得最频繁的专利使用费率是5%，出现在95份许可中的16份中。居于第二位频繁被商定的专利使用费率是2%，出现在14份许可中。第三位为3%，出现在11份许可中。第四位最常被商定的费率是6%，它出现了9次。第五位是1.5%的专利使用费率，出现8次。1%的专利使用费率出现了7次。下面的表格，表13.1总结了最常见费率的频次。

表13.1 条形图数据——最常见的专利使用费率

专利使用费率	频 次
5.0%	16
2.0%	14
3.0%	11
6.0%	9
1.5%	8
1.0%	7

我们的分析现在为我们显示了谈判确定的平均专利使用费率和特定费率的频次。一项累积分析提供了额外的见解：

- 55%的许可涉及4%或更少的专利使用费率；

- 72% 的许可涉及 5% 或更少的专利使用费率；
- 81% 的许可涉及 6% 或更少的专利使用费率；
- 93% 的许可涉及 10% 或更少的专利使用费率；
- 95% 的许可涉及 12% 或更少的专利使用费率。

在该分析中我们已发展了合理的专利使用费率的一般范围。然而，分析中缺失了一些东西，一些重要的东西，一些可以使市场信息仅仅经过过滤就能直接应用在反映特定环境的特定技术上的东西。我们缺少一个会关注赚取投资于项目的公平回报率的模型。

由投资回报率模型可以得出专利使用费率，使被许可方赚取投资其项目的公平回报率，同时返还给许可方反映被许可技术的价值和技术对预期项目成功的贡献的专利使用费。能使被许可方赚取对项目的投资的公平回报率模型是过滤市场数据的关键。这个模型必须考虑到受项目约束的周转资本和在固定资产如制造设备上的投资。此外，该模型应提供给被许可方无形资产和以互补性专利、商标、客户名单和分销网络形式对项目作贡献的知识产权投资价值的一个公平回报率。本章稍后将提出这样一个模型。

侵权损失——分析法

分析法是一种起初专门用于法庭在专利使用费的判决上得出合理专利使用费的方法。虽然一项许可谈判或许是独立于任何法律行为的，但推敲法律过程中使用的专利使用费率模型可以获得见识。分析法，法庭上是这样称呼的，决定了一个合理的专利使用费，即通过侵权销售预计可获得的利润同正常的行业利润水平之差。这种分析法可用下面的等式来总结：

预期利润率－一般利润率＝专利使用费率

在 *TWM Mfg .Co., Inc .v. Dura Corp.*, 789 F.2d 895,899 (Fed. Cir. 1986) 中，为

损失支付的专利使用费是根据分析侵权者在开始侵权行为之前准备的商业计划来计算的。法庭从公司的最高执行官所写的内部备忘录中发现侵权者对使用所侵权的技术的利润预期。这些内部备忘录显示公司管理者期望从打算进行的侵权销售中赚取近乎53%的毛利率。然后通过扣除营业成本来计算营业利润率，产生了一个意想不到的在37%～42%之间的利润率。为了找出应该作为专利使用费提供给起诉人的那部分利润水平，法庭反复考虑了侵权的同时期行业赚取的标准利润，这些利润水平被确定在6.6%～12.5%之间。这些正常的行业利润被认为代表了运营在该行业中的企业所能接受的利润率，从而发现剩余30%的利润代表了能从中计算侵权损失的合理的专利使用费。在上诉中联邦巡回法院肯定了这一点。

正常的行业利润

分析法的难题集中在回答以下疑问上：什么是正常的行业利润率？正常水平是很难量化的。它的用意是反映在行业中不使用某一相关的技术来经营业务所可能获得的利润率。同样，要对什么构成了一家公司正常的利润率达成一致也很困难。不同的附属机构或部门，甚至同一家公司不同的生产线，都可以呈现出在赢利性上的大幅度波动。许多大公司有业务组合。公司提供的有些产品是成熟的享有巨大市场份额的产品，但由于销售价格竞争利润率并不高所以尽管公司提供的其他产品是新兴的有着巨大利润和市场份额潜力的产品，但直到再晚些时候才能贡献收益。这家多元化经营的公司可能还有其他一些产品因为具有开发小的利基市场上的技术优势，或许贡献着巨大的利润。

这种分析法非常有用。它是基于手头许可谈判的及时信息。它试图在许可方和被许可方间分配知识产权开发所赚取的利润。在可以取得合适的正常行业标准利润的情况下，这种分析法特别有用。这种分析法可以提供一个合理专利使用费的数量指标的排序。然而，这个分析法，还有待改进。

一种更为复杂的分析法

分析法缺少对开发知识产权所需的互补性资产总量的任何考虑。某一项知识产权可能需要比一般情况下的行业更多的用于制造资产的投资，因此，行业标准利润率或许并不合适。从另一个角度看，一些特定的知识产权需要大量的固定资产投资，对于它们进行商业化的行业利润要求可能会高于该特定行业的要求。当新的知识产权被引入一个资金密集型行为不常见的行业的时候这种情况很容易发生。

分析法忽视了资产负债表。利润的确重要，但它们不能独立于互补性商业资产的投资。否则，每个有创意的人都可以经商。损益表取自资产负债表中报告的资产的投资管理。开发知识产权需要整合不同类型的资源和资产。知识产权自身很少能喷涌出金钱来。商业化的公式里需要有周转资本、固定资产、无形资产和知识产权。应该使用更复杂的分析法版本；优化到在许可方和被许可方之间分配的利润能反映出在利润与互补性资产投资总量间的动态联系的程度。

一家生产制式化产品的企业在理论上处于一种竞争性的环境。产品价格受到激烈竞争的影响并且利润率很小。在那样一种环境下，一个有效的市场最终会将该制式化产品的价格稳定在一定水平，使得市场参与者恰好能赚取投资于该业务资产的一个公平回报率。周转资本、固定资产和无形资产都能赚取公平的回报，但超额利润通常不是通过生产和销售制式化产品来赚得的。

一家生产优化产品，运用专有技术的企业，拥有的是能使其索要溢价的产品差别化因素。这种溢价或许是因为对顾客来说代表着质量的商标。或者，这种溢价来自于专利技术覆盖的产品的特殊效用。溢价甚至可能来自商标和技术优势的结合。优化产品的生产商将会赚取一个体现营运资本、固定资产和无形资产的公平回报，并获得从知识产权上获得的超额报酬。

制式化产品的生产者愿意为制造和销售优化产品的许可权利支付的最高专利使用费是跟知识产权相关的超额利润总量。这样，制式化产品的被许可方仍然可以指望继续赚取其在营运资本、固定资产和无形资产上的投资的公平报酬率。

制式化产品制造商用来制造和销售制式化产品的互补性资产所赚得的投资报酬，可以认为等同于一般或标准的行业利润。当从通过商业化优化产品所赚取的收益中扣除这部分总量时，差值代表了知识产权所贡献的总量。这个总量可以用作损失计算中合理的专利使用费。该专利使用费总量或许比许可方同被许可方在假设的双方都情愿的谈判中商定的专利使用费要更多，但迫使专有权所有者告上法庭的处罚何在呢？专利使用费总量同样很可能恰好是如果双方曾经自愿协商能谈妥的价格。

分析法能很好地运用在通过分析制式化的产品得出的一般行业利润的情形中。这种分析要求标杆制式化产品的利润率是从与受侵权产品在相同或相似行业中竞争的产品上得出的，而我们正为该受侵权产品寻求一个合理的专利使用费。标杆利润同样也应该反映相似的互补性资产的投资要求；类似那些开发基于受侵犯知识产权的优化产品所要求的。如果上述情况都得到满足的话，下面的等式可以给出一个合理的专利使用费：

优化产品的利润率－制式化产品的利润率＝专利使用费率

下面的表格显示了一组个人电脑制造企业的营业利润率，这些企业可以被证实生产制式化的产品。其产品是可替换的，竞争性定价，大量生产、广泛分销并且带给制造商的利润率很薄。这些利润率是从计算机服务公司（CompuServe）的公开数据库里下载的信息中得来的。我们对营业利润率作了调整以便从选定的企业经营中将获得的利润分离出来，进行调整是为了在可能的情况下去除非营业资产和偶然条件，利息费用也被除去了。作为一个组，这些企业的平均利润率可以被看作是个人电脑行业的制式化产品的利润率。

假设我们想要得到一家由超级PC有限公司创立的拥有专利优化的个人电脑的新企业的专利使用费率。把超级PC有限公司的利润率同制式化的产品组相比较，可以发现有大约6%的利润差。表13.2显示了制式化产品计算机系统的制造商的利润率以及超级PC有限公司的利润率。

表13.2　分析法——个人电脑行业的营业利润率

公司	1994年	1993年	1992年	1991年	平均
苹果（Apple）	4.3%	5.4%	11.4%	10.6%	7.9%
虹志（AST）	3.1%	4.3%	10.3%	13.7%	7.9%
康柏（Compaq）	11.7%	9.6%	7.9%	9.1%	9.6%
戴尔（Dell）	7.2%	–1.4%	6.9%	7.5%	5.1%
捷威（Gateway）	5.2%	8.6%	9.3%	9.5%	8.2%
企业平均	6.3%	5.3%	9.2%	10.1%	7.7%
超级PC有限公司	12.0%	11.0%	15.0%	16.0%	13.5%
利润差别	5.7%	5.7%	5.8%	5.9%	5.8%

我们要重申制式化产品的标杆利润率必须出自对下列产品的分析，这点是相当重要的：

1. 缺乏能索要专利使用费的知识产权，因此可以被形容为制式化的产品；

2. 与参与有知识产权的产品竞争的相同或相似的行业；

3. 在互补性资产上要求类似的相应投资量。

分析法失灵

当被称为一般或制式化产品的标杆利润率含有归为其他知识产权形式的利润因素时，分析法就会在这些情况下失灵。

我们提出一个简单的商标例子来阐明这点。假设一家独立的通信和支票兑现服务的商号未经许可使用了西联汇款（West Union）的商标。假定西联汇款享有12%的收益利润率，我们相当确信侵权的独立运营者通过使用西联汇款的名义会享受到一些收益。进一步假设独立运营者的利润率由于缺乏财务记录而难以界定。人们或许能得到销售记录，但损益表很可能就很难搞清了。我们或许可以用其他类似的通信和支票兑现服务商的利润来代表一般利润率。美国运通（American Express）提供类似的服务。假设一家典型的美国运通企业的利润率是收入的10%。分析法会从西联汇款商标下的12%的利润率中减去同美国运通商标相联系的10%的利润率。这表示专利使用费就是2%。然后侵权的独立运营者就支付2%，侥幸不用支付10%的正常利润。然而，所谓的10%的正常利润率中，有一部分来自于使用美国运通的商标。假设西联汇款商标下的相关企业的利润率是收入的8%，如果美国运通运作下的10%这个利润率被认为是一般行业利润，那么根据分析法，将计算出−2%的专利使用费率。那么是否应该由西联汇款赔偿给侵权者呢？

分析法没有考虑到相对利润率同互补性资产投资要求间的关系。当定义一个参照点正常的行业利润率时同样要非常地小心。优化版的分析法应该只分配同特定知识产权有关的利润率之差，这将在本章稍后部分，在“投资回报率分析部分”论及。

侵权损失的定性因素

另一案例列出了当计算为弥补损失的专利使用费率时要考虑的重要定性因素，许可谈判者也可以从考虑这些因素的含义中增长见识。面对侵权案件，法庭会寻求确定在发生侵权时双方假如进行了谈判能够商定的专利使用费率。在 *Georgia – Pacific Corp v. United States Plywood Corp.*, 318 F.Supp.1116, 1120 (1970)中，法庭列出了十五项他们认为对导出合理的专利使用费的重要因素，这些因素同样也可以为不涉及诉讼的许可谈判提供有用的指导，通常在诉讼的情境中会考虑这些因素，并假定卷入案件中的专利是有效并且受到侵权的。在商业谈判中，关于专利的有效性问题或许就是一个需要考虑的额外因素。法庭列举的十五项因素表述如下：

1. 专利权人因许可案件涉及的专利所获得的专利使用费，能证实或可以证实是既定的专利使用费。

2. 被许可方使用与案件中的专利类似的其他专利所支付的费率。

3. 许可的性质和范围：如排他的或非排他的，或在地域条款上受限的或非受限的，或者关于制造出的产品可以销售的对象。

4. 许可方通过不许可他人使用发明，或在设计好能保持垄断地位的特殊情况下进行许可，来保持其专利垄断权的既定政策和营销计划。

5. 许可方和被许可方间的商业关系——例如，他们是否是同地区或相同产品线的竞争者；或者是否一方是发明者而另一方是推广者。

6. 销售专利产品对促进被许可方其他非专利产品销售的作用；对许可人来说，由发明带来的非专利产品的销售，以及上述述销售的范围。

7. 专利有效期和许可条款的期限。

8. 专利保护下生产的产品的现有盈利；其商业化成功程度；以及其目前的受欢迎程度。

9. 专利比用以生产相同产品或产生相同效果的方式或装置优越之处。

10. 受专利保护的发明的性质；作为许可方拥有和生产出来的商业制成品的特征；以及这项发明对使用者的好处。

11. 侵权者利用发明的程度；以及任何能证明该使用之价值的证据。

12. 特定业务或相似业务中，依照惯例，使用该发明或类似发明所收取的利润或销售价格的比例。

13. 区别于非专利要素、制造流程、商业风险或侵权者施加的显著特征或改进，而应当归功于该发明的可实现利润的比例。

14. 资深专家的意见和见证。

15. 假如许可方（例如专利权人）和被许可方（例如侵权者）双方（在侵权发生之初）曾经公平自愿地尝试达成协议，则可能达成一致的总额；也就是说，一个谨慎的被许可方——根据商业建议，渴望获得专利来制造和销售体现专利发明的某个产品——不仅会愿意支付作为专利使用费，并仍然能够获得合理利润的总额，而且也会愿意支付可能为愿意授予专利的谨慎的专利权人所接受的总额。

利润和先例这两项基本要素主导了这十五项考虑因素。先例的焦点在于关注潜在的许可方和被许可方的举动，关心他们是如何对待特定或相似的知识产权的。过去的许可交易同先前商定的专利使用费一同被仔细地观察，同行业其他企业的举动同样是决定专利使用费率的有用的先例。分析他人的许可协议、留意既定的专利拥有相似财产的使用费，这些可以作为标杆来确定专利许可使用费率。

利润是十五项佐治亚－太平洋（Georgia－Pacific）因素所强调的另一个合理的专利使用费的基本要素。使用该发明曾经享有什么样的利润水平？百分之多少的销售额和市场份额可以归功于使用该专利发明？使用该发明节约了多少成本？如果技术是新兴的并且还有待于商业化，那么就得从利润预期、市场份额和成本节约的角度回答同样的问题。

考虑佐治亚－太平洋因素

在佐治亚－太平洋判决中，因素1、因素2、因素3和因素12关注目标技术或相似技术在过去的许可中的既定费率。必须考虑到所授予许可的类型，有关排他性、许可范围、地域限制、进一步许可的费用、有许可权利、交叉许可、对技术诀窍的转让以及转让许可技术和被许可方未来可能发明的技术的返授。在许可谈判中，预期的条款决定了分析既定协议的有用程度。如果与现在正在谈判的相似的许可是可获得的，那么就已经提供了开始点——或许还有结束点。如不是存在特殊情形，我们很难忽视既定的费率。

在佐治亚－太平洋案件的因素4和因素5中，法庭认为专利权人不愿意在侵权发生时依照行业既定费率授予侵犯者许可，这是计算合理的专利使用费时要考虑的一个有关因素。行业竞争者间的许可将是昂贵的。拥有垄断地位的许可方不太可能轻易放弃关键的商业优势。专利权人不愿意分享其垄断地位，这种情况最有可能通过更高的专利使用费率来克服，除非潜在的被许可方能提供其他有价值的东西作为交换，进行交叉许可。当谈判是在竞争者之间进行时，可以预计到一个较高的专利使用费率。

因素6关注销售专利产品对促进被许可方其他产品销售额的作用。这些额外的销售额常常被称为护卫销售额。其代表被许可方的其他产品由于许可技术而可预计的销售额。被护卫的产品可能并未使用许可技术，但销售额常可以直接归功于许可产品的销售。当存在这种情况时，许可方将期望从已许可的产品上得到一个有益的专利使用费率。

因素7考虑到了专利和许可协议的期限。专利的剩余有效期会对专利使用费率有较大的影响。潜在的被许可方必须决定，等待专利过期是否是一个可行的商业选择。但只有短暂生命期的专利也可以要求较高的专利使用费率。如果专利发明对被许可方的计划至关重要，那么短时间内较高的专利使用费率或许是可以接受的。通常，较长的专利生命期如不能提供其他重要特性的话，也不可能要求较高的专利使用费率。

因素 8、因素 9、因素 10、因素 11 和因素 13 关注专利技术下生产的产品的现有盈利性、其商业化成功程度、其目前受欢迎的程度、其效用和获得专利所有权超过能产生相似结果的旧模式或装置的优势。在这里财务分析很重要。有待于回答的对比问题是：被许可方使用这种技术可以赚取多少，以及不使用这种技术被许可方又能赚取多少？

因素 15 考虑当侵权之初，如果许可方和被许可方都合理和自愿地尝试达成一项协议时将会商定的总量。

虽然上面所列的所有因素都能影响一个合适的专利使用费率的计算结果，但这些佐治亚－太平洋因素缺乏一个基数。对各种因素的反应能显示一个较高或较低的专利使用费率是合适的，但这个专利使用费率是相对于什么较高或较低呢？没有基数的话，这些定性因素自身不能提供专利使用费率问题的答案。

投资回报率分析

重要的谈判值得周密地分析。本书第十二章的最后部分提出了一种基于投资回报率决定专利使用费率的分析方法。该分析要求考虑开发各种商业资产，包括将被许可的技术的预期利润，通过分配公平回报率给营业的所有综合资产，包括许可技术，由此可以得出使用某个专利的公平回报率并将之表达为专利使用费率。

这类分析的基本原则涉及到审视一项商业的总利润，并在商业所使用的不同类别的资产之间分配这些利润。当一项制式化产品取向的业务显示出能赚取高于预期利润的能力时，那么就可以识别出知识产权如专利技术的存在。对使用公司所有资产获得的总利润的分配可以将一部分利润归结于商业技术。当分派给技术的利润用收益的百分比表达时，就能获得专利使用费率方面的指导。

分析当在其他商业资产上的投资赚得了公平回报后，投资回报率暗示了技术许可的专利使用费率。因此，投资回报率分析所支持的专利使用费率结论允许被许可方支付给许可方专利使用费后，仍然可以赚取其商业中所使用的自身的、非许可资产的公平投资回报率。

图13.8显示企业是由营运资本、固定资产、无形资产和技术组成的。这是所有企业用于参与行业竞争和产生利润的各类资产集合。该图同样显示了企业的价值，是由它的权益和负债构成，等同于资产类总和的价值。

在图 13.6 中显示的组成部分的价值等同于图 13.7 中显示的企业的价值。

图13.8显示企业的利润可以分配给组成企业的不同资产类别。利润的总量同存在不同资产

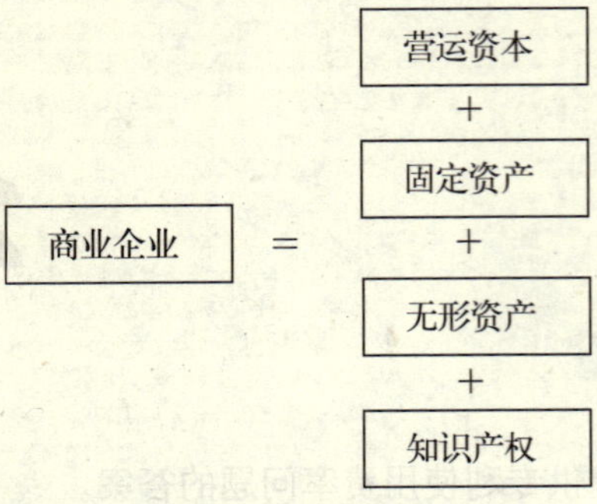

图 13.6　商业企业的组成

图 13.7　商业企业的价值

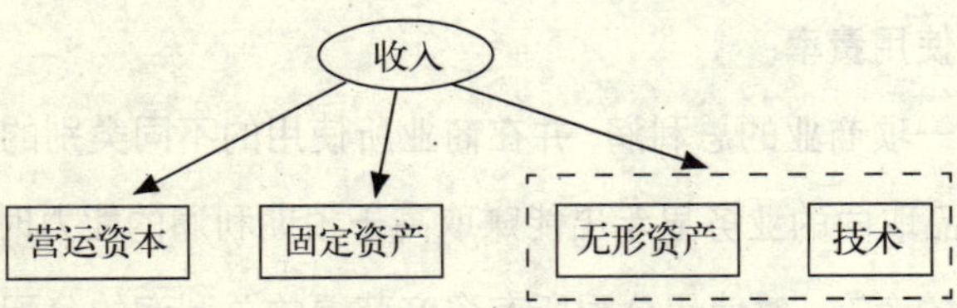

图 13.8　收入的分配

类别直接相关。公司缺乏任何一类资产利润都会出现差别。

商业收入来自对其资产的开发。每一类目前的资产数目及其性质和质量一同决定了该业务能产生的收入水平。营运资本、固定资产和无形资产是所有企业都能占有和开发的制式化的资产。由于制式化产品的竞争天性，仅拥有这些有限资产的企业将只能享受有限的收益。产生超额收益的企业必须有某些特殊之处——专利技术、商标或著作权形式的知识产权。在这些资产间分配收入首要由资产的价值和相关的投资风险驱动。

专利使用费率

特定技术的专利使用费率相当于由技术得来的收入除以随技术一并产生的收入，如图13.9所示。

具体地说，一家缺少无形资产和技术的公司将不得不经营制式化导向的事业，在这一领域中竞争和产品区分度的缺乏将严重限制盈利的潜力。相反地，拥有私有资产的企业可以摆脱制式化导向的运作限制，并赚取超额利润。当企业利润流的一定比例可以归功于其所有权资产时，就暗示了所有权资产的存在带来了利润；当以相应收入的百分比来表示归功于所有权资产的利润时，便建立了专利使用费的基础。总利润可以根据每一分类的资产数目和同每一类资产有关的相对投资风险来分配给不同资产类别。

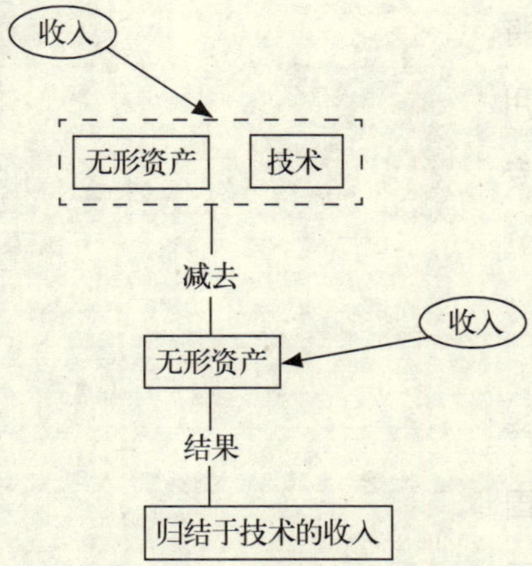

$$\frac{\text{归结于持有技术的收入}}{\text{收入}}=\text{专利使用费率}$$

图13.9　超额收入占收入的百分比

通过考虑营运资本的其他能反映相同类型的投资风险特征的用途，这些用途带来的投资回报率可以决定净营运资本的适当回报率。相对安全的投资被认为是净营运资本合适的可选办法，由于净营运资本具有相对流动性，使得这种商业资产组分相对于其他资产组分来说，风险更小。

商业的固定资产是机器、设备、厂房等等。这些商业资产组分的适当回报率可以近似于商业银行使用固定资产作为担保借贷的利率，也可以通过查看利率以及租赁公司基于固定资产出租的一般费率来估计。可以通过回顾与公司负债有关的利率来衍生出有多少回报是源于公司的固定资产的。

那么，通过该业务资产的加权平均资产成本，可以给该业务的无形资产，包括有待许可的技术，得出和指派适当的投资风险，随后判断出适当的固定资产回报水平和营运资本回报水平。然后可以得出该业务中风险更大的无形资产的适当回报率，作为专利使用费的基础。

上述分析得出的专利使用费中包括有待许可的技术。对于未拥有这种技术的业务进行的完全相同的分析，也将产生一个专利使用费率作为指导，有该种技术的专利使用费和没有该技术的专利使用费之差可归因于许可技术的专利使用费率。

假想的案例——超级PC有限公司(Super PC Lta)

超级PC有限公司是一家虚构的为家庭和商业使用生产个人计算机的企业。该企业只拥有很小的市场份额，同美国的大公司和制造商竞争。该企业之所以能实现超额利润是因为其产品包含获得专利的特征，该特征可以使顾客不用将硬盘驱动器连接到电脑也能获得其中的信息。利用激光和电磁场技术的结合，一个获得专利的部件能使电脑获得任何放置在距超级PC电脑20步之内的硬盘驱动器上的数据。该企业一直以来都能从他们的电脑产品上获得溢价收入，而他们的电脑除了获专利的硬盘读写器外，其他都类似于一般市场所提供的产品。

接下来的分析不仅对分离出由于专利特征导致的收入总量有用，而且对设定许可该发明的专利使用费率也十分有用。表13.3～13.10给出了图13.6～13.9中特写的概念的一个实例。

在表13.3中，该企业近期的平衡表显示了营运资本、固

表 13.3　超级 PC 有限公司的平衡表(千美元)

	投资回报率方法 超级 PC 有限公司平衡表		
	1994 年	1995 年	1994～1995 年平均
资产			
现金和短期投资	100000	320000	210000
应收账款	325000	410000	367500
存货	125000	145000	135000
预付费用和其他	52000	62500	57250
流动资产总量	602000	937500	769750
地产不动产、厂房和设备总量	275000	335000	305000
地产不动产、厂房和设备净量	145000	175000	160000
LT 金融证券和其他资产	50000	50000	50000
总资产	797000	1162500	979750
负债和递延贷项			
流动负债总量	110500	226500	168500
长期负债总量	325000	240000	282500
流动和长期负债总量	435500	466500	451000
股东权益	361500	696000	528750
负债和股东权益总量	797000	1162500	979750

表 13.4　超级 PC 有限公司——计算商业企业的价值(千美元)

	投资回报率方法 超级 PC 有限公司		
	1994 年	1995 年	1994～1995 年平均
发行在外的普通股	100000	105000	102500
每股价格	17.5	20.5	19.0
权益价值	1750000	2152500	1947500
长期负债	325000	240000	282500
投入资本	2075000	2392500	2230000

定资产和其他在最近两年内用于企业的其他资产。这张明细表使我们知道在那些为获得超额利润而需要在资产上进行的平均投资。

表 13.4 估计了企业的价值，它被定义为投入资本的市场价值，由股东权益和负债额组成。权益价值是从股票市场上获得的。长期负债的价值以其账面价值来估计。这张明细表显示，权益的价值超过19亿美元而负债价值略少于3亿美元，公司总价值是 22 亿美元。

表 13.5　超级 PC 有限公司——经营业务时所用的平均运营资本和固定资产(千美元)

投资回报率方法
超级 PC 有限公司
互补性商业资产

	1994～1995 年平均
净运营资本	601250
厂房、地产不动产和设备的净值	160000
总计	716250

注　净运营资本是根据流动资产减去流动负债计算得来的
　　厂房、地产不动产和设备的净值来自公司的平衡表。

表 13.6　超级 PC 有限公司——从技术的商业化得到的运营收入(千美元)

投资回报率方法
超级 PC 有限公司——基于技术的收入和运营收入

	1994 年	1995 年	1994～1995 年平均
收入	1350000	1625000	1487500
运营收入	142500	175000	158750

注　在这张表中的所有信息都取自超级 PC 有限公司的年度报告。

表 13.5 特别辨识出经营业务时所用到的平均运营资本和固定资产的价值。只需要 7.61 美元的运营资本来支持经营活动。

表 13.6 展示了业务——特别是制造和销售含有专利特征的个人计算机所带来的收益和运营收入。

表 13.7、表 13.8 估计了不同资本来源的成本以及加权后的超级 PC 有限公司的平均资本成本。资本资产计价模型被用于估计权益的资本成本。[❶] 负债成本以同公司长期负债

❶ 书籍和论文中对固定资产定价模型和定义资产成本的其他方法作过广泛的论述。该主题最出色的全面论述可以在 Valuation: Measuring and Managing the Value of Companies, Second Edition, by Tom Copeland, Tim Koller and Jack Murin (New York: John Wiley &Sons)中找到。

相联系的债券收益率来反映。根据公司的资产结构，通过对不同的资产成本进行加权，得到了加权后的平均资产成本（WACOC），这是为了能起码维持企业生存，公司投资通常必须超

表 13.7　超级 PC 有限公司——计算资本组成的成本

投资回报率方法 资本构成的加权平均成本		
权益成本		
无风险的回报率，R_f	6.83%	(1)
贝塔，B	1.17	(2)
风险的超额回报率，R_m-R_f	7.0%	(3)
权益回报，R_e	15.0%	(4)
负债成本	7.55%	(5)

注 (1) 美国财务数据，圣路易的联邦储备系统，1995 年 8 月 11 日，取自于长期国家债券；

(2)由媒介综合财务服务公司发布，依照行业范围的超级 PC 有限公司的贝塔；

(3) 权益投资超过无风险回报率的超额风险回报率，R.G.Ibbotson Associates 为大型公司所作的估计；

(4) 超级 PC 有限公司被要求的权益回报是使用资产定价模型来计算得到的：$R_e=R_f+B\ (R_m-R_f)$；

(5) 超级 PC 有限公司的长期负债成本。

表 13.8　超级 PC 有限公司——计算资本的加权平均成本

投资回报率方法

超级 PC 有限公司——资本的加权平均成本

资本组成	百分比	税前成本	税后成本	加权成本
	(1)	(2)	(3)	(4)
权益（a）	87.3%	15.0%	15.0%	13.1%
负债（b）	12.7%	7.6%	5.4%	0.7%
资本的加权平均成本，WACOC，(5)				13.8%

注　（1a）提出普通股本占投资资本的百分比；

（1b）提出负债占投资资本的百分比；

（2a，b）来自表 13.7 中资本组成的成本；

（3a，b）反应对超级 PC 有限公司实施 28.8% 的税率后的资本成本；

（4）如第 1 栏所提出的根据资本结构加权的资本成本；

（5）WACOC 是 4a 和 4b 之和。

出的最低预期回报率。这些一览表详细说明了驱动公司投资决策和运营的投资回报率要求。计算得出加权后超级PC有限公司的平均资产成本是13.8%。

表13.9在商业中使用的不同资产类别之间分配公司的总运营收入。净运营资本和固定资产的价值取自资产负债表。无形资产和知识产权的价值相当于22亿美元的公司总价值同运营资本和固定资产的价值之差。结合在1 468 750美元价值中的是有关读取外地硬盘的专利发明,同样被包含在这个价值中的还有个人计算机公司的传统无形资产,如工程制图、商标、分销网络和负责装配的劳动力。该一览表显示在考虑了运营资金和固定资产投资的公平收益后,总运营收入的78.7%可以归结于公司的无形资产和知识产权。

表13.10反映1.249亿美元的收入作为收益百分比分配给无形资产和知识产权。从分析中得出的8.4%的专利使用费率是假设的最大费率,在这种情况下,许可方必须考虑付出的不仅是许可主体专利产品还包括其他超级PC有限公司的无形资产和知识产权。

特定专利发明的专利使用费率

下一步就是回答这个问题:应该从得出的8.4%的专利使用费率中抽取多少专利使用费率,单独作为只归结于主体专利的部分?我们必须记住8.4%的专利使用费率是针对所有超级PC有限公司持有的无形资产和知识产权而言的,包括使用主体专利发明。

该问题的答案已经通过关注在相似行业运营,拥有大多数相同的无形资产,可被视为典型个人计算机公司的企业进行了估计。然而,被选中的企业必须是不占有或使用主体所

表 13.9　超级 PC 有限公司——将经营收入分配给无形资产和知识产权（千美元）

投资回报率方法

超级 PC 有限公司——从无形资产（IA）和知识产权（IP）上得到的超额回报

资产类	总量	百分比	所需的回报	所需的加权回报	分配的加权回报	分配的经营收入
	(1)	(2)	(3)	(4)	(5)	(6)
净运营资本	601250	27%	8.0%	2.2%	15.6%	24788
固定资产	160000	7%	11.0%	0.8%	5.7%	9070
IA 和 IP	1468750	66%	16.5%	10.9%	78.7%	124892
投入的资本	2230000	100%		13.8%	100.0%	158750

注　(1) 第 1 栏中的数值取自超级 PC 有限公司的平衡表和投资资本计算；

(2) 第 2 栏中的数值是将第 1 栏中的数值表示为第 1 栏投资资本的一个百分比；

(3) 第3栏中的数值是跟不同资产类相关的估计回报率，用来平衡相当于整个公司资产的加权平均成本，如第 4 栏所确定的；

(4) 第 4 栏中的数值是第 3 栏的回报率用第 2 栏的投资资本的百分比来加权得出的；

(5) 第 5 栏中的数值是在第 4 栏中作为总回报百分比的加权回报率；显示 78.7% 的运营收入是来自该公司所有的知识产权和无形资产；

(6) 第 6 栏使用第 5 栏内的权重将公司的运营收入分配给各资产类别。

表 13.10　超级 PC 有限公司——作为收入的百分比分配给无形资产和知识产权的收入（千美元）

项目	数值
分配给 IP 和 IA 的收入 (1)	124892
收入 (2)	1487500
为所有 IP 和 IA 得出的专利使用费(3)	8.4%

注　(1) 来自表 13.9 的分配的收入。

(2) 来自表 13.6 的平均收入。

(3) 根据(2)除以(1)计算所得代表公司许可其所有知识产权和无形资产应该获得支付的最大专利使用费。

有权和专利发明的。所选的企业应该制造和销售台式计算机系统。该企业应该拥有一个知名的商标，一个分销网络和一批由训练有素和高产量的工人组成的装配劳动力。就像戴尔电脑、捷威2000或康柏这样的公司，这些公司的回报率可以用作除专利发明外所有无形资产和知识产权所赚取的回报率的近似。通过对上述替代者之一重复表13.3～13.10所提出的相似分析，我们可以分离出除了主体专利外，同所有无形资产和知识产权有关的收入总量。作出这项分析后，除主体专利外同所有资产有关的专利使用费率是5%。这个费率与8.4%之差就是有关主体专利的专利使用费率——3.4%，如表13.9所示。

超级PC有限公司所有无形资产和知识产权的专利使用费率，包括外部硬盘读取器发明。

减去

Surrogate 个人电脑公司所有无形资产和知识产权的专利使用费率，不包括外部硬盘读取器发明。

等于

外部硬盘读取器发明的专利使用费率。

图13.9 超级PC有限公司——获专利的外部硬盘读取器的专利使用费率

投资回报率分析的好处

一项投资回报率模型在以下几点上优化了专利使用费率计算模型：

1. 考虑了运用许可技术的业务和行业环境的投资风险；

2. 反映嵌入在预计的销售额、产品成本和运营费用中的许可技术的特定商业化因素；

3. 考虑了业务中所使用的固定资产所赚取的投资回报；

4. 考虑了业务中所使用的运营资本所赚取的投资回报；

5. 考虑了业务中使用的除主体专利外，其他无形资产和知识产权所赚取的投资回报。

折现现金流分析

各种各样的投资回报率分析同样可以用来得出专利使用费率。这种替代的方法使用折现现金流分析，把期望现金流转换为现值。对期望现金流的转换通过使用反映期望现金流风险的贴现率完成。除了刚才所列的使用投资回报率分析的好处外，折现现金流分析还能反映：

- 可以获得经济收益的时间周期；
- 资本支出投资的时间测度；
- 营运资本投资的时间测度；
- 其他同主体技术无关的知识产权和无形资产投资的时间测度和投资量。

所有价值的基础都是现金。一项业务得出的净现金流量是公司价值的核心，净现金流量，也称自由现金流量，是投资于企业以维持其持续生存后剩下的现金总量。净现金流量可以用于股息发放、慈善捐款或多样化投资。企业不需要净现金流量来继续推动其发展。所有来自企业经营的未来净现金流量之总计，考虑到货币的时间价值进行修改后，代表了企业的价值。

表 13.11 展示了一种基本的计算净现金流的方式。

销售额代表了企业通过为顾客提供产品和服务聚集的收益金额。净销售额是除打折、退货和退款后剩下的收入总量。

制造成本是同制造或者提供产品或服务有关的基本成本。这项费用类包括的是同劳动力、原始材料、制造厂房成本和所有其他直接将原始材料转化为最终产品的相关费用。

毛利是净销售额和制造成本之差。毛利水平反映了制造效率和产品的一般盈利水平。然而，它并不反映产品或服务商业化的最终成功。许多其他对商业化成功重要的费用没有计算在毛利层面上。其他对成功地商业化一项产品有贡献的费用包括：

表 13.11　净现金流量的计算

净销售额 减去
制造成本 等于
毛利

毛利 减去
研究费用 和
营销费用 和
一般营业费用 和
管理费用 和
销售费用 等于
营业利润

营业利润 减去
收入税 等于
净收入

净收入 加上
折旧 等于
总现金流量

总现金流量 减去
营运资本增量 和
固定厂房投资增量 等于
净现金流量

- 创造新产品和优化旧产品的研究费用；
- 诱使消费者购买产品和服务所需的营销费用；
- 为商业化行为提供基本的公司支持所需的一般营业费用；
- 有关工资、佣金和保证产品传递到顾客手中的其他活动的销售费用；

运营利润反映了从毛利中提出非制造费用后剩下的总量。

收入税是一项经营业务的费用，并且必须在对任何企业估价时首先计算在内。

折旧费根据出于商业目的而购置的设备的剩余使用年限来进行计算。它是一项在固定资产上分配原始投资总量的非现金费用。折旧计算说明的是固定资产在用于生产、营销、销售、递送和管理产生销售额的过程中造成的损耗。折旧一直计算到资产用尽，它之所以被称为非现金费用，是因为作为费用的现金支出发生在很久以前，在固定资产被购置时就产生了。折旧费用是在得出营业利润前提取的，因而所得税将折旧当作一项经营的费用。

总现金流量是通过把折旧费用加回公司的税后收入来计算的，折旧费用先前是为了计算营业收入而提出的。总现金流量代表了每年企业所能产生的现金总量。

营运资本和固定厂房设备的投资增量，是指为维持企业持续的生产能力所需的投资。

净现金流量是计算了对该企业的固定厂房设备和营运资本增量的再投资后所有剩余的总现金流量。

价值是从净现金流量中得到的，通过使用本章先前的投资回报率部分讨论过的反映投资风险和货币时间价值的贴现率，将价值从期望量转换为现值。

Quiescent 股份有限公司的价值

将表13.12～表13.15提出的折现现金流分析作为使用折现现金流分析得出专利使用费率的一个简单例子。

表13.12代表根据目前经营情况，Quiescent公司的未来净现金流量。Quiescent公司的销售额、费用和收益反映出该企业具有类似制式化的性质。产品价格受到激烈竞争的压力因而盈利率较低。激烈的竞争同时严重限制了企业将来获得任何大幅度增长的机会。包含在表13.12中的现值计算显示使用14%的贴现率，Quiescent公司的价值是3 423万美元。对公司价值的计算中包括了之后11年的预期净现金流量的现值。反映通货膨胀和最低增长量的固定增长表现

表13.12 Quiescent公司的折现现金流分析（千美元）

年份	1	2	3	4	5	6	7	8	9	10	11
Quiescent 每单位产品销售额(1000 单位)	1500	1575	1654	1736	1823	1914	2010	2111	2216	2327	2443
Quiescent 每单位产品售价（美元）	100.00	103.00	106.09	109.27	112.55	115.93	119.41	122.99	126.68	130.48	134.39
Quiescent 每单位产品制造成本	60.00	61.80	63.65	65.56	67.53	69.56	71.64	73.79	76.01	78.29	80.63
销售额	150000	162225	175446	189745	205209	221934	240022	259583	280739	303620	328365
销售成本	90000	97335	105268	113847	123126	133160	144013	155750	168444	182172	197019
总利润	60000	64890	70179	75898	82084	88774	96009	103833	112296	112448	131346
总利润率	40.0%	40.0%	40.0%	40.0%	40.0%	40.0%	40.0%	40.0%	40.0%	40.0%	40.0%
营业费用											
一般管理费用	15000	16223	17545	18975	20521	22193	24002	25958	28074	30362	32836
研发费用	750	811	877	949	1026	1110	1200	1298	1404	1518	1642
营销费用	12000	12978	14036	15180	16417	17755	19202	20767	22459	24290	26269
销售费用	25500	27578	29826	32257	34886	37729	40804	44129	47726	51615	55822
营业利润	6750	7300	7895	8539	9234	9987	10801	11681	12633	13663	14776
营业利润率	4.5%	4.5%	4.5%	4.5%	4.5%	4.5%	4.5%	4.5%	4.5%	4.5%	4.5%
所得税	2565	2774	3000	3245	3509	3795	4104	4439	4801	5192	5615
净收益	4185	4526	4895	5294	5725	6192	6697	7242	7833	8471	9161
净利润率	2.8%	2.8%	2.8%	2.8%	2.8%	2.8%	2.8%	2.8%	2.8%	2.8%	2.8%
现金流量计算											
+折旧	800	922	1054	1197	1352	1519	1700	1896	2107	2336	2475
-营运资本增量	1250	1528	1653	1787	1933	2091	2261	2445	2645	2860	3093
-资本支出	1000	1223	1322	1430	1546	1672	1809	1956	2116	2288	2475
净现金流量	2735	2698	2975	3274	3598	3948	4327	4737	5180	5659	6068
贴现系数 14%	0.937	0.822	0.721	0.633	0.555	0.487	0.427	0.375	0.329	0.288	2.366
净现金流量的现值	2563	2218	2145	2017	1997	1922	1848	1774	1702	1631	14359
净现值	$34230										

为4%。这是在第11年上使用的最终年贴现率因素中捕捉到的。3 400万美元的价值相当于表13.6先前描绘的公司所有资产价值的总和。这个总量说明Quiescent公司已经赚取了其

所需的加权资本、平均成本以及3 400万美元的超额现值。

Quiescent公司计划从事一项主动引进使用新技术的新产品的主要业务。该技术将获得许可。表13.13显示了公司的当前价值，包括公司现有运营的净现金流量和新产品的净现金流量。额外的销售额、制造成本和费用被反映为商业化新产品所需的运营资本和固定资产的增加量。公司的当前价值增加到69 999 000美元。更高的价值反映了由于新产品有更高的利润率而增加的收益和收入。比较表13.12和表13.13中的显示，研究、营销、营运资本的增加值和固定资产的增加额都更高，并且远远多于在较高的销售预期中所占有的一定比例。这在折现现金流分析中的头几年确实如此，因为新产品最初对销售额并没有显著贡献却肯定会造成费用。

投资风险同样被认为会随着新产品的起步而增大，这点反映为使用更高的贴现率。更高的比率代表着同新产品起步或许会失败有关的风险。

Quiescent股份有限公司的专利使用费率

Quiescent公司该为使用新产品技术支付多少专利使用费率呢？使用先前在第十章中讨论过的25%原则是找不到答案的。表13.14的分析同表13.13相似，但包括专利使用费用一栏。根据新产品60%的毛利率乘以25%，得出15%的专利使用费率应用在新产品销售额上。整个公司的净现值下降到2.8亿美元。这个价值低于公司着手新产品首创前的价值。这种水平的专利使用费减少了整个公司的价值。在这个水平上，公司还是不引进新产品为好。获得这个水平专利使用费的许可方将获得许可技术的补偿和一部分原有公司的价值。这样将会导致技术许可方被过度补偿。

表13.15中显示了Quiescent公司为许可技术应该愿意支付的最高专利使用费。一个与新产品销售额12.8%的专利使用费产生了34 230 000美元的现值——公司的最初价值。在该专

表 13.13 Quiescent 公司的折现现金流分析

年份	1	2	3	4	5	6	7	8	9	10	11
Q 每单位产品销售额 (1000 单位)	1500	1575	1654	1736	1823	1914	2010	2111	2216	2327	2443
Q 每单位产品售价 (美元)	100.00	103.00	106.09	109.27	112.55	115.93	119.41	122.99	126.68	130.48	134.39
Q 每单位产品制造成本	60.00	61.80	63.65	65.56	67.53	69.56	71.64	73.79	76.01	78.29	80.63
新产品的每单位销售额 (1000 单位)	0	25	250	1000	1500	1575	1654	1736	1823	1914	2010
新产品的每单位售价	0.00	80.00	80.00	75.00	50.00	51.50	53.05	54.64	56.28	57.96	59.70
新产品的每单位制造成本	0.00	50.00	51.50	40.00	21.00	20.00	20.60	21.22	21.85	22.51	23.91
Q 产品的销售额	150000	162225	175446	189745	205209	221934	240022	259583	280739	303620	328365
Q 产品的销售成本	90000	97335	105268	113847	123126	133160	144013	155750	168444	182172	197019
Q 产品的总利润	60000	64890	70179	75898	82084	88774	96009	103833	112296	112448	131346
Q 产品的总利润率	40.0%	40.0%	40.0%	40.0%	40.0%	40.0%	40.0%	40.0%	40.0%	40.0%	40.0%
新产品的销售额	0	2000	20000	75000	75000	81113	87723	94873	102605	110967	120011
新产品的销售成本	0	1250	12875	40000	31500	31500	34067	36844	39846	43094	46606
新产品的总利润	0	750	7125	35000	43500	49613	53656	58029	62758	67873	73405
新产品的总利润率	0	37.5%	35.6%	46.7%	58.0%	61.2%	61.2%	61.2%	61.2%	61.2%	61.2%
总销售额	150000	164225	195446	264745	280209	303745	327745	354456	383344	414587	448376
总销售成本	90000	98585	118143	153847	154626	164606	178080	192594	208290	225266	243625
总利润	60000	65640	77304	110898	125584	138386	149665	161862	175054	189321	204751
总利润率	40.0%	40.0%	39.6%	41.9%	44.8%	45.7%	45.7%	45.7%	45.7%	45.7%	45.7%
营业费用											
一般管理费用	15000	16423	19545	36475	28021	30305	32774	35446	38334	41459	44838
研发费用	2750	1821	977	1324	1401	1515	1639	1772	1917	2073	2242
营销费用	12000	19138	20636	21180	22417	24244	26220	28356	30668	33167	35870
销售费用	25500	27918	33226	45007	47636	51518	55717	60258	65169	70480	76224
营业利润	4750	340	2920	16914	26109	30805	33315	36030	38967	42143	45577
营业利润率	3.2%	0.2%	1.5%	6.4%	9.3%	10.2%	10.2%	10.2%	10.2%	10.2%	10.2%
所得税	1805	129	1110	6427	9922	11706	12660	13692	14807	16014	17319
净收益	2945	211	1810	10486	16188	19099	20655	22339	24159	26128	28258
净利润率	2.0%	0.1%	1.0%	5.5%	7.9%	8.6%	8.6%	8.6%	8.6%	8.6%	8.6%
现金流量计算											
+折旧	1300	1842	2154	2847	3002	3230	3477	3745	4033	4346	3379
–营运资本增量	1250	1778	3093	8662	1933	2855	3087	3339	3611	3905	4224
–资本支出	6000	5423	3122	6930	1546	2284	2470	2671	2889	3124	3379
净现金流量	(3005)	(5147)	(3060)	(2258)	15710	17191	18576	20073	21693	23445	24034
贴现系数 16%	0.92933	0.80115	0.69064	0.59638	0.51326	0.44247	0.38144	0.32882	0.28347	0.24437	1.62847
净现金流量的现值	(2793)	(4124)	(2113)	(1345)	8064	7606	7085	6601	6149	5729	39139
净现值	$69999										

表 13.14　Quiescent 公司——折现现金流分析

年	1	2	3	4	5	6	7	8	9	10	11
Q 单位产品销售额(1000 单位)	1500	1575	1654	1736	1823	1914	2010	2111	2216	2327	2443
Q 单位产品售价(美元)	100.00	103.00	106.09	109.27	112.55	115.93	119.41	122.99	126.68	130.48	134.39
Q 单位产品制造成本	60.00	61.80	63.65	65.56	67.53	69.56	71.64	73.79	76.01	78.29	80.63
新产品的销售额(1000 单位)	0	25	250	1000	15001	575	1654	17361	823	1914	2010
新产品的单价	0.00	80.00	80.00	75.00	50.00	51.50	53.05	54.64	56.28	57.96	59.70
新产品的每单位制造成本	0.00	50.00	51.50	40.00	21.00	20.002	0.60	21.22	21.85	22.51	23.91
Q 产品的销售额	150000	162225	175446	189745	205209	221934	240022	259583	280739	303620	328365
Q 产品的销售成本	90000	97335	105268	113847	123126	133160	144013	155750	168444	182172	197019
Q 产品的总利润	60000	64890	70179	75898	82084	88774	96009	103833	112296	112448	131346
Q 产品的总利润率	40.0%	40.0%	40.0%	40.0%	40.0%	40.0%	40.0%	40.0%	40.0%	40.0%	40.0%
新产品的销售额	0	2000	20000	75000	75000	81113	87723	94873	102605	110967	120011
新产品的销售成本	0	1250	12875	40000	31500	31500	34067	3684	439846	43094	46606
新产品的总利润	0	750	7125	35000	43500	49613	53656	58029	62758	67873	73405
新产品的总利润率	0	37.5%	35.6%	46.7%	58.0%	61.2%	61.2%	61.2%	61.2%	61.2%	61.2%
总销售额	150000	164225	195446	264745	280209	303745	327745	354456	383344	414587	448376
总销售成本	90000	98585	118143	153847	154626	164606	178080	192594	208290	225266	243625
总利润	60000	65640	77304	110898	125584	138386	149665	161862	175054	189321	204751
总利润率	40.0%	40.0%	39.6%	41.9%	44.8%	45.7%	45.7%	45.7%	45.7%	45.7%	45.7%
营业费用											
一般管理费用	15000	16423	19545	36475	28021	30305	32774	35446	38334	41459	44838
研发费用	2750	1821	977	1324	1401	1515	1639	1772	1917	2073	2242
营销费用	12000	19138	20636	21180	22417	24244	26220	28356	30668	33167	35870
销售费用	25500	27578	29826	32257	34886	37729	40804	44129	47726	51615	55822
专利使用费 15.0%	0	300	3000	11250	11250	12167	13158	14231	15391	16645	18002
营业利润	4750	40	(80)	5664	14859	18638	20157	21799	23576	25498	27576
营业利润率	3.2%	0.2%	1.5%	6.4%	9.3%	10.2%	10.2%	10.2%	10.2%	10.2%	10.2%
所得税	1805	15	(30)	2152	5647	7082	7660	8284	8959	9689	10479
净收益	2945	25	(50)	35	119213	11555	12497	13516	14617	15808	17097
净利润率	2.0%	0.0%	0.0%	1.9%	4.5%	5.2%	5.2%	5.2%	5.2%	5.2%	5.2%
现金流量计算											
＋折旧	1300	1842	2154	2847	3002	3230	34773	745	4033	4346	3379
－营运资本增量	1250	1778	3093	8662	1933	2855	3087	3339	36113	905	4224
－资本支出	6000	5423	3122	6930	1546	2284	2470	2671	2889	3124	3379
净现金流量	(3005)	(5333)	(4920)	(9233)	8735	9648	10417	11250	12151	13151	12873
贴现系数 16%	0.92933	0.80115	0.69064	0.59638	0.51326	0.44247	0.38144	0.32882	0.28347	0.24437	1.62847
净现金流量现值	(2793)	(4273)	(3398)	(5497)	4484	4269	3974	3699	3444	3207	20964
净现值	$28080										

表 13.15 Quiescent 公司——折现现金流分析

年	1	2	3	4	5	6	7	8	9	10	11
Q 单位产品销售额 (1000 单位)	1500	1575	1654	1736	1823	1914	2010	2111	2216	2327	2443
Q 单位产品售价(美元)	100.00	103.00	106.09	109.27	112.55	115.93	119.41	122.99	126.68	130.48	134.39
Q 单位产品制造成本	60.00	61.80	63.65	65.56	67.53	69.56	71.64	73.79	76.01	78.29	80.63
新产品的销售额 (1000 单位)	0	25	250	1000	1500	1575	1654	1736	1823	1914	2010
新产品的单价	0.00	80.00	80.00	75.00	50.005	1.50	53.05	54.64	56.28	57.96	59.70
新产品的单位制造成本	0.00	50.00	51.50	40.00	21.00	20.00	20.60	21.22	21.85	22.51	23.19
Q 产品销售额	150000	162225	1754461	89745	205209	221934	240022	259583	280739	303620	328365
Q 产品的销售成本	90000	97335	105268	113847	123126	133160	144013	155750	168444	182172	197019
Q 产品的总利润	60000	64890	70179	75898	82084	88774	96009	103833	112296	112448	131346
Q 产品的总利润率	40.0%	40.0%	40.0%	40.0%	40.0%	40.0%	40.0%	40.0%	40.0%	40.0%	40.0%
新产品的销售额	0	2000	20000	75000	75000	81113	87723	94873	102605	110967	120011
新产品的销售成本	0	1250	12875	40000	31500	31500	34067	36844	39846	43094	46606
新产品的总利润	0	750	7125	35000	43500	49613	53656	58029	62758	67873	73405
新产品的总利润率	0	37.5%	35.6%	46.7%	58.0%	61.2%	61.2%	61.2%	61.2%	61.2%	61.2%
总销售额	150000	164225	195446	264745	280209	303745	327745	354456	383344	414587	448376
总销售成本	90000	98585	118143	153847	154626	164606	178080	192594	208290	225266	243625
总利润	60000	65640	77304	110898	125584	138386	149665	161862	175054	189321	204751
总利润率	40.0%	40.0%	39.6%	41.9%	44.8%	45.7%	45.7%	45.7%	45.7%	45.7%	45.7%
营业费用											
一般管理费用	15000	16423	19545	36475	28021	30305	32774	35446	38334	41459	44838
研发费用	2750	1821	977	1324	1401	1515	1639	1772	1917	2073	2242
营销费用	12000	19138	20636	21180	22417	24244	26220	28356	30668	33167	35870
销售费用	25500	27918	33226	45007	47636	51518	55717	60258	65169	70480	76224
专利使用费 12.8%	0	256	2560	9599	9599	10382	11228	12143	13133	142035	15361
营业利润	4750	84	360	7314	16510	20423	22087	23887	25834	27940	30217
营业利润率	3.2%	0.1%	0.2%	2.8%	5.9%	6.7%	6.7%	6.7%	6.7%	6.7%	6.7%
所得税	1805	32	137	2779	6274	7761	8393	9077	9817	10617	11482
净收益	2945	52	223	4535	10236	12662	13694	14810	16017	17323	18734
边际净利润	2.0%	0.0%	0.0%	2.4%	4.5%	5.0%	5.7%	5.7%	5.7%	5.7%	5.7%
现金流量计算											
+折旧	1300	1842	2154	2847	3002	3230	3477	3745	4033	4346	3379
-营运资本增量	1250	1778	3093	8662	1933	2855	3087	3339	3611	3905	4224
-资本支出	6000	5423	3122	6930	1546	2284	2470	2671	2889	3124	3379
净现金流量	(3005)	(5306)	(4647)	(8210)	9759	10754	.11614	12545	13551	14639	14511
贴现系数 16%	0.92933	0.80115	0.69064	0.59638	0.51326	0.44247	0.38144	0.32882	0.28347	0.24437	1.62847
净现金流量现值	(2793)	(4251)	(3209)	5009	4758	4430	4430	4125	3841	3577	23630
净现值	$34230										

表 13.16 技术许可的专利使用费率和行业风险的概要表

许可方	被许可方	产品	行业	专利使用费率	风险
阿姆根公司	纪念斯隆-凯特灵癌症中心	优保津，癌症疗法	制药	3	低
Belmac Corp.	Pharmacin Corp	红霉素抗体	制药	1	低
Gamma Electronic Systems	Fuscan Laboratory	心理声学技术	唱片	3	低
IGL Japan	Instituform Group Limited	无需挖掘的管道修复系统	建筑	6	低
Interline Resources Corp.	Western India Corp.	石油精炼工艺	精炼	10	低
International New Systems & Tech.	York Power AUthority	工业管道修复系统	建筑	5	低
Lesnina, Yugoslavian	Snauwaert, Belgian	网球拍设计	娱乐	3	低
美泰儿	迪斯尼	狮子王人物	商品	10	低
Stabilator AB, Swedish	Insituform Group Limted	无需挖掘的管道修复系统	建筑	8	低
Sylva Industries	Ovonic Battery Corp.	消费电池技术	电池	3.5	低
Spectra-Physics Inc.	Patlex Corp.	基本激光专利	电子	5	低
Various Laboratories	Roche Molecular Systems	聚合酶链式反应生物	技术	9	低
Various Universities	Various Manufactures	服饰	小商品	7	低
Anam Electrical Ind. Co.	Matsushita Electric	录像机	电子	3	中
Bradley Pharmaceuticals	Upsher-Smith Laboratories	插入式润滑剂，女性卫生	医药	3	中
Carver Holt Harvey Plastics	American Satety Closure Gorp.	塑料防干扰封套	包装	5	中
Cyro-Cell International	InstaCool Inc. NA	冷冻血浆技术	医药	5	中
Electrosource, Inc.	Tracor,Inc.	双金属挤压铅电池技术	电池	4	中
Future Medical Technologies	马里兰大学	检测沙门氏菌	农业	6	中
格拉威伯尔公司	Research Frontiers,Inc.	灯光控制的可调玻璃	玻璃	5	中
Koala Corp	A&B Booster Inc.	儿童安全座椅	家具	6	中
Lucky-Goldstar Group	Sinar Mas Group	聚氯乙稀管	建筑	2.5	中
Meridian Diagnostics Inc.	Diease Detection Int'l	快速诊断测试的成套工具	医药	6	中
奥林巴斯光学公司	Symbol Technologies Inc	条形码捕获产品	电子	7.5	中
辉瑞公司	Water-Jel technologies	烧伤治疗	医药	5	中
Sippican,Inc.	Fiberchem Inc.	化学传感器技术	环境	3	中
韩国的双龙公司	梅塞德斯-奔驰汽车公司	小型货车和有篷货车技术	汽车	2	中
WPS 开发公司	威斯康星公众服务公司	软件系统应用	软件	10	中

续表

许可方	被许可方	产品	行业	专利使用费率	风险
Biopharmaceutics Inc.	Cornell Research Foundation	阿尔茨海默氏病的诊断	生物技术	5	高
Deprenyl Animal Health, Inc.	IVAX	阿尔茨海默氏病的药物治疗	制药	10	高
杜邦	Molecular Biosystems,Inc.	核酸探测技术	生物技术	4	高
Future Medical Technologies	Human Medical Laboratories	体液中的微生物过滤器	医药	3	高
Futurex Inc.	TRW Electronic Products	通信加密	通讯	4	高
German Investors	Carrier Inc.	Bioptron lamp therapy	医药	4	高
Hailey Energy	Landon Medical Inc.	细胞学气囊	医药	9	高
Hauntrepreneurs	Haunted Hayrides	敞篷游车	娱乐	10	高
Lasermedics,Inc.	CB Svendsen	低能量激光	医药	3	高
Mitsui Toastsu Chemicals	Southwall Technologies, Inc.	透明薄膜电路电子	材料	4	高
National Fire Coding Systems	PNF Industries	防火涂层	木材	10	高
Savyon Diagnostic	Devaron,Inc.	快速诊断测试的成套工具	制药	15	高
USSR Joint Venture	Energy Conversion Devices	太阳能产品	能源	3	高

利使用费上，公司可以不多不少恰好赚得商业化新产品技术所需的额外投资的收益（在更高的贴现率水平上）。若少于12.8%的专利使用费率则将增加公司的现值。

结论

知识产权的价值是无可比拟的。它是创造商业价值的核心因素。近期数量庞大的侵权损额方法就是部分证据。可以从各种各样的分析方法和模型中了解合理的技术专利使用费。考虑到知识产权的重要性，基于行业标准和估算决定的专利使用费率是不充分的。

TECHNOLOGY LICENSING

第三部分

智力资本

第十四章

智力资本的管理模型

导言

什么是智力资本？它是否就是像某个企业曾定义过的，“在工作日结束时走出门外的事物”？是雇员吗？是企业的诀窍吗？它是否包括索尼公司关于小型化的诀窍？它是否包括惠普公司如此迅速地识别、制造和营销硬件产品以至于其40%的销售额都来自于近两年内开发的新产品的诀窍？或是否包括英特尔创造和开发新的、更快的和生产效率更高的计算机芯片的能力？

智力资本是那些通过创新和知识密集型服务获得利润的企业越来越感兴趣的话题。在许多情况下，这些“知识型企业”发现市场对他们的估价远远高于他们资产负债表所证明的价值。什么是像微软这样的企业的真实价值？它远大于有形资产，公司的价值在于它的无形智力资产以及它将这些资产转化为收入的能力。微软和其他知识型企业的市场溢价（market premium）不仅针对智力资本也包括企业能够系统地利用智力资本的能力。然而，令人吃惊的是，在知识型企业的经理中很少有人能够定义智力资本，它是什么，它存在于企业中的什么地方，以及他们如何管理智力资本来产生让市场如此看好的利润。

智力资本的定义随着人们对这个主题的兴趣逐渐扩展而刚刚开始浮现。《财富》(Fortune)杂志上主题系列文章的作者汤姆·史都华（Tom Stewart）说道：“智力资本是你触摸不到但使你致富的东西。” 拉里·普鲁萨克（Larry Prusak），安永会计事务所智力资本的发言人，将它形容为“可以被用来捕获和利用的去生产更高价值的资产”。美孚公司（Mobil）的泰德·卢母雷（Ted Lumley）把它看作“用于在商业流程中增加经济秩序的知识”。陶氏化学的戈登·皮特拉斯（Gordon Petrash）将智力资本定义为“有价值潜力的知识”。休斯公司（Hughes Space and Communications）的亚略·沃德（Arian Ward）相信智力资产基本上是公司“知识岛屿”的总和，并且所面对的挑战是从公司的利益出发连接和协调知识型员工。

这些定义似乎都赞同知识资本是一种有重点的、有组织的信息（知识）储备，组织可以对其进行一些有价值的应用。但是智力资本的储备不足以解释市场投注在许多知识型企业上的高价值。事实上，公司利用其智力资本的能力或许才是盈利的关键。这一点较早由瑞典的斯堪的亚公司认识到，该公司的智力资本主管里夫·埃德文森，最初把智力资本形容为人力资本、结构性资本的总和，其中也包括客户资本。

本章讨论的是如何管理和利用智力资本，解释了为何智力资本也只是知识型企业价值创造机制的一个组分。本章会识别出这个组分，然后描述如何在价值生成的其他部分情境中管理企业的智力资本。

知识型企业

使用其知识作为竞争性优势来源的公司被称为知识型公司。知识型公司通过将其人力资源——其雇员所创造的知识进行商业化而获得利润。在某些情况下，知识型公司通过知识来使其在竞争中脱颖而出。知识型公司存在于许多行业，在产品领域里，包括电脑公司、软件公司和新产品或差别化产品的制造商以及其他高科技公司。在服务性行业里的知识型公司包括律师事务所、咨询公司、金融服务公司和传媒公司（新闻、期刊、电视和广播）。

知识型公司包含有两类资本：智力资本和结构性资本。两者的基础都是人力资源，人力资源是知识型公司的所有组成中最为动态的，具有能为企业长期稳定地产生收益的能力。所有企业都拥有结构性资本，公司最显著的金融资产不是智力资本，而是结构性资本。结构性资本包括公司所有有形的资产负债表上的资产。这些资产是智力资本的基础，而且也是公司得以实现赢利的辅助性资产。

知识

如果有人对处于商业情境中的“知识”有清晰的了解，那对理解智力资本的探讨是最好不过了。商业知识通常有两类：一类是显性知识，即可用文字记录下来的知识；另一类是隐性知识。这种区分在战略上很重要。编码知识是可以被写下来、传递和分享的。商业知识中的显性知识是可以定义并受法律系统保护的，不论是作为商业秘密、专利、著作权还是半导体掩膜。如果不是受到知识产权法律的保护，编码信息常常很容易被模仿。相反地，隐性知识，或者诀窍，天生很难形容。它可以被示范但很难以文字等形式固定下来。隐性知识通过示范和在职培训得以传递。在制造型企业中，特别是生产方法知识，通常是隐性的。在服务型企业中的关系知识通常也是隐性的。就像众多事物一样，隐性知识可以既是一项优势也是一种劣势。由于它很难被传递，隐性的诀窍天生就是受到保护的。然而这种知识一旦被传递了，原始所有人就几乎没有什么方法来再次主张所有权。

值得一提的是知识的其他三个维度。第一个维度是知识在使用中是否可观察得到。一些技术无须他人观察学习就可以使用。工艺技术通常就是那种类型的。产品技术则不同；为了出售这类技术，你必须将它揭示给其他人看。第二个维度是技术的复杂性或简单性。第三个维度，我们必须注意的是：一项技术是否能独立使用，还是只有当嵌入某类集成系统中才有价值？一项技术是否会自主地独立影响人们对它进行商业化的方式。表14.1总结了对知识的描述性维度。

表14.1 工业知识的种类

	隐性知识	显性知识
定义	难以清晰明白地表述，并有可能嵌入在做事方式中的知识	记录在某些媒介上的知识
所有权	由诀窍的持有者拥有所有权；难以复制与转让	更易于用法律机制来保护的技术，并且也易于转移
例子	经验 学问 团队技能	蓝图 代码 公式 计算机程序

知识可被记录下来的程度与它能产生的价值量间存在着某种联系。比如，**知道某件事情**与**知识**之间存在着差异。知道是指对于某个主题或有关它的信息有所意识。知道某件事情或许是创造可以产生杠杆作用的知识资产的第一步。相反，知识意味着一组特定的或被具体化的“知道”集。它一般有一个中心焦点或主题，并且出于这个原因，它表现为在创意或创新能够付诸纸笔前，或给其下定义，或将其记录下来。

不论是在纸上还是黑板上，创意一旦被下了定义和描述，就变得有用了。由于它变得可以由他人来改进、提炼和使用，所以其潜在的价值增加了。事实上，一个创意被记录的具体程度和它的相应价值间存在着某种联系。

智力资本

我们将智力资本定义为可以转变成价值的知识。这个定义非常广泛，包括发明、创意、一般知识、设计、电脑程序、数据处理和出版物。它不仅仅局限于技术创新或那些法律确定的知识产权形式（包括专利、商标和商业秘密）。对于管理者，智力资本（IC）有两个主要的构成要素：人力资本和智力资产。区分这两类智力资本对知识型公司的所有者来说特别重要。不像人力资源不可交换而且也不能为股东所有，智力资产是可以交换并且能够拥有的。出于这个原因，知识型企业把由人力资本所创造的发明转变为智力资产显然是有利的，因为企业可以对后者主张所有权。智力资本管理者的主要任务就是将人力资产转变为智力资产。为了便于进行这种转变，理解人力资产和智力资产间的区别很重要。

人力资本

企业的人力资本可以被定义为员工替客户解决问题的能力。企业范围的人力资本资源是诀窍和对公司重要议题的组织记忆。这类资源包括集体经验、技能和企业所有员工都知道的一般性诀窍。因为它能为公司产生价值，所以是资源，但企业很难不通过员工本身来传递这种价值。例如，一家律师事务所会把供职的律师们视为首要的人力资本。律师们出现在法庭上，并且就法律事务给顾客提供建议。很难想象律师事务所如何不通过技术的载体——律师，来向顾客提供这些法律服务。

其他企业利用其人力资源来创造价值，但不一定需要直接创造价值。一家软件企业或许要靠程序员来创造新的软件程序，程序一旦完成编码后，就成为一项智力资产，然后可以复制、制造和销售给客户。在这种情况下，人力资本并不像律师那样直接创造价值；其通过创造随后可以制造及销售的智力资产来间接地实现价值。

获得企业人力资本的力量通常指的是：知道哪种信息是相关的，哪位雇员拥有这种信息，以及这种信息能以什么样的速度被分享。随着企业的成长和结构变得越来越复杂，要获得相关的信息也变得越来越困难。当企业规模还小时，所有人都很容易知道某一情形下什么样的信息是相关的，以及如何获得人力资本所拥有的知识。随着企业的成长和人力资本库规模的扩大，这类信息分享变得不那么广泛了，而且还存在着更多的阻隔。当业务流程重组显著地缩小了中层管理者阶层的规模之前，中层管理者通常是企业中懂得最多的人，他们知道企业正在进行什么活动，什么是相关的，以及谁拥有相关的信息和技术。今天，中层管理者大量缺失，同时企业苦苦奋斗着试图弄清谁知道什么。电子邮件和互联网这样的技术方便了信息的快速交换，但它们无法帮助识别相关信息及其拥有者。

曾经有一种解决方法是，创造一本黄页簿来指引使用者找到企业中对某方面知道得很多的人。瑞士制药企业霍夫曼－拉罗歇公司（Hoffman LaRoche）已经发明了一种黄页簿，他们称之为鲁迪（Rudi），以一位雇员来命名，尽管他在公司的等级制度中并不居要位，然而人们想请教事情的究竟时总会去找他。

在一个理想世界里，公司将渐渐发展到拥有某种形式的**集体智慧**（collective intelligence），一个由乔治·泊尔（George Por）首创的名词，指的是组织中的所有成员都清楚和能够使用的全部相关知识。在小型组织中这种情况通常自然而然地就会发生。随着组织规模、多样性和工作地点数目的增长，企业常常使用越来越复杂老练的信息技术来存储和组织企业的集体智慧。

智力资产

智力资本的第二个组成部分，智力资产，是被记录下来、有形的或特定知识的基于物理介质上的描述，使得企业可以主张所有权并且很容易以单独的形式进行交易。任何被定义过（通常是写下来或输入电脑）的信息，都符合智力资产的标准并且能够施加保护。智力资产是企业进行商业化创新的源泉。表14.2显示一个企业的智力资本的各部分是如何组成诀窍（隐性知识）和智力资产（显性知识）的。

表14.2　智力资本的两种组分

	人力资本	智力资产
定义	可以转变成价值的知识和诀窍	能够确认所有权的特定知识
例子	经验 一般性诀窍 技能 创造力	技术 发明 工艺 数据 出版物 计算机程序
贮藏处	人和组织的惯例及程序	有形形式（例如文档、光盘等）
保护方式	在雇佣者和员工之间的保护协议 合同	专利 著作权 商业秘密法 半导体掩膜

在将其智力资产进行商业化的企业中，生产这类资产常常会引起一个过程，来对它们进行编目、列举或以某种方法识别。通常人们还采用一些后续的过程或活动来决定哪种智力资产能获得某些形式的投资和商业化开发。在技术型企业中，人们本着合法保护满足预定标准的智力资产这一观点，定期对智力资产进行回顾。

受到法律保护的智力资产就成为了知识产权（见图14.3）。解决智力资产保护问题的法律主体——知识产权法，在美国确定了五种形式的法律保护：专利、著作权、商业秘密、商标和半导体掩膜。对于任何一种保护形式，其性质和保护程度都是不同的，就像对于一项创新的保护程度也有所不同那样。

智力资产根据定义是有可能通过法律途径来起诉的。事实上，不论是否寻求正式的法律保护，它们通常都受到法律上商业秘密条款的保护。企业不是所有的智力资产都保护。然而，智力资产和知识产权都是可以商业化的。

图 14.1 显示了智力资本的三种要素间的转变。

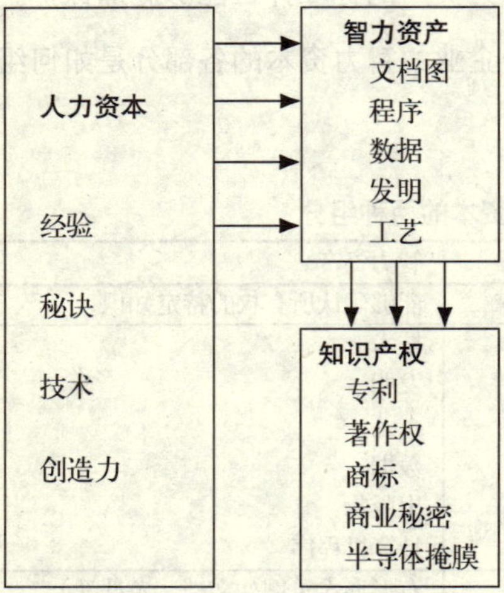

图 14.1　智力资本要素间的关系

结构性资本

人力资本自身几乎没有什么价值。试着描绘出这样一幅画面：一群技术人员聚集在山坡上，思考伟大的商业想法。但是缺少公司资源的支持，他们没有能力对构想采取任何行动。他们没有纸来记录想法；没有生产员工或制造设施；没有电话可以访问潜在的顾客。总之，这些人力资本缺少公司的支持资源，后者被称为**结构性资本**。

结构性资本是公司为其人力资本提供的支持或基本结构。它同时包括直接的和间接的支持，并且每一种支持都有物理的和无形的成分。直接支持是直接触及人力资本的支持，不仅包括物理支持如计算机、桌子和电话，还有如信息系统、计算机软件、工作流程、营销计划和公司诀窍这些无形支持。间接支持（涉及对接触人力资本人员的支持）包括物理要素如建筑物、灯光、电力和水管工程，以及无形要素如战略计划、薪酬系统、成本结构和供应商关系。事实上，结构性资本提供的是鼓励人力资本创造和利用其知识的环境。结构性资本是那些人力资本下班回家后还留在公司的东西。

在知识型企业，应该对结构性资本进行设计以使智力产出最大化。例如，这类企业的物理环境应该促进创造性和多产的想法的出现。他们的房间应该被设计成适合集体工作，手边有白板和画架，有很容易拿到的计算机和便利的工具，以及有充足的设计室和会议室。除了硬件支持性资产外，结构性资本同样由软性资产组成——经验教训档案、行业企业最佳做法信息以及关于客户对新产品和服务的需求的商业情报。

物理结构性资本根据所在企业和行业的不同呈现出不同的形式。例如，一家享有声誉的律师事务所的物理结构性资本可能包括胡桃木镶嵌的办公室、一个图书馆和一套广博的计算机信息检索系统。在一个策划组中或许包括整洁的、采光良好的工作室，有着随处放置的小地毯和舒适的椅子以及许多可以涂写的墙面空间，或许还包括活动经费预算，使成员可以通过出席创造性会议和休假来实现智力的自省与更新。结构性资本使人力资本能够淋漓尽致地发挥。

无形结构性资本在许多方面对企业而言甚至比其物理层面的对应者更为重要。无形要素包括企业文化、历史甚至部分与企业管理有关的智力资产。鉴于通常认为企业的人力资本是获得商业化开发知识的源泉，智力资本的其他要素决定了企业所选定的方向和对未来的愿景；这些包括企业的使命、价值及其商业目标。此外，无形结构性资本的另一要素是企业与其客户的关系，有时被称为**客户资本**（customer capital）。

关于智力资本嵌入企业结构性资本中的程度，存在着有趣的辩论。事实上，知识型企业相当部分的智力资本关注的是企业的行政和商业事务，而不是其产品和服务事务，这点是说得通的。智力资本的成果留存在结构性资本中并形成了结构性资本中的无形要素的主要部分。

当人们试图描绘智力资本同结构性资本的分界时常常会引起辩论。任何在结构性资本和智力资本间含糊不清的地方大都被休斯公司的亚略·沃德解决了，他说过定义通常都是接近的和容易混淆的。他不去定义事物，而是区分事物。根据这种精神，企业的结构性资本应该被认为是同商业和行政活动有关的那部分智力资本的家。

互补性商业资产

互补性商业资产是用于在商业化过程中创造价值的公司资产。通常，对于知识型企业而言，企业的商业资产会对其人力资本所开发的创新进行补充。这些互补性商业资产通常包括制造设施、分销网络、客户名单、供应商网络、服务力量和组织能力。互补性资产可以被认为是技术必须经过它们进行加工以传递给顾客的一系列资产。显然互补性资产是制造能力、仓储能力、分销网络以及零售店面。互补性资产也可以是其他互补性技术、客户名单、商标或客户关系。不论一项智力资产本身如何刺激有趣，除非其能配合适当的互补性资产，否则几乎没有商业价值。

有两类互补性资产。第一类是广泛适用的商业资产——**一般性互补资产**。它们可以在公开地市场上购买到或者通过订立合同而得到，并且能用于一大批技术应用的商业化。第二类互补性资产能提供更多的杠杆作用，被称为**特定互补性资产**。假设一位发明者设计出一项具有巨大市场吸引力的独特产品，如果该产品可以用市场现有的制造设备生产，那么其制造将涉及一般资产的使用。然而，如果产品需要一些该技术或产品设计独有的制造工艺或技术，因而不能用一般的制造设备生产该产品，那么特定的制造能力将成为特定互补资产。一项特定互补商业资产可以战略性地使用：它可以用作竞争壁垒；也可以对外许可而成为收入来源它可以被出售，也可以用来吸引合资企业的伙伴。最重要的是，它可以在用法律保护不理想或无法实施法律保护时保护技术不被竞争者侵权。

特定性互补资产从而成为除了创新所创造的价值之外的价值源泉，在商业化过程中使用商业资产为创新在其走向市场过程中增加价值。这是互补性资产的所有者可以为自己捕捉并保留的额外价值。在制造过程中实现的价值由制造系统所有者作为利润赢得，分销的价值被分销系统所有者作为利润赢得，以此类推。当商业资产是创新所独有时，所有者就可以为他们替创新所增加的价值收取更多的附加费。因此互补性商业资产也是隐含价值的来源，事实上，它们为企业所提供的价值要大于它们作为有形资产的账面价值。

特定性互补资产通常同智力资本特定应用的商业化过程一起被创造出来。因此它们是独特的，并且常常是可以自我保护的。结果，控制特殊性互补资产相当于控制相应的智力资产和智力资产的全部商业价值。它有保护一项技术而不必揭示技术本身的优点，专利并不能提供这样的优势。

知识型企业的智力资本模型

根据互补性资产的这种定义，因为已将所有智力资本和结构资本产生的价值的来源进行深思熟虑，现在可以更全面地描述知识型企业。如图14.2所示，企业的智力资本在组成上有三种主要的要素：人力资本、智力资产和知识产权。知识型企业的智力资本由企业的结构资本支持，后者同时包括有形资产和无形资产。事实上，从属于商业和行政机构的那部分企业智力资产可以被看作是结构资本的一种无形要素。

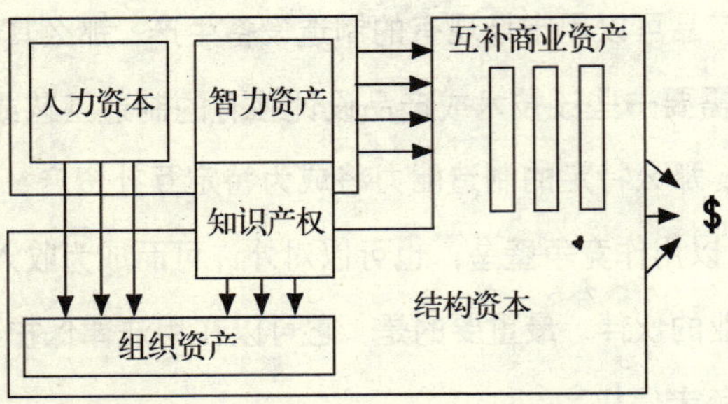

图14.2　知识型企业的模型

企业的结构资本包括作为其有形资产一部分的商业资产辅助智力资本产生的创新。这些互补性商业资产不仅加工、改进创新，且将创新引入市场，它们自身也为企业增加价值，带来利润。

总结

过去的商业知识认为满足三个条件就能使一项创新的商业化取得成功。如果创新满足市场需求、受到法律保护并且可以抢在任何竞争者有所反应前在市场上发布的话，那么很有可能会获得巨大的利润。然而，许多创新者遵循着这条信条行动，却并没有获得成功。

今天，成功的知识型企业认识到智力资本是价值的主要源泉。近期《财富》杂志的封面故事讨论了这一商业资产。从其智力资本获利的企业认识到，技术商业化的成功不仅仅要满足这三个条件。本章聚焦于这些知识中第一条背后的基础：创造创新。

我们也知道知识型企业有两种主要的价值来源。第一种是企业的人力资本创造的创新。当它们转变成智力资产后就成为了公司财产，然后当它们受到法律保护后变成了知识产权。当创新同知识型企业的第二种主要价值来源——互补性商业资产结合后，就开始了商业开发并且进入市场，在那里它们被作为产品或服务进行出售。

这些定义和描述澄清了人力资本、智力资产和知识产权之间的关系，并且现在可以明显看出应该将创新从人力资本的领域里转变出来，变成智力资产。

术语表

人力资本：人力资本是组织的人力要素。其包括所有者、员工、签约人、供应商和所有集体地将其技能、诀窍及个人能力带给企业的其他人员。人力资本代表了企业解决问题的能力，是一个组织智力资本的主要要素之一。

无形资产：一个会计名词，定义为：对未来现金流量有所贡献的无形收益。（收益已经获得，或者有企业控制其他人是否能获得。）

智力资产：智力资产是为文字所记录下来的，有形的，或组织可主张所有者权力的特定资产的物理描述。智力资产是一个组织智力资本的主要要素之一。

智力资本：可以转化成价值的知识。

知识产权：描述获得法律保护的智力资产的法律名词。

参考文献

Stewart, Thomas A. (1992). "Emergence of Intellectual Property Exploitation Strategies," *Licensing Economic Review*, July/August, p. 216.

Stewart, Thomas A. (1994). "Your Company's Most Valuable Asset: Intellectual Capital," *Fortune*, 3 October, p. 68-74.

Sullivan, Suzanne P. (1993). "Insights Into Commercializing Technology," *Les Nouvelles*, March, p. 30-35

Teece, David J. (1986). "Profiting from Technological Innovation: Implications for Integration, Collaboration, and Licensing and Public Policy." *Research Policy* 15: 285-305.

第十五章

斯堪的亚公司发展智力资本管理能力的案例

智力资本管理团队

智力资本随着我们步入正迎面而来的所谓“知识时代”而获得越来越多的关注。在知识密集型公司中，智力资本的重要性或许早已成为共识。对于这些公司来说，智力资本所代表的“隐性价值”（hidden value）或许比金融资产的价值要更大。这种价值差异，最初由托宾教授在其著名的关于“托宾Q”（Tobin's Q）概念的系列文章中进行了研究，是公司的市场价值与其账面价值之差。对于知识型企业，这个差距或许该归因于企业储备的智力资本。通过一般的金融手段来估计这些企业的价值就像以露出水面的部分来衡量一座冰山一样；有许多部分是看不见的。财务和管理会计都只关注“冰山一角”。

要想有能力管理这些隐含价值就要求知识型企业走出传统的方法。标准的会计和财务报告不足以提供对上述结果的衡量。不必再应用传统的管理方法和技巧了。事实上，管理知识型企业的隐含价值或许可以参照管理无形资产的方法。然而，如此消极的定义，忽视了其推动企业创造价值的驱动力和那些价值能进一步转变为金融资本的能力。知识型企业管理和增加其隐含价值的能力在过去几年中逐渐为人所知，即智力资本管理（ICM）。

本章将描述为了在斯堪的亚公司这一瑞士最大的保险公司中开发智力资本管理能力所作的努力，将提出斯堪的亚公司在管理其智力资本道路上开发出来的一些发现、定义和看法。

智力资本

帕拉里克·H.沙利文作为斯堪的亚公司的智力资本管理者，致力于描述智力资本对公司的重要性，并开发有效的方式来管理它。当斯堪的亚公司开始考虑智力资本管理时，发现几乎没有文献能为其提供指导。为此，斯堪的亚公司开发了自己的框架来理解智力资本管理，从而得以开始管理多年来被视为公司的隐含价值的资本——智力资本。

斯堪的亚公司认识到管理这些隐含价值意味着管理一系列看不见的资产。为使这些资产变得更为直观，斯堪的亚公司创造了其自身的框架来形容其所期望管理的隐含价值的主要要素。公司开发了一个简单的公式来描述其对智力资本的观点：

智力资本＝人力资本＋结构性资本

该定义是当公司在其增长最快的业务单元之一，斯堪的亚金融和保险公司（AFS）对隐含价值进行的一项盘存活动时，随着企业的开发过程而浮现的。该盘存活动于1992年进行，揭示了企业有超过50项承载价值的活动未被记录在会计和财务系统中。为了创造管理这类活动的能力，公司设计了一种简单又清楚的二分定义法。首先，所有涉及人的隐含价值活动会被归为人力资本问题；其余所有被定义为结构资本。根据这种简单的定义方式，承载人力资本价值的活动是那些涉及单独个人和他们为实现其任务而贡献给斯堪的亚公司的能力。结构性资本则恰好相反，代表公司为实现自身使命而具有的组织能力。尽管事后看来，该公司可能会发现这些定义过于简单，然而作为出发点，这个框架被证实是非常有用的。

智力资本的挑战

随着公司进一步进行关于智力资本和管理的思考，又揭示了一些重要的观点：

■ 人力资本不是隐含价值的惟一来源。斯堪的亚公司的结构性资本也同样具有显著的隐含价值。

■ 公司并不占有自己的人力资本，然而它确实占有结构资本。

■ 斯堪的亚公司价值创造的真正核心是基于智力资本的三个子部分：

(1) 公司人力资本的创新性；

(2) 人力资本开发的并制度化的客户关系；

(3) 公司的基础组织及其能力。

这些见解导出几项自我加设的挑战。第一项挑战是如何将许多公司人力资本（企业不占有的资本）中的价值转变为结构资本（企业占有的资本）。这导致斯堪的亚公司去研究和理解知识创造和知识转移。作为这些努力的结果，公司目前正在学习如何挑战其人力资本以及如何将他们的创新转变为结构资本。

第二项挑战是如何结合人力资本和结构资本的隐含价值来为斯堪的亚公司实现更高水平的隐含价值。这里就用到了经济学家关于互补性资产的定义。它帮助斯堪的亚公司认识到部分结构资本实际上与公司人力资本所开发的创新互补。这些互补性商业资产，跟业务、分销渠道、客户名单等等有关，当同人力资本创造的特定创新匹配时，经常能帮助斯堪的亚公司对额外的或杠杆化的隐含价值进行衡量。

在斯堪的亚公司的第二项挑战中有不少学问，这些学问引发人们去找出和识别公司独有的人力资本和结构资本的结合，从而提供增加公司隐含价值的一些独特的或市场强势的能力。

第三项挑战是如何利用斯堪的亚公司识别出的智力资本的三个核心子成分。尽管尚处于发展管理这第三种挑战的方法的新观点的过程中，斯堪的亚公司已经领会到领导力和前瞻力是成功的关键。斯堪的亚公司设计了一项特别调查，研究在智力资本管理过程中对领导力的需求。该项目召集了一批具有各种背景和有着不同兴趣的智力资本先驱，于1994年集中在加利福尼亚的磨坊谷（Mill Valley），来开发在智力资本情境下“领导力”的意义。经过几天高强度的集体思考，他们逐渐形成清晰的想法，那就是为了在知识型企业环境下创造价值，有一套明确的、表述清楚的关于组织的价值观来指导人力资本的集体行为非常重要。此“价值观”非“商业价值”之“价值”。鉴于前者描述的是什么对于组织来说是重要的和有意义的，后者衡量的是企业在树立“价值观”的过程中创造出的东西。

价值观、环境和价值对通过智力资本创造新的隐含价值的重要性也吸引了斯堪的亚公司更多的注意力。这使公司意识到尽管价值观和价值创造是公司高层管理者最基本的考虑事项，但同时它在公司中层管理者日复一日的管理活动中却是不起眼和察觉不到的。这种见识引导斯堪的亚公司将其管理注意力更多地集中在开发两个管理层次之间的联系上，目的是通过仔细和普遍深入地解释公司的情境和管理对斯堪的亚公司智力资产的价值，更好地掌握管理能提供的杠杆作用。

知识产权的矛盾

任何企业的知识产权（受法律保护的智力资产，例如通过专利和著作权）管理者都不可避免地要使用法律权利体系作为参照点。但这种参照框架如何联系创造价值观的观点呢？知识产权经理关注的焦点应该是倾向于保护知识产权还是应该倾向于维护关系？答案存在于企业的经营思想（business mentality）中，例如，价值体系。知识产权的角色应该与经营战略以及组织或企业的结构资本相一致。然而，在企业知识产权管理中暗含的矛盾，始于价值创造和价值杠杆作用这些概念，并随着创新的释放而兴盛。人力和结构资本越是能够相互联结、结合、循环和再循环，就越是能释放更多的价值。但是传统意义上的知识产权管理集中在保护公司的隐含价值，或在其周围筑起篱笆。如何才能让这两种明显冲突的概念同时存在于同一组织中呢？智力资本管理的新浪潮需要解决这个矛盾才能取得成功。

结论

斯堪的亚公司的长期收入和业务可持续性的关键是必须关注除业务的财务维度外的更多方面。斯堪的亚公司使用其被称为斯堪的亚导航仪（Skandia Navigator）的ICM模型，来开发驶向未来过程中的指示机制。该指示机制将管理注意力集中在财务、客户、流程、雇员和更新与进一步开发上。斯堪的亚公司已经发现其中最具挑战的是更新和开发，因为他们不仅必须更新和开发，而且他们必须开发新的指标（metrics）来衡量他们的努力在何种程度上能产生理想的结果。开发新指标的需求将使得斯堪的亚公司位于各种公司的最前沿，这些公司都致力于未来，而不是过去，这些新指标集中在价值创造和雇员、客户和股东之间沟通的新方式上。

斯堪的亚公司同时也正在创造投资于“软”管理领域的新潮流，例如知识开发、信息技术、组建战略联盟和虚拟企业。对这些新近定义的活动的管理是基于一系列新近定义的价值进行的。斯堪的亚公司过去几年的努力产生了一系列的关键见解，企业相信可以将其总结为：

■ 智力资本通过对企业人力资本的创新创造商业应用来产生价值。

■ 联结着斯堪的亚公司的人力和结构资本的努力比只有一种或其他形式的资本所产生的应用都要强大。

■ 智力资本管理涉及到想象、释放、联结、重新联结、循环和更新活动。

■ 知识产权管理只是智力资本管理的一个组成部分。

■ 为了在智力资本管理上取得成功，我们必须学习如何处理在释放智力资本和保护智力资本的需求间的矛盾。

应用这些见解对斯堪的亚公司有着强大的影响。在过去的五年里，可以看到斯堪的亚金融和保险公司的销售额增长了十倍。斯堪的亚公司的股票价格中智力资本成分和其雇员生产率的增长都超过了300%。想象一下如果这类在斯堪的亚公司开发的法则被广泛应用到遍及整个西方工业的领域中，结果将会如何？我们相信取得如此进展结果的道路将会是曲折的！

第十六章

智力资本管理的未来

ICM 集团

历经好几个时代的演进，社会已经发展到我们今天所处的信息时代。尽管信息时代受到许多关注，但信息本身不是主要的价值创造者。作为价值创造基础的知识，以及知识的杠杆作用才是推动社会同时在社会上和技术上进步的因素。我们或许这样说更为恰当：我们已经进入了一个知识和知识管理的时代。

要想经历时代变迁并能一直保持成功，需要采取新看法来对待旧问题。未来的成功将更少地依赖于过去的价值创造者，比如自然资源和地理位置；更多的是靠创新和知识，这些常常被错误地归类为“信息”的东西。放眼四周，我们的公司，甚至国家，正拼命地致力于生产可以商业化和转变为价值的新知识和创新。使用智力资本来驱动创新已成为我们生存着的世界的主要活动。知识的创造、编码和提升已经成为社会的主要经济力量，并且人类是否能够创造更多有用的知识并促进这些知识的运用将最终决定成功与否。

我们广义地定义智力资本为可以转变成利润的知识。前面描述过智力资本有三个主要的成分：人力资本、智力资产和知识产权。人力资本或脑力，创造了创新，而这些一旦记录下来，就成了智力资本。一些智力资本（通常是那些最具商业价值潜力的）将受到法律保护并且成为知识产权。企业可以用任何方式将知识产权商业化。他们可以对外许可，可以在合资企业里用它来与另一家企业的资产结合,可以在谈判中利用它来通过联盟进入他人占有的市场,或者可以完全靠自己来进行商业化创新。

本书是关于许可——将企业的知识产权变成利润的一种形式。但我们将来生产创新的方式又会如何?它会变化吗?目前创造新的智力资产和产权的节奏会持续吗?它会加快吗?管理和商业化智力资产的途径会变化吗?我们可以看到许可仍然是将创意转变成现金的主要转变机制吗?在考虑这些问题过程中,我们相信我们已经能够隐约看见未来。在这最后的章节里,我们将提出我们对智力资本世界未来的展望。

智力资本创造公司价值

积极参与智力资本商业化的企业已经获得了显著的回报。在近期的文章中,《财富》杂志列出了其认为正在创造最大的市场附加值(Market Value Added, MVA)的企业名单。市场附加值这一指标可以判断一家企业是否增加或减少了股东和债权人委托的资本,从而判断企业是否创造了价值。市场附加值用企业的市场价值同投资的资本总量之差来计算。如果一家企业的市场附加值少于所有投入的资本,如果他的市场附加值是负的,那么企业浪费了其资本。如果企业的市场附加值是正的,那么该企业管理者就创造了价值。表16.1显示了《财富》名单中居于前十位的市场附加值创造者。

十家企业中的九家——除了沃尔玛(Wal-Mart)外——都是直接依靠知识产权来获得利润的。技术创新主导了通用电气(General Electric)、默克公司(Merck)、微软(Microsoft)、强生(Johnson&Johnson)、美国电话电报公司(AT&T)和摩托罗拉（Motorola）未来的成功。商标为可口可乐（Coca–Cola）、宝洁（Procter&Gamble）和菲利普·莫里斯（Philip Morris）提供了展现的舞台。这些公司之所以会榜上有名是由于他们非常善于创造、培养和管理他们的知识产权。

表16.1　前十位价值创造者

1995年排名	顶级价值创造者	市场附加值（百万美元）	给投资者的总回报（1984～1994年）
1	可口可乐	$60846	28.9%
2	通用电气	$52071	17.2%
3	沃尔玛商店	$34996	25.1%
4	默克	$31467	25.1%
5	微软	$29904	51.9%
6	宝洁	$27830	19.3%
7	菲利普·莫里斯	$27338	23.7%
8	强生	$24699	22.4%
9	美国电报电话公司	$22542	14.5%
10	摩托罗拉	$21068	22.8%

管理者如今受到知识产权的驱动

合并在19世纪80年代还是大新闻，但在今天，促使公司合并的新利益有了显著的不同。历史上最大的收购案例是1989年科尔伯格·克拉维斯·罗伯茨（Kohlberg Kravis Roberts）花250亿美元收购了雷诺纳比斯科公司（RJR Nabisco）。这项杠杆收购同扩大市场份额或规模经济无关，跟整合核心竞争力也无关。它是一家由有价值的业务单元组成的公司的财务重组。这项交易基于债转股，因而调整了所有权风险。未来的收购将会出于战略考虑。在这个兼并和收购的新领域，知识、技术、智力资产将成为杠杆，而不是财务。娱乐行业就是这种新形式的例子。娱乐行业正在经历娱乐发行商同娱乐制造商结合的巩固阶段。创造带来的知识产权正与发行方面的无形资产相结合。这种结合同样也存在于合资企业杜邦－默克的背后。杜邦的药品开发项目需要分销网络和专家意见来获得美国食品及药物管理局（FDA）的批准。默克需要新的药品发明——其研究渠道正在逐渐干涸。该合并是由一方带来发明，同时由另一方提供商业化知识。这些合并与财务重组无关，该领域里人们渴望得到的是智力资产。

缺乏关注是危险的

不使用就会失去。美国国家航空航天局（NASA）一直在考虑如何建造下一代发射运输工具，以此来取代老化和复杂的航天飞机。最初令人激动的提议是升级土星V型推进火箭计划，土星V型推进火箭是将阿波罗航天飞机载入月球轨道的火箭。人们争辩到，这项计划是一项简单而且花费不多的能满足许多大型载重发射要求的解决方案。该计划不仅花费不多，而且由于它在阿波罗任务中测试和使用过，是被熟知并且可靠的。

不幸的是，美国国家航空航天局不再拥有使用土星V型所需的智力资本。图纸、工具、以及模具都遗失了。更糟的是，那些了解土星V型发射系统的工程师和专家都已从事其他项目、退休或过世了。国家所创造的用于登月的宝贵智力资本已经消失。仅仅20年前的技术，现在就已经消失了。智力资本并不是永恒的，企业经理们应该注意这一点。

领导力

新的商业环境带来了新的挑战。企业必须学习如何创造、使用、吸收和培养各种来源的新知识。这将使得直线的组织职权架构变得模糊，并且使以往企业、客户、供应商和竞争者之间的界限不那么清晰。曾经固定不变的企业边界将不得不变得有渗透性，这样企业的智力资本或许就能从现在可获取的知识中创造出最大的价值。

在过去的20年里，商业活动中不同要素的重要性在改变，企业组织也在随之改变。当企业认识到员工教育、培训、生产率和挽留的价值后，人力资源管理者在公司中上升到了举足轻重的职位。相似地，数据处理管理者，曾只是帮助会计部门经理计算应付账款、应收账款和现金流量，现在也变得对商业运营的所有方面都至关重要。他们在企业中的价值使他们上升到现在所说的首席信息官（Chief Information Officers）一职。

知识产权变得前所未有地重要。它可以让产品溢价，降低生产成本，创造新产品甚至新行业。智力资产可以使一家新生企业主导市场或打败曾经的超级公司。智力资产是所有现代企业战略的核心。

许可经理将成为首席知识产权官（Chief Intellectual Property officers），他们还将成为公司所有战略策划的中心。首席知识产权官将很可能直接对首席执行官负责，并且其中许多人会进入董事会。

知识创造的新模型

我们有一个知识创造的愿景。由于它只是愿景，尚未完成，因而我们还不能确切地说明它如何发展成熟。本书先前有一章表明了智力资本的结构，暗示了它是如何创造和管理的。在这种模式下，企业的人力资本（员工）开发创新构想，当构想最终被确定后就成了智力资产。当企业保护这些智力资产时，受保护的资产就成为了知识产权。换句话说，企业是从其智力资本中获取价值的。

在我们目前的管理——员工的环境中，管理风格的范围从一端的家长控制式到另一端的开放领导型。员工对这些管理风格的反应同样区别很大，表现为缺乏响应或热情地自我激励。图16.1展现了这种关系。它还显示了管理哲学同员工响应间的关系，并刻画了智力资本输出的特征。

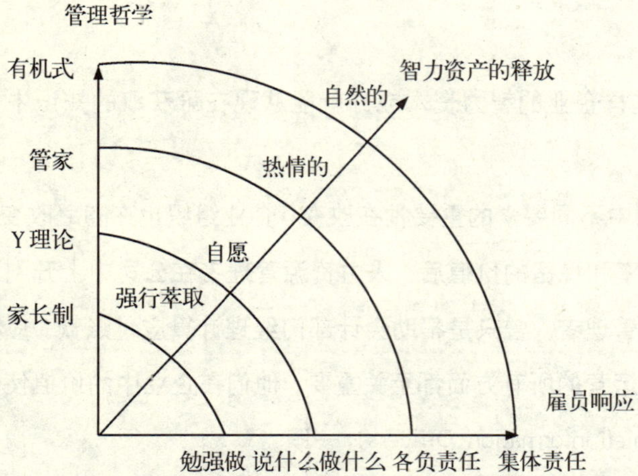

图16.1 组织模型和知识产权释放

我们已在图16.1中识别出了几种管理哲学。家长式的管理者认为员工好似儿童，所以应该像对待孩子一样。持有这种哲学的管理者一般会采取命令式和控制的方式，而员工常常勉强响应。Y理论管理者相信员工渴望工作，他们只是需要工具和指导来完成任务。虽然管理者认为他们处于上下级关系，但是员工根据管理者指示的方向自我激励。根据管家管理哲学，管理者认为他们是企业资产的监督者而员工是管理合作者和生产者。管理者和员工对结果都负有责任。

这三种组织行为模型显示，随着从一种模式到下一种模式管理支配的减少而不断成熟。因为允许员工对他们的关注焦点和结果承担越来越多的责任，管理必要性减少了。管理成熟的终极境界是"完全不存在"管理者。达到这种境界的企业发现组织中的所有成员不仅了解他们自己的角色和职能，而且也知道公司其他员工和组成部分的角色和职能。知识由员工自发创造并且能立即传递给组织中需要的地方。知识也是员工为响应真实的或感知到的商业化需求而自发创造的。

有机式组织

在这类组织中没有管理者。每个员工都懂得什么时候需要做什么。该组织不需要领导能力、指挥和监督。所有员工都了解和支持企业的愿景、目标和目的。他们用能产生期望结果的方式单独或合作地工作。在这种情况下智力资本输出也许是很自然的结果。

有机组织至少在精神层面上已经存在，尽管它们可能不会完全像上面所描述的那样运作。组织中的所有成员都是久经训练的专家，完全能理解他们自己以及其同事的工作。每个人的技能都很熟练，足以胜任自己的角色，同时也能填补这群人中任何人的角色。每个人都知道他人需要什么样的信息或结果，他们无须上级指示就能相互支持生产出结果。不像企业模式，太空船的全体船员中是有船长的，但在很大程度上，船长的作用是在紧急情况下作为核心同太空船外的组织进行沟通。

有机组织或许是最深奥的组织方式。我们已经学过如何创建那样的组织，并且在组织规模较小、团体的目标和方向都很明确、团体成员受过高等教育和培训的情况下做到这样的组织。随着我们步入未来，相信这类组织将会更普遍，特别是在知识型组织中。我们相信这是一种参与智力资本商业化的企业所热切希望的模式。

保护的悖论

目前对尚未商业化的创新施加保护的实践还是植根于过去。几千年来，农夫们一直用篱笆或流动巡逻队来保护他们的谷物和牲畜不受掠夺。工匠大师发展了自己的手艺后，通过自己的名字这种独特的标识来识别产品质量，宣告世人，来保护他们的作品。就像在探险国度小心地守卫着他们殖民帝国财富的时代，西班牙允许他人触及其对新大陆财富的权力，英格兰特许皇家公司成为英国版图上特定区域惟一的利润攫取者，荷兰成立荷兰东印度公司来限制他人获得香料群岛（Spice Islands）的财富。千百年来，国家、企业和个人都懂得限制资源的使用权力，这是一种保护财富和保证利润的方法。

当然，知识产权不同于物理的所有权。用法律限制使用知识产权是否还能像历史上限制使用物理资产那样有意义？换种方式说，限制使用是否能像保护物理资产那样安全地保护创新？

温斯顿·丘吉尔（Winston Churchill）在《说英语民族的历史》一书中提出，英国演化成为一个伟大国家的案例基本上就是一篇授予人民法定权力的进化史。我们在本书的其他地方讨论了智力资产是如何受到法律保护并成为知识产权的。拥有法律所保护的财产之人是拥有权利的，这些权利包括阻止他人将自己受到保护的财产作为商业用途。知识产权的所有权在很大程度上受到美国司法的驱动，其价值在过去的十年里出现了引人注目的增长。

当一种知识能够创造出新知识时对社会的益处最大。然而，社会一方面鼓励人们创造知识，另一方面又建立了一套妨碍知识自由传播的体系。有人认为我们的知识产权保护体系并不阻止信息自由开放地传播。他们或许会说，毕竟，仅仅是一些知识被授予了著作权，但这并不意味着它一定不是免费的。他们提出，事实上正是著作权的存在保证了知识能够广泛地出版和发布。

但是知识传播得很迅速，无视界限和限制。人们想获得和发现知识，而不论管理其使用和传播的规则如何。尽管我们有著作权法律，但无所不在的低成本复制机器的存在使我们事实上不可能严格地执行著作权。再者，互联网及其相对自由的信息获取使我们目前的保护体系更容易出现弊端。他人的思想对创新来说好比是母乳对婴儿那般重要。有一次当别人问埃尔伯特·爱因斯坦（Albert Einstein）是如何构思出相对论时，他回答说那是因为站在巨人的肩膀上。

正是这个法律体系，在为所有者增加知识价值的同时，由于限制了知识的自由使用而限制了知识对社会的价值。但是在我们现行的权利体制下，开放知识的使用将使目前乐于产生和开发新创意的创新者减少。创新者通过专利法提供的法律垄断权从使用中获利。除非某个时刻我们提出创新者不该从他们的创意中获利，否则我们的知识产权体系就毫无疑问存在着矛盾。当我们为目前体系能提供给创新者的保护和利润获取而鼓掌时，我们也为由于限制使用而受到保护的创意而悲叹，这导致了因失去激励而造成的社会损失。

新世界意味着方法

新世界意味着什么？我们相信对于人力资本——产生企业显性知识并转变为智力资产的创新构想的人，新世界有重大的意义。我们相信知识员工和公司之间的关系将有引人注目的改变。我们也相信将会出现对个人创新者从其创意市场化中获得补偿的性质和种类的重要暗示。最后，我们相信人们将认识到智力资产正在为公司提供显著的价值。企业将更为活跃和熟练地使用其智力资产来生产利润，特别是通过避免诉讼和建立更多交叉许可和分享利润的商业联盟。

随着企业日益意识到其智力资产的价值，他们将认识到自己只能对这些资产的来源——人力资本，施加有限的控制。我们相信企业将更努力地从人力资本那里取得创意。只要创意仍保留在员工的大脑中，企业就不会拥有真正的所有权，企业必须施加压力使员工的创意付诸于文字，绘图或用其他形式记录下来，因为直到那一步，企业才能主张所有权。在一些企业，特别是在那些员工和管理者的关系是家长式的统治管理或控制的企业中，人力资本将寻找各种方法来使自己同企业保持距离并保护自己对为企业创造的创新的权利。我们相信知识员工群体将组成集体的或生产创意的企业来出售他们的创意。在这种未来见解下，人力资本或许会脱离企业的其余部分来获得收益。

在其他那些想要保持人力资本完整的企业中，他们的管理风格将变得更为有机，并最终达到企业的人力资本成为管理者、员工和所有者这一阶段。

在过去的十年中，随着知识产权的增值，知识产权诉讼案件增加了。事实上，知识产权法律已经成为法律职业中成长最快的部分之一。主要的法律事务所正在开设知识产权业务，收购专营知识产权的小事务所，和寻找对知识产权法律感兴趣的法学院毕业生。当然，起诉的费用就落在顾客头上。商业界正意识到诉讼是非常昂贵的，再者，它是可以避免的。大型和久经世故的企业避免诉讼，只选择那些他们有很大机会胜诉并找到解决对方的方法的案件起诉。

随着智力资产价值的增加，对于从这些资产获得收入的权利产生争议的可能性也将增加。我们相信企业将开发经营战略来代替诉讼以解决知识产权纠纷。例如，企业会在引起争论前采取行动，通过同竞争者发展早期商业联盟来交叉许可创新和分享利润。该战略或许会减少企业从创新得到的总期望收入，但通过避免诉讼成本可以允许获得更大的利润。在已经发生侵权后，企业可能变得更愿意授予侵犯者许可并接受过去侵犯行为的赔偿而不是去面对诉讼成本开支。但不论企业采取何种途径，我们相信他们会在管理所有权方面变得更老练，并且创造出比诉讼花费更少的商业解决方案。

概括和总结

在这一章我们讲述了智力资本及其管理的未来前景。随着智力资本在全世界的增值，它的管理将变得对企业越来越重要。我们相信智力资本是未来的价值创造者，并且下一世纪将给影响到所有权和开发权的法律带来显著的改变。我们期待技术本身能成为限制对即将产生的信息的了解，并从而解决信息和知识的所有者应得到何种赔偿的问题的主要力量。在管理如何创造、改进和将智力资产引入市场方面，以及将目前蚕食利润的诉讼费用最小化的能力上，企业将变得更加成熟。

我们相信，许可作为从智力资产提取价值的机制，显然是一个将大大增加其效用的复杂机制。进一步，我们期望看到更多的企业参与进对外许可来，从其可用智力资产中提取不断增加的价值量度。简而言之，我们相信许可将成为企业经营战略中更大的组成部分，而不只是主要作为一种法律行为。随着更多和不同许可行为的需求越来越显著，我们期望看到专业协会纷纷成立，如技术许可主管协会的创立。

最后，我们相信社会的未来将在很大程度上由我们的集体能力所决定，我们的能力创造了人类问题的创新解决方案。尽管这些解决方案大多数将是文化的、社会的、政治的和心灵的，某些方案也将会是商业的。我们将智力资本管理的实践和许可推荐给新兴的充满希望的年轻一代，他们将发现没有什么比这个新的、对社会如此重要的努力领域所提供的挑战更大。

附 录

近期的技术转让和专利使用费率

就像正文中所讨论过的，专利使用费率谈判可以从不同行业中他人在获得技术转让时专利使用费率总额的知识中获益。为此，在本附录中概括了一些涵盖不同行业的专利使用费率，为新的许可协议提供先例和指导。这些许可转让根据行业和产品类型来呈现和归类。信息不仅显示市场交易的专利使用金通常是基于净销售额的，而且也显示有时专利使用费率是一个固定数目，但它不时会随着时间而变化或者和专利使用金总量相联系。许可费或高或低或根本不是交易的一部分。只要谈判双方能想到，相应的专利使用费率协定就能产生。

接下来的信息是从《许可经济评论》(Licensing Economics Review，155 Gaither Drive，Moorestown，New Jersey 08057）上获得的。这是一本专门报道涉及技术、商标和著作权许可交易的相关财经信息的月刊。这些信息是从我们认为可靠的来源获得的，但我们没有尝试去证实过这些信息。信息的使用者应该自己来决定是否运用这些信息。这些信息来自1990年11月～1995年7月间发生的许可，代表了对《许可经济评论》数据库所作的最全面的汇编结果。

汽车

德国梅塞德斯-奔驰汽车公司（Mercedes Benz AG）将技术诀窍许可给了韩国的双龙公司（Ssangyong Motor Company)，用于制造小型货车、有盖货车、柴油发动机和驱动桥。双龙公司承诺到1996年为止投资10亿美元来建造必要的制造工厂。梅塞德斯－奔驰公司将收到8 000万马克作为预付定金和**每单位销售额2%**的分期提成的专利费。

韩国现代汽车有限公司（Hyundai Motor Co Ltd），开始在泰国生产配置低廉的爱克索（Excel）超小型汽车，现代将提供汽车部件给泰国最大的汽车制造商United Auto Sales。在其Banchan 工厂按照协定，第一年组装4 000辆爱克索车，第二年组装7 000辆。泰国公司方面将支付**每单位50美元的技术专利使用费**。工厂将从1995年开始每年组装10 000辆爱克索车。

编者按：韩国车辆制造商在1992年于专利使用费上对外支付了6 700万美元，与1991年的9 900万美元相比下降了48%。韩国汽车制造商协会（The Korea Automobile Manufacturers Association）称英国是最大的专利使用费接受者，获得2 300万美元，同时日本占1 600万美元。

化学品

Churchill Technology Inc.签署了一项对阿联酋的供应许可，来提供生产其革命性的"Vertix"生物可降解塑料的原材料。该产品将就所要求原材料的规格、性能和量以等同于或低于任何被许可方可得到的最低价格出售。1994年12月6日，该企业又出售一项阿拉伯联合酋长国地域的许可给迪拜（Dubai）的Al Khobra Chemical Trding Est.，根据高级许可协议，参照每单位塑料消费的资金定价来区域性地许可Vertix的生产。尽管企业承认阿联酋的200万人口表明机会有限，该交易仍然产生了一笔**448 488美元的预付许可费以及额外的基于销售额4%的分期提成**，后者作用于国内销售额和不受许可区域限制的出口额。

Fibercem Incorporated将其光纤光化学感应器技术许可给赛皮坎公司（Sippican），来用于海洋、土地和水表面探测和监测领域的环境市场。Fibercem也将继续在同一市场上以自己的商标出售该技术。赛皮坎公司同意支付25 000美元的许可费并且也同意分三次支付额外的500 000美元，以此作为感应器研究和开发的资金。此外，赛皮坎公司同意将占销售Fibercem所开发产品**销售总额5%**的专利使用费连同占使用Fibercem感应器周边产品**销售总额3%**的专利使用费支付给Fibercem。Fibercem间接表明他将不仅为自身产品线还将为那些被许可方制造感应器。赛皮坎公司是一家坐落在马萨诸塞州(Massachusetts)马里恩（Marion）的专攻海洋学仪器的私人所有企业。

编者按：上述以销售总额(gross sale)为参照不是以典型的专利使用费率为基础。典型的专利使用费率基础是用净销售额(net sale)表示，不是销售总额。许可协议项通常提供净销售额的定义，如销售总额减去折扣和退货，有时定义包括根据产品类型和行业实践从销售总价中减去装运费用，在这种情况下，销售总额被看作是专利使用费的基础。

Interline Resources Corp.同英国伯明翰的Whelan Environment Service，Ltd.，组成一家合资公司，在英国的史托克建造了一座价值220万美元的废油再精炼厂。该废油再精炼厂有处理24 000加仑废油的日产能力，将成为(大不列颠)联合王国第一家再精炼厂。Interline 将拥有被称为Interline UK，Ltd. 的合资企业40%的股份，并且Interline Resources Corp.将**收到再精炼厂加工每加仑废油6美分的专利使用费**。合资企业将出售加工过的废油用作润滑油或其他用途。Interline的建筑公司，Gagon Mechanical，将在其Sandy，Utah地点建造该再精炼厂，并监督在史托克安装这个工厂。Whelan将向合资企业出资750 000美元并且已经在史托克着手改进。目标完成日期是1995年8月。

合资企业同时被指定为Interline在荷兰、比利时、葡萄牙和西班牙的营销机构。作为营销机构，合资企业将致力于替Interline向这些国家的企业出售许可协定。该协定包括建造一家再精炼厂，但是保留在英国建造额外的工厂的可能性。Interline许可一项专利技术来用于废油再精炼和清洁受污染碳氢化合物。除了润滑油终端产品外，完全品可以作为柴油添加剂和清洁燃烧的工业燃料出售，并且Interline再精炼厂的副产品是对环境安全的。第一家利用这种技术的再精炼厂正在迪拜建造。nterline的再精炼油公司先前同西印度公司（West India Group）签署了在十个中东和远东国家的排他性许可协议，以及同Quaker State Resources签署了在美国、加拿大和墨西哥的许可协议。

韶华科技公司（Southwall Technologies, Inc.,）授予一项生产透明传导薄膜和使用独有的阴极真空喷镀技术的柔性电路基础材料的许可给三井化学公司（Mitsui Toatsu Chemicals, Inc.）。这项许可是两家公司间持续关系的一个延伸。三井公司同意为许可支付380万美元的费用。该许可提供在日本排他性地制造特定电子产品的权利。该许可协定还要求基于产品销售额的年专利使用金。在任何日历年，许可覆盖的产品的专利使用费率将根据如下计算方式计算：**每个日历年第一个500万美元销售额的5%；下一个500万美元的4%以及任何其余销售额的3%**。从1996年开始三井公司将保证每年最少支付300 000美元的专利使用费，伴随着这个最低额以每年5%的比率扩大直到许可协议于2006年末期满。

通信

国际娱乐有限公司（Amusements International Ltd.）通过其完全所有的附属公司，4D Sound Corp.，已经成功地结束了公司第一项关于其拥有的4D声音技术的许可协议。Amusements International称根据五年协定，Soundelux同意第一年出售200个单位，第二年出售350个单位，第三年出售500个单位，第四年出售650个单位，第五年出售1 000个单位。每一单位的平均零售价格是大约10 000美元。根据绩效合同，Amusements International将收到运用这项声音技术的产品销售总额的10%作为专利使用费。Soundlux，作为电影和主题乐园/景点产业开发和制作商业音频的行业领导者，被授予为特定商业音频应用排他性地制造、供应和安装4D声音技术的权利。Soundlux可以将4D声音技术应用到电影院、游乐设施和景点、主题公园、竞技场、旅馆和餐馆。该合同授予Soundlux在美国、亚洲、澳大利亚和南非等国际地域的权利。每一项涉及4D声音技术的Soundelux项目的专利使用费都将直接支付给4D Sound Corp。Soundlux最近的电影音带和受到赞许的音频产品包括奥利弗·斯通（Oliver Stone）的《天生杀人狂》(Natural Born Killers)，西尔维斯特·史泰龙（Sylvester Stallone）的《绝岭雄峰》(Cliffhanger)，以及由Mirimax公司制作的《乌鸦》(The Crow)，这仅举了一小部分例子。最近为主题公园景点的音频佳作包括环球电影城（Universal Studios）的“大白鲨”(Jaws)、“烈火雄心”(Backdraft)、“大地震”(Earthquake)和“大金刚”(the Kongfrontation)这些叫座片；在美国三家六旗乐园（Six Flags Parks）中引人入胜的“蝙蝠侠”(The Batman)表演；以及在两家派拉蒙（Paramount）主题公园叫座的“反斗智多星”(Wayne's World)。

4D声音（美国和国际专利审理中）技术粉碎了传统的音频概念，并且实现了娱乐行业过去50年来一直试图创造的——不论你身处房间何处，都能得到完美平衡的全方位声音。不像使用8个扬声器来使声音充满整个房间的环绕产品，4D声音可以通过前部和后部的扬声器技术来实现全方位的声音。公司预期将对多媒体电脑应用、家庭影院和电视扬声系统、汽车音响和现场演奏扬声系统签署许可协定。

Amusements International Ltd.是一家在快速扩张的国际游乐和娱乐行业中运作的上市企业。在过去的十年中，企业已经将其经营范围扩张到包括在北美、亚洲、欧洲和澳大利亚开发水主题公园（water theme parks）和主题景点。

InterDigital Communications Corporation和其子公司，InterDigital Technology Corporation（InterDigital Technology）与三洋电器公司（Sanyo Electric Company）订立了一项在国际范围承担专利使用费的专利许可协议。三洋公司是包括以时分多路存取技术（Time Division Multiple Access，TDMA）为基础的数字无线电话消费电子类产品的领先开发者、制造者和分销商。根据该协议，三洋公司将支付给InterDigital Technology**275万美元**作为预付的专利使用费，并且同意为某些数字无线电话支付专利使用费。这些数字无线电话基于多种类型，包括那些根据TDMA基础的IS-54，GSM，PHS和PDC标准生产的。三洋公司将在其个人手提电话系统上使用该技术。一份日本报纸称三洋公司正在支付275万美元的预付金和**每部话机15美元**的专利使用费率。三洋公司是许多加快速度以应对个人手提电话系统市场上预期激烈竞争的日本电子制造者之一。个人手提电话同携带式活动电话相似，但频率范围不如后者广。它们需要密集的中继站网络，主要为都市居民所选择。政府和行业规划者相信，较低的价格将很快导致市场腾飞。但是三洋的发言人说，事实上所有日本的主要电子制造者都计划制造这种设备，但是因为他们是顶尖的类似无绳电话的制造者，所以占有上风。

电脑网络设备公司(Network Computing Devices Inc.)与主要的电信提供商达成了一项协议许可各种通信软件产品。只要产品生产出来，且电信提供商接受良好，NCD将在随后几年中获得**最少150万美元的专利使用费**。电脑网络设备公司为客户——服务器环境，提供信息访问的解决方案。NCD是图形窗口系统终端领先的世界供应商，有着广泛的彩色和黑白单元产品家族，以及PC-X服务器软件产品。PC-X服务器软件产品整合了微软Windows和DOS基础，使个人电脑进入X/UNIX网络。公司的Z-Code部门给开放系统环境提供了一系列交叉平台的电子邮件和消息软件。

建筑

Insituform of North America, Incorporated据报道说NuPipe International，某公司的一家独资子公司，签署了一项排他性协议，许可无管沟管道修复技术给瑞典的Nordisk Rorrenovering AB。澳大利亚的American Underground Technology Limited也将获得在澳大利亚使用该项技术的排他性协议。虽然被许可方将支付的初期许可费用尚未透露，且各自同意支付基于**新合同容量8%**的专利使用费，首先要支付最低专利权使用费，但在20年许可协定的整个存在期间首先要支付最低专利权使用费。NuPipe过程开始于一种由PVC制造的折叠管，这种管子储存在一个卷轴上并且在安装点上加热。热量使得置换管柔软化到可以塞入已有的检修孔并推进到位。一种特别的圆形装置被插入到NuPipe的上游端，然后通过压力推进到终点端。该圆形装置使NuPipe膨胀以紧紧地贴住宿主管壁。修复系统能实现把坚固耐久、无伤痕、无接缝、防腐蚀的PVC管安装在现有地下系统而不需要挖掘。

Instituform同样完成了一项对Gelco Service, Inc.和各类附属企业的收购。被收购的企业是

Insituform®和NuPipe®工艺在北加利福尼亚州、北内华达州、俄勒冈州、华盛顿州、爱达荷州、英属哥伦比亚、阿拉斯加州、夏威夷、关岛和蒙大纳州部分地区的被许可方。该收购通过购买Gelco Services, Inc., Gelco NuPipe, Inc., GelTech Constructors, Inc.和MarTech Insituform Ltd.的股份和相关资产来达成，总计的收购价格是1 800万美元，其中900万美元是由Instituform根据银行授信额度用现金支付的，其余部分用期票支付。ITI的总裁和首席执行官让－保罗·理查德(Jean-Paul Richard)声明，"收购Gelco，让现任的管理者们仍继续任职，将为增进ITI的签约能力作出极大的贡献。"因为ITI将继续成为主要的安装商和自有技术的许可者。同时，这项收购使得ITI获得对Insituform的增长和相关技术在整个北美西部地区的更大控制权。

Lucky-Goldstar Group这家韩国公司同Sinar Mas Group签署了一项1 000万美元的合同，用于制造聚氯乙烯产品。双方组成了一家各占50%股份的合资企业并命名为P.T. Sinar Lucky Plastics Industry。他们将在印度尼西亚建造工厂和生产聚氯乙烯管。该产品将为印度尼西亚提供供水和污水设备的建筑材料。Lucky-Goldstar将提供制造、生产和设备设计技术。Sinar将在随后五年里分期支付**净销售额2.5%**的专利费。

道达尔容器公司(Total Containment Inc.)达成了一项关于专利覆盖的，除别的之外，可回收的柔印(Enviroflex)管道系统的协议。公司从美国专利与商标局(U.S Patent and Trademark Office)收到关于其专利涉及Exxon Corp的美国专利号为4 971 477的专利的不利决议。然而，在一篇新闻稿中，该企业声称他们已经就这一举动同Keith Osborne, Buffalo Environment Products Corp.的行政官达成了一项协议。此公司是道达尔容器公司的竞争者，位于马里兰。该协议规定授予一项排他性的世界性许可给道达尔容器公司，由道达尔容器公司来实践所有Osborne专利覆盖的发明。作为交换，道达尔容器公司将放弃对前述决议上诉的权利。Osborne将保留那些与授予道达尔容器公司权利相似的权利。Osborne同样被要求终止同Ameron和Ameron的转授专利许可证授予者Environ公司的即有许可。为该项专利的授予，道达尔容器公司将支付给Osborne545万美元，其中150万美元将以公司股票的形式支付。此外，还要支付柔印系统**未来销售额的3%**作为专利使用费。该专利使用费类似于道达尔容器公司目前支付给Exxon的3%专利使用费。由于这项专利预计将被抛弃，这些专利使用费将不会持续。道达尔容器公司还声称将预付150万美元给Osborne作为先付的专利使用费。道达尔容器公司称付给Osborne的545万美元将被资本化为企业长期资产下的许可，并从发行相关专利之日起在17年里分期清偿。同时，继续留在企业账簿上税后价值100万美元的柔印专利将在第四个季度被注销。

Utilex Corporation和道康宁公司（Dow Corning）签署了最后协议。在该协议下，Utilex成为道康宁电缆修复技术（Dow Corning Cablecure technology）的排他性被许可方。电缆修复工艺使用了一种独有的方法来处理和修复发生故障后的地下电缆。根据协议的条款，Utilex支付了200万美元的现金，并将支付**电缆修复服务销售额税前利润的50%**作为专利使用费。Utile同时出具认股权证，以每股8.13美元的预购股票价格向道康宁公司认购了多达353 846股的追加普通股。如果从电缆修复业务中获得的收益在协议的第一个八年期间实现了某一里程碑，那么该认股权证将变得可操作。这个协议比较独特，因为按产量支付的专利费是基于利润的一部分，而不是基于收益的百分比。这一协议为Utilex持有的修复地下通用基础设施的全部技能清单上增添了另一项独有的技术。公司通过地域性的销售和服务中心网络为美国和加拿大提供替换和修复地下通用设施的服务。他们也开始在欧洲和亚洲通过在英国完全所有的子公司和遍布欧洲和日本的商业合伙机构开展经营。

编者按：该协议涉及基于被许可方税前利润百分比的专利使用金。如此的专利使用费安排非常少见，因为会引起关于从收入中扣除为实现专利使用费底线利润所产生费用的合理性争议。

生活消费品

Koala Corporation 达成了一项协议来收购用于制造目前由佛罗里达迈尔斯堡的 A&B Booster, Inc. 制造和销售的"Booster Buddy"安全座椅的模具和相关设备。Koala还购买了一项跟"Booster Buddy"安全座椅相关的未决专利申请。这个专利申请是关于"Bosster Buddy"商标的所有权利，以及同所收购的资产相关的信誉。收购价格是 35 000 美元现金加上专利使用费和认股权证。Koala有义务在未来36个月里支付等同于安全座椅**销售额6%**的专利使用费。此外，Koala有义务发行或指派认股权证给销售者，保证在接下来的 36 个月里，每实现 10 000 美元整数倍的"Booster Buddy"安全座椅销售额就购买100股普通股。这种认股权证直到1998年1月1日前都可实行每股 6.50 美元的价格。"Booster Buddy"安全座椅是特别设计和加工给儿童在电影院、礼堂和类似环境里使用的。这种可翻转的设计适合2～7岁的儿童。独一无二的特征包括便利的携带把手、杯子支架和隐藏式糖果／爆米花容器。Koala Corporation 开发、设计、制造和销售用于商业化、社会公共机构和娱乐环境下的婴儿和儿童防护产品。

Phase-Out of America Inc.称他们已经就调整许可转让安排同Products and Patents Ltd.达成了一致。基于修订后的协议，Phase-Out用600万Phase-Out通用股的限制股来交换获得Phase-Out产品专利连同在全世界营销和制造的权利。Phase-Out称先前的协定授予其在美国营销和制造的排他性权利。此外，Phase-Out将付给Products and Patents一笔**每单位产品1美元**的专利使用金。根据这次发展，Phase-Out将改名为Phase-Out International Inc. P&P收到的500万Phase-Out股份将分发给其股东作为红利。Phase-Out是一家开发专利戒烟产品的上市公司。

Workforce Systems Corp.是解冻大师（the Thaw Master）牌肉类解冻盘的制造商，而且Naturale Home Products Inc.从Linens'N Things那里收到了解冻盘的最初订单。可是他们并没有透露该订单的价值。Workforce Systems称Naturale Home Products是Thaw Master的开发商和销售商。Workforce称其在Naturale Home 有15%的股权，除了根据合同制造获得的利润外，还收到Naturale**每销售一份Thaw Master获得30～50美分不等的专利使用费**。

电子类

Atrix International,Inc.同德克萨斯州奥斯汀的American Innovations,Ltd.订立了一项非排他性的许可协议。该协议授予American Innovations 非排他性的许可来制作、使用或销售其在Atrix的远程测量专利下的获许可产品。作为对许可的报酬，American Innovations同意从他们收到通知起直至专利过期，支付给Atrix在美国创造的**净销售额的5.5%**作为专利权使用费。Atrix的总裁和首席执行官史蒂文·里德尔（Steven D.Riedel）说："这项协议极大地增强了专利的有效性并且增多了为使用专利支付专利使用费的企业名单，公司已经有同Scientific Atlanta、Monitel Corporation、Interactive Technologies和Schulmberger的专利许可协议，现在是American Innovations了。目前，公司有两桩引人注目的起诉，Landis and Gyr和Badger Meter侵犯专利的法律诉讼案件，并且通报了不计其数的其他潜在侵犯者。”

Atrix是远程测量和复制控制产品的领先制造商。该公司还是办公设备行业真空调色剂、真空过滤器和印刷电路板运输箱的制造商。此外，公司分销工具、定制工具箱和使用仪器给遍及世界的野战勤务组织。

Aura System,Inc.许可涉及高清晰度电视技术（high definition televis on technology，HDTV）的专利技术给韩国制造巨头Daewoo Electronics Corporation。该项获许可的特定技术叫做促动镜像队列（Actuated Mirror Array，AMA）技术。在协议条款下，Daewoo支付其显示系统**净销售价格的**1.8%作为付给Aura的专利使用费。该许可协议对于售价为2 000美元以上的大屏幕HDTV系统，要求每单位40美元的最小支付额。对于售价少于2 000美元的HDTV系统，应用1.8%的专利使用费而没有每单位40美元的最小限制。

Gamma Electronic Systems Incorporated同Fusan Laboratory Incorporated就B.A.S.E音频技术的排他性分销权签署了许可协议，该项技术是一项使用心理声学技术给音频材料带来自然音速气氛的专利系统。这种系统在专业录音棚、广播站、电影声轨和消费者音频重放系统中有广泛的应用。协议的条款包括预先的许可费、每年最低性能标准和**销售额最少3%**的专利使用费。B.A.S.E系统已经被用于制造包括《猎杀红色十月》(The Hunt for Red October)，《宇宙威龙》(Total Recall)和《星际迷航记之五》(Star Trek V)在内的电影上。

IBM收到许多台湾公司为在美国销售的AT和XT兼容

产品而支付的专利使用费率为**销售额**3%的专利费。在美国以外地区销售兼容产品的专利使用费率是销售额的2%。

MTC Electronic Technologies Company, Ltd. 获得了一种带有绝缘功能的AC-DC转换器的所有权利。该转换器被设计成装配一种集成电路设备，由离散的电子元件组成。MTC通过拥有70%股份的子公司形式获得转换器在全球范围的排他性权利，后者同时将转换器的权利出售给MTC来换取该产品**净销售额**6%的专利使用费。剩下30%全球范围的权利由设计转换器的工程师所有。该转接设备被设计用于履行传统电源切换器的功能，除此以外还能将电压从交流（AC）转变到直流（DC）。传统的电源切换器低效、笨重又昂贵。在电子设备中通常要应用两个电源切换器，一个用于提升和减低电压，另一个用于绝缘。该转换器同时实现了这两种功能。除了更小和节约空间重量外，该转换器被设计得更具效率。该产品的商业化情形还处于初期。公司还没进行过基于客户的测试，也没有最后的产品计划或完成任何市场调研。

Ovonic Battery Company,Inc.达成关于其电池技术的许可协议。该公司授予Sylva Industries,Ltd.，香港金山工业(集团)有限公司(Gold Peak Industries of Hong Kong)下属的分公司，一项在香港、新加坡、中国台湾、中国大陆、马来西亚和印度尼西亚制造小型消费者电池的非排他性许可。该许可也允许Sylva在世界范围内使用和销售消费型电池。协议规定Sylva支付给Ovonic100万美元的最初支付额。此外，Sylva将按产量支付**净销售额的3.5%**作为专利费，直到改进期满五年。从那以后许可的剩余时期将支付净销售额的2.0%。Ovonic Battery Company, Inc.是Energy Conversion Devices, Inc.的附属企业。Ovonic电池不像常规的电池，它不含有毒材料并且能释放镍镉电池（NiCd）两倍以上的能量。该电池还可以被制造成任何大小，从纽扣电池到公共设施的能量储备器不等。此外，该电池没有记忆效应。

Ovonic的电池技术的基础是镍金属混合技术。世界上的一些企业，包括Varta Batterie A.G.，Gates Energy Products，Hitachi Maxell，Ltd.和Sovlux，正在向这种技术转变。公司也同苏联和印度的一些实体组成了合资企业。

Research Frontiers Inc.同日本的三洋电器公司达成了一项许可协议。该许可协议授予三洋公司在世界范围内制造和销售使用Research Frontiers获专利的悬浮粒子装置技术的平板显示器的非排他性权利。三洋将回报Research Frontier获许可产品**净销售额的5%**作为专利使用费。

索尼（Sony）和飞利浦（Phillips）在世界上每销售一张光盘（compact disk，CD）就将收到**3美分**的专利使用费。该专利使用费是最初于1982年议定的，在许多国家由于通货膨胀这个价格呈指数倍增长。而一些国家的一些制造商仍然支付最初的3美分。

Symbol Technologies Inc.同奥林巴斯光学工业株式会社（Olympus Optical Company Ltd.）组成合资企业来销售和支持在亚洲的条形码捕获产品。合资企业将被命名为Olympus Symbol Inc.，并由双方在均等的基础上出资。Symbol Technologies Inc.除所有者权益股外，将从新企业收到**收入的10%**作为专利使用费。经过五年经营后，专利使用费率将跌至7.5%。Symbol Technologies Inc.也以销售额7.5%的专利使用费，将其用来读取条形码和收集数据的一体化激光扫描终端技术许可给Electromagnetic Systems Inc.。

编者按：德州仪器（Texas Instruments）不到十年已经从技术许可中赚到超过9亿美元的专利使用费。事实上，德州仪器的许可业务已经比其核心业务更赚钱，后者在电子行业中承受着巨大的竞争压力。

IBM1994年在专利使用费上的盈利超过5亿美元，比1993年赚取的3.5亿美元跃升42%有余 。IBM有大约30 000项世界范围的专利投资组合，包括在美国有10 000项。

娱乐

ACTV Inc.同意就“Amazing Space”互动式儿童剧场授予Greenwich Entertainment Group独家许可。ACTV拥有该剧场的构想。在一篇新闻稿中，ACTV称他们将就每家剧院第一个100万美元收入（入场费）收取8%作为专利使用费，当每家剧院超出100万美元的部分，收取10%的专利使用费。ACTV同时将收到有保证的最低专利权使用金，在1996年是20万美元，1997年50万美元，1998年100万美元，1999年125万美元以及2000年150万美元，此后每年就是这个支付额。公司称他也购买了Greenwich Entertainment 的“一小部分股票”。

Greenwich Entertainment，坐落于美国康涅狄格州的格林威治镇，将在这个秋天在明尼阿波利斯的Mall of America开放第一个Amazing Space联合体，并计划形成国际连锁。连锁店将结合专题教育展示和交互式学习的游戏区域。据威廉·依贝尔（William Eberle），Green-wich Entertainment Group的主席说，“我们的构想是在‘大型娱乐城中’（mall）创造一片对孩子及其父母都有趣和有教育性的天地。这些游戏天地的主要部分是30分钟符合游戏天地展示主题的电影和为儿童个性化设计便于其使用的ACTV软件。在Amazing Space中，游戏天地的设计将在概念上借鉴博物馆。儿童将被不寻常的展示或吊舱吸引，并且在其中玩耍和学习。与其他的儿童游戏天地不同的是，家长们能够加入孩子们的探险。Amazing Space将同时开辟特别的空间为家长观看他们的孩子探索这些展示。”

Advancing Gaming Technology Inc.（AGTI）同Dyerling Ventures Limited签署了在英国、爱尔兰和南美洲为期十年的排他性许可协议。Dyerling直接加入已建立的赌博类(bingo and casino）产品签约供应商的网络来进行遍及英国和南美的赌场运作。该排他性协议要求AGTI提供电子宾果（一种赌博游戏）系统，包括硬件和软件，由Dyerling在其获准区域出售和分配。Dyerling将支付一次性的**75万美元的专利使用费加上从产品赚得的总收入分期对10%的支付专利使用费在获准区域销售产品赚得毛利的30%进行提成。**在批准这项协议的过程中，AGTI会收到最初15万美元的预付定金，剩余部分将在每一市场开始出货的四个月内支付。初步的安排是让一家大型租赁企业来为在新市场上制造和供应设备提供融资。安排的细节将在完成交易之后宣布。

每星期每家宾果俱乐部的平均光顾人数是5 000人，或者说大约每年26 000万宾果玩家。AGTI预计根据美国的经验，1 000家宾果俱乐部里大约20%的宾果玩家将参与电子宾果游戏。公司预期在许可协议的前三年，提供给Dyerling每家俱乐部多于140单位的电子宾果产品，总计140 000单位。AGTI将收到每天每单位最少0.80美元的净费用。一旦这140 000个单位都被安装和日常运营，AGTI可以提取每天110 000美元或每年4 050万美元。

宾果是一种在英国、爱尔兰和南美洲大受欢迎的赌博形式。英国和爱尔兰的宾果行业总收入要高于美国。目前宾果在大多数地区都使用传统的纸牌和由记分员洗牌。通过电子宾果系统，AGTI增加了在非竞争性商业环境下创造利润的能力。AGTI设计、制造、交易和提供服务给专利所有的赌博系统，包括技术领先的电子宾果系统。该公司是电子游戏系统的主要供应商，为游戏经营者提供不断增加的游戏潜能和收入。

阻燃剂

United Fire Technology,Inc.就远东地区如中国台湾、中国香港、泰国、印度尼西亚、马来西亚、菲律宾和新加坡的阻燃剂同 Yuanchen,Inc.达成了一项许可协议。Yuanchen, Inc.的客户包括政府机构和多国工业公司。他们计划在中国台湾销售第一笔产品，台北市最近经历了一场大火，死亡了68人并烧毁了超过5亿美元的财产。Yuanchen, Inc.计划在未来十年里远东市场的规模将大大超过10亿美元。

该许可协议规定了总计**50万美元的组织、培训和许可费用**，连同最初的至少**50万**美元的原材料订单。UFTC将获得该地区**所有零售额的**3%作为专利使用费。据预计阻燃剂产品将被规令使用在所有商业行业包括旅馆、夜总会和零售场所中。UFTC的产品包括无环境危害的灭火产品，对于所有四类产品相对目前产品都有着根本的优势。

最近的测试证明该灭火产品比目前产品要有效十倍以上。该阻燃剂简单地说将保护织物在超过2000度（华氏度，F）时都不燃烧 —— 一支香烟在400度（F）时就会燃烧。

食品

Advanced Oxygen Technologies Inc.同W.R. Grace & Co.达成一项协议，出售其所有的控氧技术。交易要求335 000美元的现金和未来12年里销售含有此项技术的产品销售额的2.0%作为专利使用费。Advanced Oxygen Technologies称他们期望Grace下属的大多数小组将关注为食品和饮料包装中清除氧气这个领域。公司称，这项技术将残留的氧气从包装中去除，保留食品和饮料全部的新鲜度。特别应用于包括密封瓶装食品和饮料、袋装设备和包装袋、罐头的塑料薄膜和外衣，以及无菌包装袋上。公司称随着出售其惟一的物质资产后，其将剥离作为一家股份公司的地位和转记净营运亏损，后者在1994年6月30日那一天大约是2 200万美元。

水务科技有限公司（AquaSciences International）将其库存瓶装水净化自动贩卖系统独家许可给了Critical Industries Inc.。Critical将推广、销售、安装AquaNatural系统并提供售后服务。根据产品销售的一个百分比以及在20年许可协议存续期间，一个国际化收益的百分比，水务科技公司为出售的水收取**每加仑2美分**的专利使用费。水务科技公司同时称其将继续正在进行的水净化技术的研究和开发，并且其营销技术要求头三年内在美国安装大约2 800套该系统。据估计这将导致到协议的第三年将出售超过1亿万加仑水。计划包括集中在欧洲和墨西哥国际化地许可AquaNatural 系统。

Golden Valley Microwave Food Incorporated签署了一项许可协议解决了同Hunt−Wesson Incorporated，一家由Conagra Incorporated完全所有的附属公司的著名专利侵权案件。该许可涵盖了使用Golden Valley的专利微波爆米花包装技术。根据协议条款，Golden Valley即刻开始收到Hunt−Wesson，包括以Orville Redenbacher品牌出售的**每包微波爆米花1美分**的现金专利使用费。支付额将在Golden Valley和其原有被许可方General Mills Incorporated间分配。Golden Valley的现金专利使用费部分预计每年将超过200万美元。

Vitafort International Corporation设计出了一种营养优化的食品和饮料产品并随后为新产品规划了制造和营销系统。Vitafort已经将含更多不饱和脂肪的鸡蛋新产品系列许可给了Nulaid Food Inc.。Vitafort将收到**每打鸡蛋0.05美分和每销售一磅鸡蛋副产品0.01美分的专利使用费**。

玻璃制品

Eftek Corp.同Allwaste Recycling Inc达成了一项许可，Eftek的International Cullet Exchang Lnc.所有的回收技术的协议。Eftek在一篇新闻稿中称许可涉及该单元用于商业化生产琥珀和其他彩色玻璃容器的“三混合”（three-mix）调色碎玻璃。根据这项协议，Allwaste拥有排他性的将技术许可给现有的北美玻璃容器制造商或其他厂家的权利。该协议至少持续两年并带有续约的考虑。Eftek称其将得到的真实份额是颁发从属许可证的费用和**每吨5美元**的专利使用费，该销售吨数是Allwaste出售的或是由Allwaste许可使用该技术的制造商购买的“三混合”碎玻璃的数目。

Research Frontiers,Inc.同格拉威伯尔公司（Glaverbel SA.）签署了一项选择许可协议。该协议给予了欧洲最大的平板玻璃制造商之一格拉威伯尔公司达成许可协议并从而拥有在欧洲制造和销售的选择权。Researoh Frontier的技术包括使用各种可变灯光传送技术的非军用运输车辆的自动玻璃窗（包括车顶可开启的遮阳篷顶），也称为智能窗（smart windows）。如果这项选择付诸实践，格拉威伯尔公司将支付**获许可产品净销售额5%**的专利使用费以及每年最少150 000美元的专利使用费。该选择权费用将花去格拉威伯尔公司90 000美元。如果该许可生效，格拉威伯尔公司也可以选择将许可覆盖的地域延伸至除韩国外的所有国家。如果获得了延伸地域的许可，最低年专利使用费到1995年止增至250 000美元，从那以后又增至375 000美元。

医药

阿姆根公司（Amgen,Inc.）付给纪念斯隆－凯特灵癌症中心（Memorial Sloan–Kettering

Cancer Center）一笔一次性付款，从而减少了为优保津(Neupogen)（一种促进化疗患者产生白细胞的药品）支付的与在美国的销售额相关的未来专利使用费。阿姆根公司宣布该支付款将要求公司一次性在本季度中支付460万美元的税后费用。同斯隆-凯特灵公司的原始协议要求阿姆根公司支付的费用为在美国第一个1亿美元销售额的5%，超过1亿不到2.5亿美元销售额部分的6%，和超过2.5亿美元销售额部分的7%。新协议规定**只有当销售额超过3.5亿美元那一年才支付3%的专利使用费**。

Aprogenex Inc.修改了同帝雅诺系统公司（Dianon Systems Inc.）的有关其出生前基因变异测试产品GenSite的美国许可协议。这次修改改变了就未来帝雅诺公司销售额的定价条款，变为美国食品及药品管理局（Food & Drug Administration，FDA）**批准前一次测试35美元和FDA批准后60美元一次**。在1993年6月开始的原始协议中，定价为美国食品及药品管理局批准前每次测试10美元加上专利使用费，批准后是20美元。该项修改也将帝雅诺公司的排他性许可期限改变为从实现特定里程碑开始或FDA批准后的4年，原来帝雅诺公司的排他性许可是特定日期后的4年。

BioSpecifics Technologies Corp.同一家瑞士制药企业，素高药厂（Solco Basel AG），达成了一项许可和供应协议来销售胶原酶油膏（Collagenase ointment）。该合同授予了素高公司在许多国家出售胶原酶油膏的排他性权利，特别是在瑞典、澳大利亚、苏联等国家和如沙特阿拉伯、埃及和约旦这样的中东国家。素高公司是一家在这些领域经营良好的企业并且销售运作高度发达。素高公司集中在外伤用药市场，所以新增的胶原酶油膏代表了其产品线的一项重要延伸。该合同指定了一笔**150 000美元的预付款以及每个被许可国家15 000美元的支付额**，根据收到政府批准和许可销售胶原酶油膏的情况，总计是另外的150 000美元。除了购买胶原酶ABC粉末（用于制造胶原酶油膏的活性组分）外，素高公司将根据胶原酶油膏的销售额付给BioSpecifics一笔专利使用费。此外，素高公司还将承担所有同注册登记有关的政府费用。该协议从在每个国家第一次将胶原酶油膏引入市场起十年内有效。

BioSpecific Technologies Corp.生产经过美国食品及药品管理局批准的生化酶、胶原酶ABC、胶原酶水杨酸檀香酯油膏的要素，并且许可其在国内和国际市场中销售。胶原酶水杨酸檀香酯是一种用于治疗皮肤溃疡，压迫疼痛和烧伤的凭处方出售的局部药物。除胶原酶ABC外，BioSpecifics还参与了其他药物产品各种不同阶段的研究、开发、临床测试、及许可。

Biota Holding Ltd.称世界上第一种可广泛应用的抗流行性感冒药和识别所受感染病毒的诊断测试将在1998年后实现。流感化合物CG-167，正由英国制药业巨头葛兰素威康（Glaxo Wellcome Plc）在全世界范围内进行测试，期待着在1996年底或1997年提交美国食品及药品管理局和其他管理者批准并且在1998年底前获得市场准入。葛兰素威康持有全世界的销售和开发该药品的权利并正在进行所有的研究。根据1990年签署的一笔交易，Biota有权得到该**药品总收入的6%**，而该药品据分析家估计每年可以销售5亿澳元（3.6亿美元）。据报道，流感每年侵袭占世界人口10%的人群，每年仅在美国就夺走10 000人的生命。该药品的临床试验使用的是用一种到肺部的吸入器，然后或许通过鼻腔喷雾的方法进行作用，结果显示它似乎有很显著的副作用。

Disease Detection International（DDI）提供了一项非排他性的许可给Meridian Diagnostics Incorporated，将允许Meridian制造和出售六项快速诊断测试怀孕、链球菌咽炎、弓形虫风疹、细胞巨化病毒、I型单纯疱疹和II型单纯疱疹的成套工具。DDI收到110 000美元的许可费和另外100 000美元作为事先支付的针对将来设定为Me-ridian**销售额6%**的专利使用费。

Future Medical Technologies International 从Human Medical Laboratories, Inc.那里购买了一项过滤体液中的微生物的专利设备。Future Medical付出一笔372 000美元的现金预付额和150 000份不记名普通股。Future Medical还将终生支付上限为500万美元的**基于净利润3%的专利使用费**。

编者按:这是另一个少见的专利使用费用同收入直接相关的安排。

Future Medical Technologies Incorporated 和位于学院公园(College Park)的马里兰大学(University of Maryland)达成了一项许可和合作协议。该协议授予Future Medical排他性的世界性权利来测试和商业化新近开发的用于探测和选择性培养沙门氏菌的早期中膜配方设计。Future Medical相信将这项新中膜结合到公司的微生物"Qualture"产品线中将形成异乎寻常的市场优势,该市场据估计每年将执行1 200~1 500次测试。这项授予Future Medical的权利必须服从无须专利使用费的非排他性许可,允许美国政府为政府目的使用所有获许可的发明。在许可协议的四年中,Future Medical每年将分别为公司出售的所有获许可产品支付逐渐上涨的**净销售额2%、3%、4%和5%**的专利使用费率。在第五年和随后的年份里根据许可协议,Future Medical将为由公司出售的获许可产品支付净销售额6%的年专利使用费。如果获许可产品的销售额是由任何经许可的Future Medical的分让专利权获得者实现的,那么Future Medical将把从分让专利权获得者那里得到的所有收入的50%支付给马里兰大学。Future Medical Technologies Incorporated销售一种可以从尿液、血液、脊髓、关节和其他体液中分离和过滤出微生物来鉴定、量化和推测诊断传染性疾病的设备（"Qualture"）。此外，该设备的工作时间周期本质上短于目前常见的程序。

Hailey Energy Corp.从Langdon Medical Inc.那里获得许可，有权在世界范围排他性地制造和销售一项新的细胞学设备。该设备能帮助医生比目前方式更早、更快和更准确地诊断一些常见的癌症和其他疾病。该设备使得曾经需要耗费3 000～5 000美元的医院活体检查程序可以在医生的门诊室里以大约600美元的价格得到操作。协议的条款要求发行相当于仅低于未兑现股票的10%的Hailey Energy Corp.受限普通股给Landon Medical。Hailey还将基于扣除坏账和退货折让的产品销售额支付**平均零售价格9%**的专利使用费。除了专利使用费和股票，Hailey同意支付给Langdon一笔300 000美元的许可费用。Hailey Energy Corp.经营两项主要业务：1）探测和开发石油和天然气储备；2）制造和销售专业医药产品。

汉姆布拉赫特和奎斯特公司（Hambrecht&Quist's）的提摩西·威尔森（Timothy Wilson）称投资者与生物化学制药公司（BioChem Pharma Inc.）有"巨大的购买机会"。但股票价格在得到欧洲3TC测试结果的谣传后开始攀升，虽然多伦多的一位分析家力劝，但结果恰恰相反。该分析家称，其他正在开发的结合AZT使用的药物在调节管道方面比生物化学制药公司的3TC进展得更深入。该分析家称，即使3TC被成功地开发了，生物化学制药公司的股票对于现实来说已经失控。生物化学制药公司——3TC的发现者——将仅仅从Glaxo Holdings plc，即于1990年许可了该药品并一直进行试验的企业那里收到**12%的专利使用费**。该分析家警告说生物化学制药公司的股票将在下一年随着一些其他被市场推荐的混合药品的积极开发而受挫。相反地，汉姆布拉赫特和奎斯特公司的威尔森称，最令人信服的数据部分在于，结果显示单独使用AZT治疗然后转而使用3TC/AZT混合物的病人很快就表现得与一开始就一直用混合物治疗的病人一样正常。

Life Medical Sciences Inc.于1994年7月13日签署草约将其Sure-losure（TM）皮肤拉伸系统产品线以4 000 000美元现金、500 000美元无息贷款和十年里**净销售额10%**的专利使用费的价格出售给麦迪科化学品制造有限公司(MedChem Products)。公司称10%的应付专利使用费可以在十年期内累计超过大约5 000万美元。该协议使得企业可从该种产品及未来的Sure-Closure（TM）产品的增长上获利，同时将其开发活动集中在Cariel(TM)和其他所有权技术上。Life Medical Sciences是一家医药技术公司，开发伤口愈合产品，包括Cariel(TM)，一种加速复原难愈合及未愈合创伤的伤口凝胶。Cariel（TM）目前正在欧洲经历第二阶段和第三阶段的人体临床试验。公司还拥有获得专利的医学聚合体技术。

Medco Research, Inc.是一家开发新的治疗和诊断药品以及集中研究心血管疾病的公司。该公司最近同日本藤泽制药公司(Fujisava)达成了一项许可协议。该许可协议包括了治疗心脏病的Adenocard（治疗用腺苷注射液）。Medco从美国食品及药品管理局那里获得了1-A等级，并将美国和加拿大的排他性许可授予藤泽制药公司。Medco将收到**净销售额25%**的专利使用费，并分一半作为大学研究基金。Medco Research, Inc.的另一项药品，Adenoscan，目前正处于美国食品及药品管理局的最终评审阶段。如果清除了营销的障碍，该药品也将通过同藤泽制药公司的排他性许可协议在美国和加拿大销售。后者将付给Medco**净销售额25%的专利使用费率**。Adenoscan产品不涉及任何专利使用费分割。

Molecular Biosystems,Inc.(MBI）修改了其同杜邦公司(E.I.duPont De Nemours&Company）的供应和许可协议。该

协议包括了MBI拥有的核酸探查所有权技术。这次重新谈判后的协议最初于1986年4月达成。先前，杜邦公司获得排他性的许可但根据新的协议将只保留这些技术的非排他性权利。MBI将像在先前的协议下一样继续为杜邦制造核酸探测器。**杜邦公司净销售额的专利使用费率从5.5%降低到4%**，这反映杜邦的许可权利从排他性到非排他性的改变。这代表着降低了专利使用费率的27%。Molecular Biosystems, Inc.位于加尼福尼亚州的圣地牙哥，被认为是一家开发独有的诊断人体疾病的医药产品的领先生物化学公司。该公司同时也是直接、非放射性标示核酸探针产品的领先开发者和供应商。公司还开发了包括Albunex，一种可注射的用于超声成像的造影剂之类的诊断成像产品。

辉瑞公司（Pfizer Inc.）从特利凌医药技术公司(Trilling Medical Technologies Incorporated)那里获得了一项在美国和加拿大制造和销售Water-Jel防烧伤敷料产品的许可。辉瑞公司同意支付Water-Jel**产品销售额5%**以及任何使用该技术开发的新产品销售额的5%作为专利使用费。辉瑞公司也承诺支付任何使用特利凌公司九种许可商标的辉瑞新产品净销售额2%的专利使用费。

编者按：整桩交易在6个月内当特利凌公司收到该许可技术可能被一家非附属企业侵犯专利的通知时化为泡影，辉瑞公司立即撤销了该交易。

罗氏分子系统公司（Roche Molecular Systems），罗氏控股公司（Roche Holding, Ltd.）的一个单位，将其聚合酶链反应（Ploymerase Chain Reaction，PCR）诊断和测试服务的许可政策扩展至包括所有实验室在内的范围中。先前的许可只对特定实验室开放，包括史克必成公司(SmithKline Beecham Plc.)。新的许可协议将基于**至少为销售额的9%**的专利使用费率。PCR在不超过两小时的时间里能将单独一条DNA链复制百万倍。这使得科学家能够扩大和识别特定的DNA片段。聚合酶链反应用于传染性疾病、遗传疾病和癌症等情况下的医学测试，以及食品测试、环境研究和身份测试等其他应用。该扩展的许可政策发生在据传闻罗氏公司花费30 000万美元从西朵市公司（Cetus Corporation）收购聚合酶链反应技术后。

Surgidyne Inc.已经提供给百特医疗用品有限公司(Baxter Healthcare Corporation)一个单元排他性的在全世界销售其自体输血法产品的权利。该产品涉及在手术中收集外科手术病人的血液然后在手术结束后再使用这些血液。该获许可系统采用以电池为能源的带有可丢弃的收集和再注入产品的真空控制器。百特公司将支付给Surgidyne**以200万美元为上限的根据销售额20%的专利使用费**，在此之后专利使用费率降低至5%。

炼油

Interline Resources Corp.就其污染油再生技术同Gadgil Western Corp.(原先称为Western India Group）签署了一项就巴林和新加坡地区的排他性许可协议。为取得在这些国家的权利，Gadgil Western已经同意于1995年8月31日前付给Interline100万美元。对于生产的所有燃料产品，Gadgil Western将付给Interline总的**每加仑2美分的专利使用费**。Gadgil Western打算将Interline的技术使用于在巴林的一个年产8 200万加仑的和在新加坡的一个年产16 500万加仑的精炼厂。已经宣布从这些工厂得到的专利使用费预期每年将达到到600万美元。

Interline的突破性技术使得Gadgil Western能够经营燃料油再精炼厂来提升低价值，重精炼的碳氢化合物至中等蒸馏物，如汽油和柴油。Gadgil Western自6月开始一直在阿联酋的迪拜经营第一家Interline精炼厂。该精炼厂有的年生产力大约为1 300万加仑。该许可协议使现在Gadgil Western可以排他性地使用Interline技术的国家总数上升到12个。1993年12月，Interline同Gadgil Western就在十个中东和远东国家的业务签署了一项许可协议。

Interline拥有处理和清洁污染碳氢化合物，包括曲轴箱油、精炼厂底油、废弃原油和其他重油的专利技术。通过Interline的技术得到的完成品可以作为成色较低的润滑油、工业清洁燃料、柴油和其他中度蒸馏物出售。从Interline再精炼厂得到的副产品对环境无害。除了许可其获专利的再精炼技术外，Interline是一家多样化的石油和天然气公司。Interline同样有一家完全归其所有的附属公司，Gagon Mechanical，建造Interline的再精炼厂，并参与工业的和商业建筑的建设。

软件

BLOC Development Corporation就出售其附属的F3 Forms Software 公司，与一组包括F3的总裁，克洛宁·杰弗里（Geoffrey Cronin）和其他BLOC外部股东在内的个人投资者，在原则上达成协议。BLOC出售F3的总体考虑是预计100万美元，可用现金和有息票据支付。除此之外，BLOC将收到基于F3产品未来销售额的**多达100万美元**的专利使用费。BLOC Development Corporation，通过其Tiger Direct直销附属公司，出售最新的商业生产力和效用软件、硬件、和外围设备，并且是美国国内最大的CD-ROM转售商之一。

Innovative Tech Systems同鹰图公司（Integraph Corp.）达成一项排他性的五年OEM（原始设备制造商）协议。根据OEM协议的条款，鹰图公司将拥有排他性的关于Innovative Tech Systems的SPAN（TM）软件的OEM发布权利。鹰图公司将以Facilities Management品牌交易、出售和发布IFM（TM）软件工具环境下的SPAN（TM）软件。鹰图将通过在1993年产生超过

10亿美元收入的遍布世界的销售渠道发布IFM（TM）的整套工具。大多数分析家期待鹰图公司在1994年报告中会有超过10亿美元的销售额。Innovative Tech System将继续野心勃勃地通过其直销力量和转售商在全世界开发、支持和销售SPAN（TM）软件产品家族。根据同鹰图公司的协议条款，Innovative Tech Systems同意不做任何其他第三方的OEM供应商。该OEM协议中提供给Innovative Tech Systems的财务条款是接受所有IFM（TM）**产品销售额30%**的专利使用费。协议期间鹰图公司为保持排他性的发布权利每年必须支付最少150万美元的专利使用费。除此之外，该协议也要求根据前一年的销售额增加专利使用费。Innovative Tech Systems Inc.是SPAN（TM），一种行业领先的有效计划和管理组织中设备的软件解决方案的开发者。鹰图公司是世界上最大的致力于提供电脑交互图形系统的公司。

Macromedia是多媒体软件工具领域的领导者，宣布试用期将提供免专利许可费的用于Windows和Macintosh平台的Authorware专业版和Director。作为**免专利使用费**政策的一部分，该Macromedia试用期软件许可将要求开发商在他们的软件上使用Macromedia制造的标示。这将标志着该产品是使用Macromedia工具创造的。该Macromedia制造商标将由Macromedia通过广告、内部预映、公关、直接邮寄广告和其他营销交流方式开发。开发商将从Macromedia商标的知名度和一些特定营销计划中获益。

Software开发商制造用于世嘉(Sega)和任天堂(Nintendo)的游戏机上的游戏，其根据销售额支付给游戏机制造商从**每单位9～12美元**不等的专利使用费。最新的游戏制造商之一，3DO，正计划改变这一规则并仅向游戏开发商索要每单位3美元的专利使用费。3DO公司的资金紧张可能迫使公司改变其计划。更多的信息可以从，New York Times, *For 3DO, a Make—or—Break Season*, Section 3, page1, December11, 1994. 上获得。

威斯康星公众服务公司（Wisconsin Public Service Corporation），一家公共事业公司，把管理信息软件许可授予了WPS开发公司(WPS Development Incorporated)并将收到相当于WPS开发公司获得的**所有软件许可费用的**10%。该软件程序，已知是IFM系统，涉及可用于天然气、电力、下水道、水力和其他设施的不计其数的计算机应用。威斯康星公众服务公司不会涉及开发和营销业务或为计算机程序设计提供服务，这就是为何WPS开发公司可以达成一项能从属许可IMF系统给他人的许可协议。该协议直到1996年12月31日前都有效。

玩具

玩具制造商在好莱坞扮演着重要的角色。电影工作室花在宣传新电影的投资总量使玩具制造商能承受的推销新玩具的广告费用相形见绌。通过生产从好莱坞获得许可的玩具，他们可获得跟电影相关的宣传推广益处。建立新产品的知名度所需费用相当昂贵，玩具企业将电影周边产品看作已经有极大认知度的新产品。

一家纽约许可机构的副主席萨奇·西格尔（Seth Siegel），Beanstalk Group, Inc.称，通常，玩具制造商大约在广告方面支出销售额的14%。许可给他们带来的回报更多，他说，尽管许可费用在攀升。迪斯尼（Disney）最初于20世纪30年代开始许可产品，20世纪60年代，米老鼠和唐老鸭得到了5%的专利使用费率，该数字在20世纪80年代末上升至8%。从“风中奇缘”（Pocahontas）的商品中，迪斯尼获得多达**12%的专利使用费**。从那以后，很少有人怀疑，玩具企业正在好莱坞扮演着更重要的角色。一位迪斯尼的漫画家称，“风中奇缘”中的一幕——浣熊米高（Meeko）编织着主角头发的场面——是根据美泰儿公司（Mattel）的建议创造的，后者希望可以制作扎辫子美女的"风中奇缘"玩偶。迪斯尼否认美泰儿指导了该场景，称电影是先发布的。尽管如此，这两种行业的交织显而易见。"这是行业中的定律，电影和电视节目是头脑中想销售规划的同时按照惯例设计的，" 韦斯顿·安森（Weston Anson），位于加利福尼亚拉霍亚的商标与许可协会（Trademark & Licensing Associates，Inc.，）的主席说道。前肯尔公司玩具开发经理里克·沃特金斯（Rick Watkins）说，在《永远的蝙蝠侠》（Batman Forever）中，是肯尔公司（Kenner）促使华纳兄弟影业公司（Warner Bros.）将神秘人物（the Riddler）设计成了穿着紧身衣，因为宽松的裤子穿在玩具动作人物上看起来不美观。

另一项许可大获成功的原因是传统玩具总是难以刺激购买者。其中包括老式的玩偶这一创新持续不断的领域。有各种哭的、打嗝的、淌口水的娃娃。然而，每一种把戏玩偶的销售额在最近两年里都在不断下降，从1992年的46 000万美元降为1994年的33 100万美元。分析家称新的开发投入减少以及推进了许可产品销售的营销，形成了许可产品同新创作产品的优势差距。

废物管理

Tirex America Inc.根据其同新泽西州汤姆斯河市（Toms River，New Jersey）Ocean/Ventures III Inc.的购买协议，收到了第二份25 000美元的支付额。Ocean/Ventures III Inc.处于固体垃圾回收企业Ocean County Recycling Center Inc.的共同所有权和控制下。根据协议的条款，至1997年8月31

日之前，Ocean/Ventures III将以1 750 000美元每台的价格购买八台Tirex TCS-1 Cryogenic Tire Disintegration Systems（"TSC-1Systems"），总计购买价格为14 000 000美元。加上这第二次安装的付款，Ocean/Ventures III已经支付了50 000美元或一笔200 000美元的合同保证金，全部的款项在1995年7月31日或之前付清。200 000美元的保证金将被用在购买头四套系统上。

TSC-1系统被计划用于将废轮胎分解为其可循环利用的成分材料：橡胶碎屑、钢铁和尼龙绳，这些可以被出售并以多种方式应用在许多产品和工业应用上。Ocean/Ventures已经同意为获得轮胎瓦解处理工艺支付Tirex Amercia Inc.**出售所有副产品收入2%的专利使用费**。

本书作者

第一章　罗塞尔·帕拉(AUS咨询和知识产权研究协会)

帕特里克·沙利文(智力资本管理大会)

第二章　帕特里克·沙利文（ICM集团）

第三章　帕特里克. 沙利文（ICM集团）

J.J. 丹尼尔（施乐公司）

第四章　爱德华·康氏　（EKMS有限公司）

第五章　杰克 A. 尼克森［约翰·欧林商业学院　(John M. Olin School of Business)、华盛顿大学（Washington University in St. Louis)］

第六章　帕特里克. 沙利文（ICM 团队）

Stephen P. Fox（惠普公司）

第七章　Peter C. Grindley（法律&经济咨询公司）

Jack A. Nickerson（华盛顿大学）

第八章　罗塞尔·帕拉（AUS咨询和知识产权研究协会）

第九章　罗塞尔·派拉（AUS咨询和知识产权研究协会）

第十章　吉姆·奥肖涅斯［洛克韦尔国际公司（Rockwell International Corporation)］

第十一章　苏珊·P.沙利文（Suzanne P.Sullivan）

（ICM集团）

第十二章　迈克尔·J. 默温和考林·M. 华纳（Michael J.Merwin and Colleen M.Warner）（安永会计师事务所）

第十三章　罗塞尔·帕拉（AUS咨询与知识产权研究机构）

第十四章　帕特里克·沙利文（ICM集团）

里夫·埃德文森（Leif Edvinsson）（斯堪的亚公司）

第十五章　里夫·埃德文森（斯堪的亚公司）

帕特里克·沙利文

第十六章　罗塞尔·帕拉（AUS 咨询与知识产权研究机构）

帕特里克·沙利文

汉译创新管理图书

《创新的种子：解读创新魔方》 作者：[美]伊莱恩·丹敦

《创新的源泉：追循创新公司的足迹》 作者：[美]冯·希普尔

《创新高速公路：构筑知识创新与知识共享的平台》 作者：[美]戴布拉·艾米顿

《研发组织管理：用好天才团队》 作者：[美]杰恩 川迪斯

《破译创新的前端：构建创新的解释性维度》

作者：[美]理查德·莱斯特 迈克尔·派尔

《企业战略与技术创新决策：创造商业价值的战略和能力》

作者：欧洲技术与创新管理研究院

《文化 VS 技术创新：德美日三国创新经济的文化比较》

作者：[德]柏林科学技术研究院

《赢在创新：日本计算机与通信业成长之路》 作者：[英]马丁·弗朗斯曼

《创新之道：日本制造业的创新文化》 作者：[日]常盘文克

《创新的愿景》 作者：[英]马丁·弗朗斯曼

《突破性创新》 作者：[美]马克·斯特菲克 巴巴拉·斯特菲克

《创新民主化》 作者：[美]冯·希普尔

《产品创新》 作者：[美]戴维德·雷尼

《管理技术的流动》 作者：[美]托马斯·艾伦

《创新的十个面孔》 作者：[美]汤姆·凯勒

《变化中的北欧国家创新体系》 作者：[瑞典]霍刚·吉吉斯

《牛津创新手册》 作者：[美]纳尔逊

《创新的扩散》（第五版） 作者：[美]埃弗雷特·M.罗杰斯

汉译知识管理丛书

《创造知识的企业：日美企业持续创新的动力》

作者：[日]野中郁次郎 竹内弘高

《知识创造的螺旋：知识管理理论与案例研究》

作者：[日]竹内弘高 野中郁次郎

《创新的本质：日本名企最新知识管理案例》 作者：[日]野中郁次郎 胜见明

汉译企业知识产权战略丛书

《智力资本管理：企业价值萃取的核心能力》 作者：[美]帕特里克·沙利文

《技术许可战略：企业经营战略的利剑》

作者：[美]罗塞尔·帕拉 帕特里克·沙利文

《技术性知识产权评估与定价：破解技术价值之迷的六把金钥匙》

作者：[美]R·拉兹盖提斯

《无形资产的有形战略：管理公司六大无形资产的制胜法宝》

作者：[美]J·贝利

汉译创新管理丛书

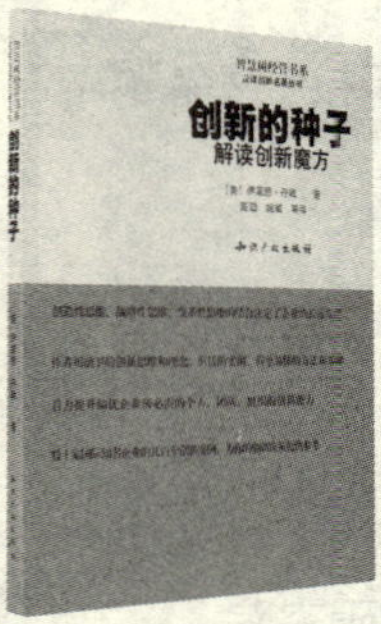

创新的种子——解读创新魔方

[美] 伊莱恩·丹敦　著

陈劲　姚威　等译

这是一本既适合企业、组织专业人员，也适合普通读者阅读的创新管理著作。作者为创新团体咨询公司的创立者和首席战略专家，本书第一次提出创新思维不单包含创造性思维，而是创造性思维、战略性思维和变革性思维三者的结合。书中还提出了创新九步走、十种创新组合工具、统揽全局六大准则等简单而又行之有效的方法，以此提高个人、团队和组织的创新能力。

创新高速公路——构筑知识创新与知识共享的平台

[美] 戴布拉·艾米顿　著

陈劲　朱朝晖　译

本书把驱动21世纪经济的两个主要因素——创新和知识管理进行了综合，首创"创新高速公路"这一新构架，目的在于消除交流创新知识和能力的地理界限，为技术、管理、等方面创新提供知识平台和政策指南。 本书勾画了21世纪知识经济的路线图，堪称知识经济的"第四次浪潮"、 21世纪的《大趋势》，有人预言，作者戴布拉·艾米顿"很可能成为下一个德鲁克"。

创新的源泉——追循创新公司的足迹

[美] 埃里克·冯·希普尔　著

柳卸林　陈道斌　等译

这是一部管理学名著。传统认为，技术创新主要由制造商完成，本书对这一传统观念发起了挑战，认为技术创新在不同的产业有着不同的主体，在许多产业，用户和供应商才是创新者。这是管理界的一次思想革命！在国外，包括美国3M在内的一些大公司都将此书理论视为创新指针。

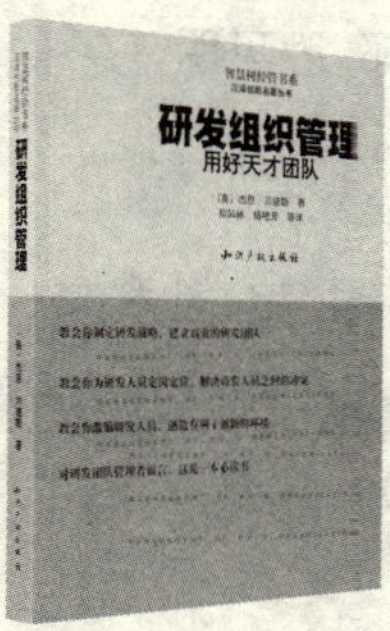

研发组织管理——用好天才团队

[美] 杰恩　川迪斯　著

柳卸林　杨艳芳　等译

作者探讨了改善研发组织生产力和促进业绩的各种途径，对如何制定研发组织战略、如何建立高效的研究开发机构、如何进行针对科学家的职业设计、如何领导研发组织、如何对待组织中的冲突、如何实现技术转移等问题作了分析。科研院所、大学科研机构、企业及其研发机构管理者将从本书中获益匪浅。

汉译创新管理丛书

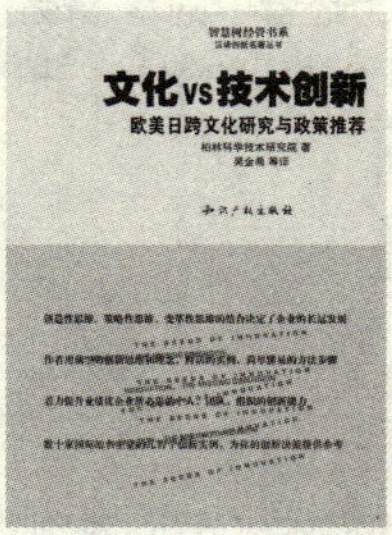

文化VS技术创新——德美日三国创新经济的文化比较

[德] 柏林科学技术研究院 著

吴金希 等译

这是一本关于"文化因素在技术创新中的作用"的经典著作，作者通过比较德美日三国文化的异同，探讨了文化因素对个人、团队、企业乃至创新济成败的影响。

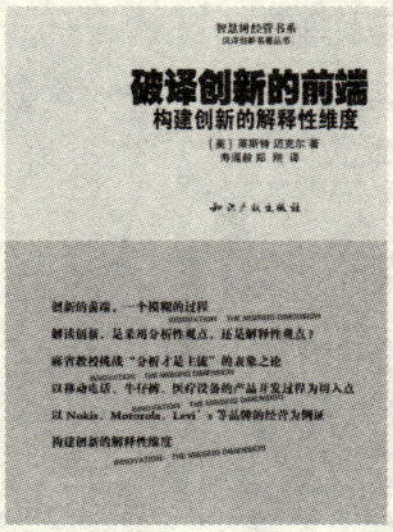

破译创新的前端——构建创新的解释性维度

[美] 理查德·莱斯特 迈克尔·派尔 著

寿涌毅 郑刚 译

这是一本关于产品研发前期管理的著作，就产品研发以及科研创新的方向、步骤、原则等问题，作者对两种传统方法进行了细致的对照和剖析，并以手机、牛仔裤、医疗器械等产业为例，解译了创新管理中常被人们忽视的一面：创新前期的模糊、混沌。

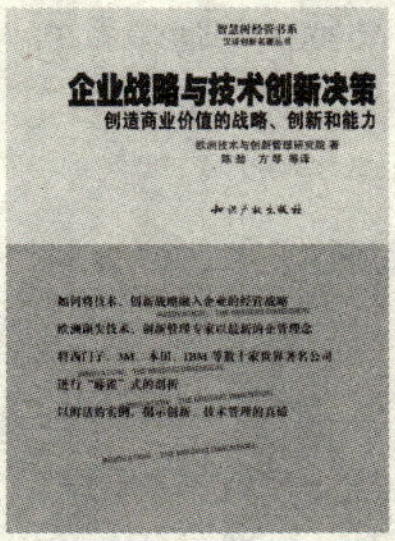

企业战略与技术创新决策——创造商业价值的战略和能力

欧洲技术与创新管理研究院 著

陈劲 方琴 译

这是一本如何将创新管理带入企业经营管理决策的著作。本书的特色在于，它将最新的实践、研究结果和思想融合起来，针对企业高层管理者的需要，提供了将创新决策有机融入到企业战略和经营管理之中的切实可行的良方。

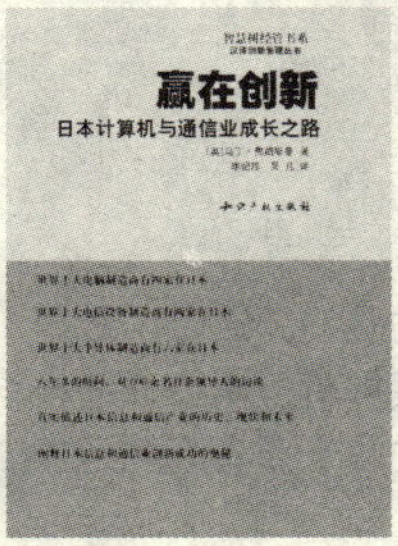

赢在创新——日本计算机与通信业成长之路

[英]马丁·弗朗斯曼 著

李纪珍 吴凡 译

本书分析了日本计算机和通信产业的崛起过程、全球地位以及这些产业巨人的优势和不足。作者月了8年多的时间，对600余名日本企业领导人进行访谈，通过富士通、NEC、日立、东芝等众多成功企业的案例，真实描述了日本计算机和通信产业的历史、现状和未来。

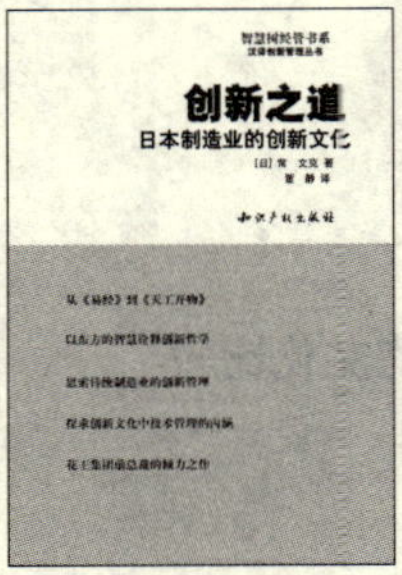

创新之道——日本制造业的创新文化

[日] 常盤文克 著

董旻静 译

本书作者提出制造企业应该将追求“独创的品质”作为经营中的基本战略，并充分贯彻。本书整理日本的文化传统，反思东方博大精深的智慧，在思想层面上重新审视制造业的生态环境。

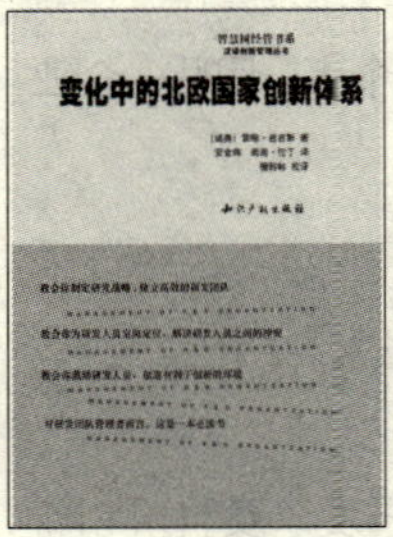

变化中的北欧国家创新体系

[瑞典]霍刚·吉吉斯 著

安金辉 南南·伦丁 译

本书对北欧国家的创新体系与创新政策进行了全面的描述与分析，对创新最重要的参与者及其活动、研发投入，以及各国政府的战略与规划进行了详细的描述，同时也对北欧五国的创新体系进行了评论与比较。

汉译知识管理丛书

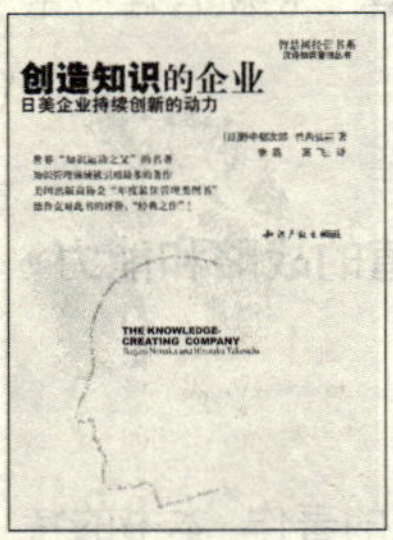

创造知识的企业——日美企业持续创新的动力

[日]野中郁次郎 竹内弘高 著

李萌 高飞 译

这是世界“知识运动之父”的理论名著，曾获美国出版社协会“年度最佳管理类图书”大奖，全球知识管理领域被引用最多的著作。彼得·德鲁克曾评价此书：“这确实是一部经典！”

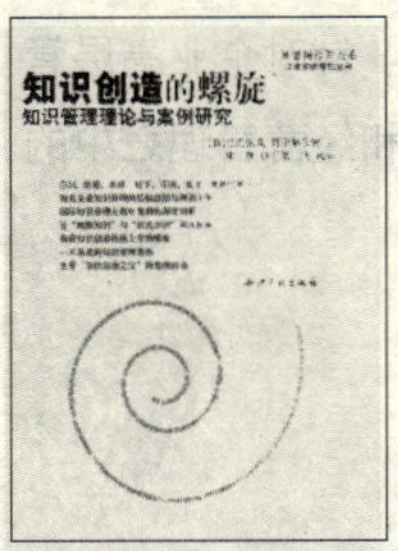

知识创造的螺旋——知识管理理论与案例研究

[日]竹内弘高 野中郁次郎 著

李萌 译

这是汇集知识管理众多案例的著作，从知识的视角对管理学进行反思，以IBM、佳能、索尼、本田等十几个世界知名企业的实例，讲述知识在创造中的螺旋上升过程。

创新的本质——日本名企最新知识管理案例

[日]野中郁次郎 胜见明 著

林忠鹏 谢群 译 李萌 校译

本书选取了13个企业，详述了13种产品的研发过程，并通过“故事篇”与“解说篇”就每一个创新过程的本质进行了深度解析。两位作者一位是著名知识管理学者，一位是资深记者，不同领域的两个顶尖人物通力合作，用最直观的方式阐释创新的本质所在。

汉译企业知识产权战略丛书

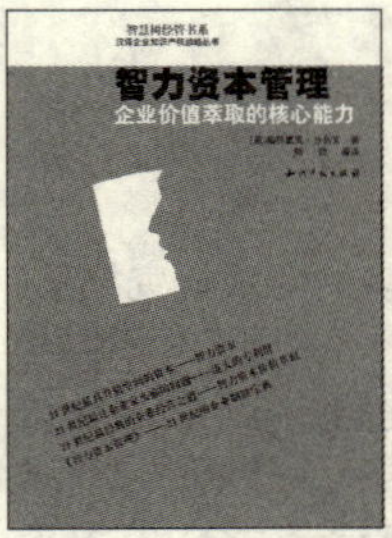

智力资本管理——企业价值萃取的核心能力

[美]帕特里克·沙利文 著

陈 劲 等译

本书核心价值在于，它阐释了21世纪知识经济的经营之道，从智力资本中萃取价值。就企业如何才能从无形财产中获得经济收益以及从其智力资本中获取更多的价值，分别通过施乐、惠普等十几家企业在实践中行之有效的案例进行了细致的阐释。

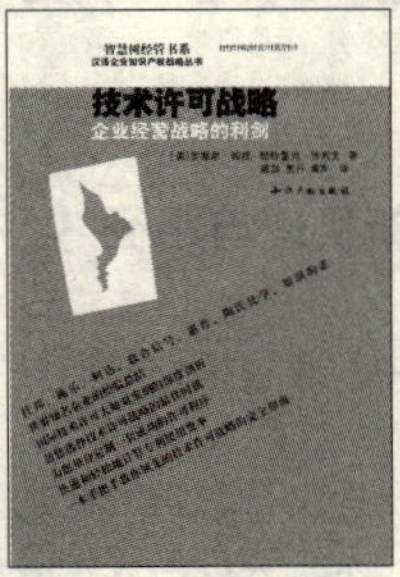

技术许可战略——企业经营战略的利剑

[美]罗塞尔·帕拉 帕特里克·沙利文 著

陈 劲 贺丹 黄芹 译

技术许可战略是实现公司价值最大化的最佳战略之一。本书从这一角度出发，对世界十几家知名企业的技术许可案例进行总结，介绍了各种行之有效的许可方法、专利组合以及专利使用费率，为企业开发出了成功的技术许可程序。对技术型企业来讲，这是一本技术许可战略的完全指南。

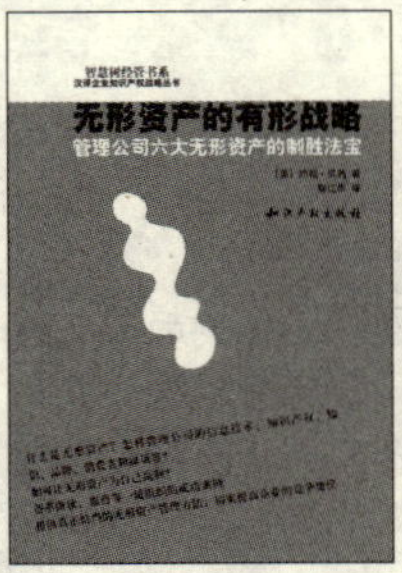

无形资产的有形战略——管理公司六大无形资产的制胜法宝

[美] J·贝利 著 陈江华 译

本书介绍了微软、惠普等一流企业如何创造并精确衡量和管理无形资产的体制和方法，是迄今为止对无形资产的最合理、最具操作性的研究。

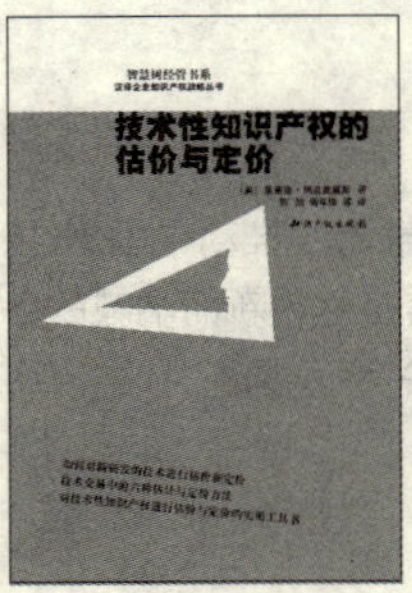

技术性知识产权的估价与定价——破解技术价值之谜的六把金钥匙

[美] R·拉兹盖提斯 著 金珺 傅年峰 陈劲 译

如何对交易的技术进行估价与定价是困扰许多技术型企业的棘手问题。本书从专业的角度对技术的估价与定价问题进行了深入的研究，具有很强的可操作性的，便于企业进行实际应用。

创新研究文丛

地缘科技学

作者：赵刚

本书第一次提出"地缘科技学"的概念，并厘定了其内涵及研究框架，"地缘科技学"以民族国家为基本单元和基本战略主体，研究国际体系结构中科技与国际政治和世界经济的关系。它集中关注的是科技与一国综合国力的关系、科技对国际政治经济格局的影响、科技在国家大战略中的地位和作用、国际科技竞争的基本格局以及科技安全在国家综合安全中的核心功能。

模块化创新——定制化时代复杂产品系统创新机理与路径

作者：陈劲　桂彬旺

本书将模块化方法应用于复杂产品系统创新管理中，通过模块化方法改善CoPS创新流程与组织管理，以解决复杂产品系统创新投入大、绩效低、过程管理困难等问题，结合复杂产品系统创新实践调研提出了包含系统功能分析、架构设计与模块分解、模块外包与模块开发、系统集成与完善等六个阶段的复杂产品系统模块化创新模式。

企业创新网络——进化与治理

作者：王大洲

本书通过案例研究和理论分析，阐明了企业创新网络进化的趋向、过程、陷阱和动力机制；归纳并分析比较了政府主导型、政府引导型、联邦型、旗舰型、企业家主导型与自组织型共六类典型的企业创新网络治理模式；探讨了基于创新网络的企业技术学习机制。

创新的忧思——透视中国3G技术发展

作者：李进良

本书作者李进良是著名的电信专家，多年来一直致力于推动中国3G技术的发展和应用。本书汇集了作者近七年来为中国通信自主创新而呐喊的各种文章40篇，涵盖当今最热门的3G、WAPI和SCDMA等话题。

自主创新读本

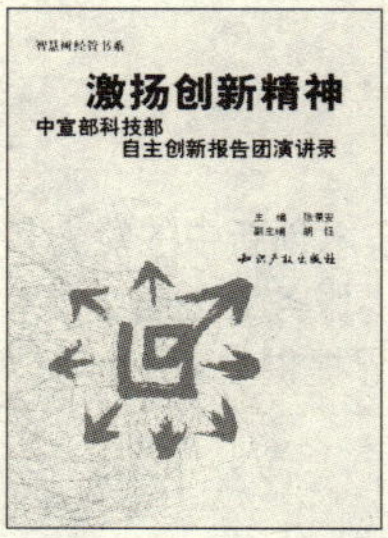

激扬创新精神——中宣部科技部自主创新报告团演讲录

作者：张景安 胡钰

本书系中宣部、科技部联合组织的自主创新报告团的巡回演讲集，收录了深圳常务副市长刘应力、北京大学教授路风、吉利集团董事长李书福、海信集团董事长周厚健等十人的精彩演讲，既包括学者对自主创新理论的深入阐释，也有各行业自主创新的业绩和感人故事，同时也介绍了国家自主创新的重大部署和宏观政策。

自主创新 300 问

作者：刘忠 董海龙 田小飞

本书系自主创新的普及读本，以问答形式汇集了与自主创新相关的近300个知识点，如什么是创新、创新与发明有何区别、自主创新是否有负面效应等等，集阅读、引用、学习于一体，可以让读者用最短时间全方位了解自主创新。

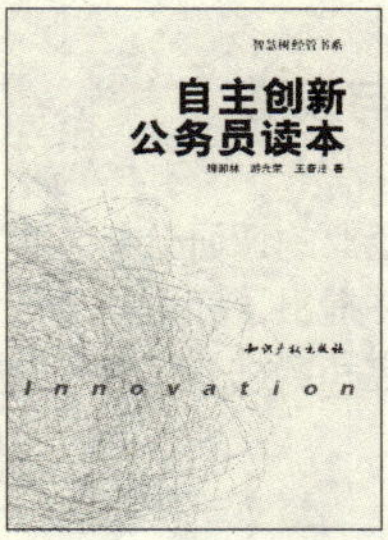

自主创新公务员读本

作者：柳卸林 游光荣 王春法

这是一本系统阐述自主创新政策和理论的读本，侧重于对国家宏观创新政策的解读。全书从自主创新、创新型国家、国家创新体系的内涵阐释入手，分别介绍了企业、科研、教育等机构在自主创新建设中的重要地位，并对技术创新体系、知识创新体系、国防科技创新体系、区域创新体系以及科技中介服务体系进行了深入浅出的解读。

中国区域创新能力报告

作者：中国科技发展战略研究小组

本书按年度对中国各省、自治区、直辖市的创新能力作客观、动态和全面的评价。通过大量的数字和科学的分析框架，对中国区域创新能力作了全面的分析，是一本研究中国技术创新国情，了解中国区域创新能力的多样性，进行区域创新能力比较的重要著作，是政府和企业进行技术创新决策的重要参考读物。作者均为我国创新研究领域的著名中青年专家。

中国科技发展研究报告

作者：中国科技发展战略研究小组

本书对中国科技工作进行及时、客观和全面的总结与评估，关注科技发展的重大事件，探讨热点问题，展望未来动向。本书分为中国科技发展评述与展望、军民融合与国家创新体系建设两部分，对我国高技术产业情况、生物产业创新系统的构建，以及军民融合创新体系建设等进行了分析和阐述。作者均为我国创新研究领域的著名中青年专家。

中国创新管理前沿（第二辑）

作者：魏江 陈劲

本书系第二届中国青年创新论坛成果集，内容围绕技术创新中的能力和创新系统等主题展开，代表了企业技术能力、创新系统、服务业创新、技术创新经济学等领域最前沿的研究进展。本书可以为理论界提供参考，也可以为国家、产业和企业制定相应的技术创新战略提供指导。

自主创新：海尔之魂

作者：刘进先

本书是"自主创新企业案例丛书"的第一本。系统介绍了海尔在技术研发、市场营销、队伍建设等方面所走过的创新之路，同时分析了海尔创新的特点、存在的问题，并针对我国企业技术创新进行了深度思考和分析。

用知识赢得优势——中国企业知识管理模式与战略

作者：吴金希

这是一本知识管理著作，作者通过对12个高科技企业的调研分析，提出了适用于中国企业的知识管理模型——知识链模型，并提出了知识撬动战略和知识成长战略的概念，为高科技企业提供了一个制定和实施知识管理战略的新视角和思维框架。

集知创新——企业复杂产品系统创新之路

作者：陈劲 童亮

复杂产品是指研究开发投入大、技术含量高、订制量小的大型产品，本书分析并总结了以往复杂产品创新领域里的研究成果，从企业和项目两个层面，提出了符合复杂产品特征的过程模式以及评价体系，为我国的复杂产品创新提供了系统的理论支持。

驭险创新——企业复杂产品系统创新项目风险管理

作者：陈劲 景劲松

本书提出了复杂产品系统创新的风险管理分析框架，从关键风险因素识别、风险产生机理、风险评价，以及风险动态模拟四个方面，分析和刻画了复杂产品系统创新项目风险的特征，揭示了项目风险的横向传递规律和动态变化规律，进而提出了有针对性的风险调控措施。